대한민국은 민주공화국인가

대한민국은 민주공화국 인 가

시민과 지식인에게 길을 묻다

경향신문 창간 70주년 특별취재팀 지음

책세상

차례

서문

공화국의 참뜻에 대한 성찰을 위하여

1.

여기 이 책은 지난 2016년 가을에 경향신문이 창간 70주년을 기념하여 기획한 인터뷰와 현장 취재 기사를 모은 것이다. 인터뷰와 현장 기사 모두를 관통하는 큰 주제는 '공화국'이었는데, 인터뷰는 "공화국을 묻다"라는 제목으로, 그리고 현장 취재 기사는 "대한민국은 민주공화국인가"라는 제목 아래 소개되었다. 신문사의 기획에 따라 인터뷰가 시작된 것은 2016년 7월, 불볕더위가 기승을 부리던 한여름이었다. 그때 첫 인터뷰 상대로 대담에 나선 나는 박근혜 대통령이 올해까지는 버티겠지만 내년에는 임기를 채우지 못할 것이라고 예상했는데, 그때만 하더라도 나와 대담을 진행한 기자는 그 말을 믿지 않는 눈치였다. 하지만 10월 이후 인터뷰와 현장 취재 기사가 신문에 연재되는 동안 박근혜 퇴진을 요구하는 촛불시위가 일어나고 대한민국의 근본적 혁신을 요구하는 목소리가 봇물처럼 터져 나왔으니, 경향신문이 공화국에 대한 물음을 미리 던진 것은 이 신문이 대다수 언론이 제구실을 못하는 한국 사회에서 공공적 이성의 파수꾼 역할을 충실하게 수행하고 있음을 보여준 것이라고 평가할 수 있다.

왜냐하면 지금 우리가 목도하는 박근혜 사태란 공화국의 부재라는 한국 사회의 고질병이 말기적 증상을 드러낸 것에 지나지 않기 때문이다. 요즘이야 말깨나 하는 이들이 다 아는 말인 듯 '공화국'을 입에 올리지만, 공화국이란 원래 로마인들이 자기들의 국가를 규정하기 위해 사용한 말로서 '공공적인 일res publica (public thing)'이란 뜻을 담고 있었다. 풀이하자면, 국가란 공공적 기구요, 국가가 수행하는 일 역시 공공적 업무라는 것이 공화국이라는 이름 속에 담긴 뜻이라 할 수 있다. 그런데 공화국의 참뜻은 이것이 전부가 아니다. 여기서 '공공적publicus'이라는 형용사는 원래 인민을 뜻하는 '포풀루스populus (people)'라는 명사에서 파생되었다. 그러니까 공화국이란 한마디로 '인민의 것res populi (the people's thing)', 곧 인민에게 귀속되는, 인민을 위한 기구라는 뜻이었던 것이다. 우리는 이 이름에서 국가가 왕의 사적 소유물이 아니라 모든 인민 공동의 기구라는 공화정 시대 로마인들의 자부심을 읽을 수 있다.

이처럼 공화국을 '인민의 것'으로 이해할 때는 '왕의 것'과 반대되는 말이라 할 수 있으나, 고대 로마인들은 이와 또 다른 문맥에서 공화국에 대한 반대말을 가지고 있었는데, 바로 '레스 프리바

타res privata (private thing)'라는 말이다. 이것은 '사사로운 일'이라는 뜻
인데, 사사로운 일이란 구체적으로 집안일, 곧 가정사를 의미한다.
그런데 여기서 로마인들이 생각한 집안일은 재산과 관련된 일이
었다. 그러니까 로마인들이 '레스 푸블리카'와 '레스 프리바타'를
개념적으로 엄격하게 구별한 것은 자기 집안의 재산을 불리는 일
을 나랏일과 뒤섞지 말라는 정치적 지혜의 표현이었다고 말할 수
있다.

하지만 재산 불리는 일이 집안일에 속한다고 해서 나랏일이 시
민의 이익과 전혀 무관한 것일 수는 없다. 그때나 지금이나 개인
의 능력으로는 감당할 수 없고 오직 국가만이 제공할 수 있는 유·
무형의 편익이 많이 있기 때문이다. 경제학자들이 흔히 공공재라
고 부르는 것이 그런 것에 속한다고 말할 수 있다. 공화국을 이런
관점에서 고찰한다면 그것은 공동의 이익에 의해 결속된 공동체
라고 말할 수 있겠는데, 근대 초기에 영국인들이 레스 푸블리카를
'코먼 웰스common wealth'라고 번역한 것은 국가의 이런 공익적 측
면을 강조한 것이라고 말할 수 있다.

키케로는 이처럼 다양한 측면에서 이해할 수 있는 공화국의 의
미를 다음과 같이 고전적으로 요약했다.

> 그러므로 공화국이란 인민의 것이다. 그러나 인민이란 아무렇게
> 나 모인 모든 사람들의 집단은 아니고, 법에 대한 합의와 이익의
> 공유를 통해 결속된 대중의 집단인 것이다. Est igitur res publica

res populi, populus autem non omnis hominum coetus quoquo modo congregatus, sed coetus multitudinis iuris consensu et utilitatis communione sociatus.

이 문장을 찬찬히 읽으면 우리는 공화국의 요체가 사물적 조건이 아니라 궁극적으로는 인민의 인민다움에 존재한다는 것을 알 수 있다. 만약 인민이 아무렇게나 모인 사람들의 집단이라면, 그런 인민이 아무리 많이 모여 있어도 거기에 공화국은 없다. 함께 모인 사람들이 오직 법에 동의하고 이익을 공유할 때에만 비로소 그들 사이에 공화국이 생성되는 것이다.

2.
공화국의 고전적 의미를 장황하게 설명한 것은 그것이 우리에게도 거울이 되기 때문이다. 다시 말해 고전적인 공화국 개념은 지금 우리가 목격하는 박근혜-최순실 사태를 온전히 이해하는 데 참고가 된다. 남의 잘못을 비난하는 건 쉬워도 그 잘못의 정체를 정확히 인식하고 평가하는 것은 그렇게 쉬운 일이 아니다. 하물며 교정하는 것은 더 말할 나위도 없다. 이 모든 것을 위해서는 표준과 척도가 있어야 한다. 고전적인 공화국 개념을 현재의 공화국 수준을 평가하는 척도로 삼을 필요가 있는 것이다. 그런데 거기 비추어 보자면 한마디로 말해 지금까지 박근혜가 만든 국가의 모습이란 정확히 로마인들이 생각한 이상적 공화국을 정반대로 뒤집어놓은 형상이라 할 수 있다. 시초는 모든 국민의 것이어야 할 국가를 한 사람이 사유화하는 것이다. 그리하여 나랏일이 한 사람의 집안일이 된다. 이 경우에도 집안일이란 돈에 관계된 일이다. 나라를 사유화하여 사사로이 돈을 버는 것, 이것이 박근혜가 국가 권력을 손에 쥐고 해온 사업이었던 것이다. 당연히 그 사업은 개인의 영리 행위였을 뿐 국민 전체의 공공적 이익과는 아무 상관도 없었다는 것이 부인할 수 없을 정도로 명백히 밝혀졌고, 그것이 박근혜의 탄핵소추로 이어진 것은 우리가 다 알고 있는 바이다. 이 과정에서 법은 아무 소용이 없었다. 대통령으로서 져야 할 책임과 넘지 말아야 할 한계, 이런 것들이 명백하게 법률로 규정되어 있었지만, 그런 모든 것이 박근혜와 그에게 기생하고 부역한 집단에게는 아무런 의미도 구속력도 없었던 것이다.

생각하면, 지금 우리가 목격하는 박근혜 식 국가 사유화는 왕조 시대에도 상상할 수 없는 최악의 극단이다. 우리가 아는 조선 왕들 가운데 연산군이나 되면 모를까, 박근혜처럼 국사를 사사로운 이익을 위해 파탄으로 몰아넣고도 반성조차 하지 않은 왕이 누가 있었던가? 그런데 명색이 왕조 국가가 아니라 민주공화국이라는 대한민국에서 어쩌다가 이런 상상을 초월하는 권력형 범죄 행위가 아무렇지도 않게 자행될 수 있었던가? 지난 몇 달 동안 상상도 할 수 없었던 현실 앞에서 한국인들은 수도 없이 그렇게 물었을 것이다. "이것이 나라냐?" 그리고 나라를 이렇게 결딴낸 무리들에게 분노했을 것이다. 그 분노가 부당한 것은 아니다. 그리고 그들을 단

죄하는 것이 피해서도 안 되고 타협해서도 안 되는 절박한 과제라는 것도 분명하다.

하지만 그것이 전부여서는 안 된다. 함석헌은 양반이나 부패한 지배 계급은 민중의 등짝에 난 하나의 종기라고 말한 바 있다. 앞서 인용한 키케로 또한 공화국이 아무렇게나 모인 사람들의 모임이 아니고 법에 대한 동의와 이익의 공유에 의해 결속된 사람들의 모임이라고 말하지 않았던가? 그러니 결국 궁극적 책임은 우리 자신에게로 돌아오게 마련이다. 지금 우리가 보는 박근혜라는 괴물은 박정희가 낳고 기른 자식이다. 그러나 박정희를 낳고 기른 자는 우리 자신이 아니었던가? 우리가 뜻이 아니라 힘을 숭상하기 시작했을 때, 정의의 원칙보다 이익을 앞세웠을 때, 아니 다른 무엇보다 인간의 자유와 존엄성을 한술 밥에 팔아넘겼을 때, 우리는 스스로 대한민국 국민의 자격을 반납하고 박정희 집안에서 빌어먹는 머슴이 된 것이 아닐까? 만약 이것이 부인할 수 없는 사실이라면 박정희와 박근혜 무리들이 그런 머슴의 집단을 개돼지로 취급한 것만 비난할 수는 없을 것이다.

하지만 이것이 어디 국가와 시민 사이의 관계에서만 일어나는 일이겠는가? 회사에서, 학교에서, 가정에서, 그리고 온갖 크고 작은 사회 공동체에서 우리가 지켜야 할 가치를 지키지 못한다면, 설령 우리가 박근혜를 우리 손으로 몰아낸다 하더라도 '헬조선'이 하루아침에 낙원이 되지는 못할 것이다. 그런 의미에서 지금 우리에게 남에 대한 분노만큼이나 필요한 것은 자기 자신에 대한 반성과 성찰일 것이다.

3.

공화국의 의미를 반복해서 되묻는 것은 그런 의미에서 나라의 건강을 유지하기 위해 언제나 필요한 성찰이다. 경향신문이 공화국의 뜻을 처음 물은 것은 벌써 2009년 벽두였다. 그때 나는 박명림 교수와 함께 반년 이상 경향신문 지면에서 "새로운 공화국을 꿈꾸며"라는 제목 아래 모두 열세 가지 세부 주제에 관해 편지를 주고받는 형식으로 참된 공화국의 뜻이 무엇인지를 물었다. 그리고 그때도 연재가 끝난 뒤 박 교수와 나는 주고받은 편지를 보완하여 《다음 국가를 말하다》라는 책으로 출판했다. 우리가 그 당시 그런 기획이 필요하다고 생각한 것은, 이명박 정부의 국정 운영 행태가 공화국의 원칙을 심각하게 훼손하고 있어서 어떤 식으로든 비상벨을 울리고 공화국의 참뜻을 상기시킬 필요가 있다고 믿었기 때문이었다.

7년도 더 지난 후에 경향신문이 창간 70주년 특집을 기획하면서 다시 공화국의 의미를 화두로 삼은 것은 대한민국이 참된 공화국의 길에서 더 멀리 벗어났다는 현실 인식 때문이었다고 말할 수 있다. 만사가 유행 따라 변해가는 부박한 시대에 경향신문이 하나의 주제를 반복해서 천착하는 것은 진심으로 칭찬할 만한 일이라고 나는 생각한다.

하지만 인터뷰에 참여한 한 사람으로서, 막상 기사와 인터뷰 내용이 책으로 묶여 나오게 되니 무언가 부끄러운 생각이 드는 것을 숨길 수 없다. 아마도 그것은 현장 취재 기사에서 드러난 한국 사회의 처절한 현실에 비하면 우리들 이른바 지식인들의 말은 그 현실에 대한 응답으로서는 여러모로 불충분하다는 느낌을 떨쳐버릴 수 없었기 때문일 것이다. 현실은 점점 더 악화되어가는데 우리의 말과 생각은 너무나 안이하고 피상적이지 않은가, 그리고 그런 안이함이 현실을 더 악화시키는 데 일조하는 것은 아닌가 하는 생각을 아마도 나만 하는 건 아닐 것이다.

그럼에도 불구하고 이런 책이 필요하다면, 그것은 우리 자신의 한계 또한 반성과 성찰의 대상이기 때문이다. 공화국의 의미가 반복해서 되물어져야 하는 것은 거기 정답이 없기 때문이고, 시대와 장소의 조건에 따라 참된 공화국의 모습이 새롭게 제시되어야 하기 때문이다. 잘났으면 잘난 대로, 못났으면 못난 대로, 우리는 우리가 살아갈 대한민국이라는 나라를 스스로 설계하고 형성하지 않으면 안 된다. 경향신문 특별취재팀이 확인한 수많은 현장의 모습은 우리로 하여금 과연 살 만한 나라는 어떤 나라인지 스스로에게 되묻게 한다. 지난 몇 달 동안 광장에서 반복해서 제기된 "이것이 나라냐?"라는 물음은 그 현장 취재에서도 그대로 울려 퍼지고 있는 것이다. 그리고 인터뷰를 통해 공화국의 참모습에 대해 발언한 분들은 그분들대로 대한민국을 참된 공화국으로 만들기 위해 절실한 과제가 무엇인지를 제시하고 있다. 아마도 그것은 여러 가지 의미에서 모자란 점이 많을 것이다. 하지만 그 불충분함은 우리가 그 앞에서 좌절해야 할 한계는 아니다. 도리어 그럴수록 우리는 더 성실하고 치열하게 참된 공화국의 뜻이 무엇인지를 물어야 할 것이니, 이 책의 기사와 인터뷰 글들은 성과는 성과대로, 그리고 한계는 한계대로, 그런 성찰을 위한 디딤돌이 될 수 있으리라 생각한다. 이 책이 나오기까지 취재와 인터뷰 그리고 제작을 위해 수고해주신 모든 분들께 감사드리면서, 부디 2017년 새해에는 우리의 생각이 새로워지는 만큼 우리나라 또한 깨끗하고 새로워지기를 기대한다.

2017년 1월
필자들을 대신하여
김상봉

길에서 민주공화국을 묻다

김종목·박광연·이유진·최민지·허진무 기자

대한민국은 민주공화국인지를 들으러 간 첫 발걸음.
기록적인 폭염 속 장기 농성자들에게 들은 그들의 삶,
가족과 투쟁, 그리고 민주공화국 이야기.

권력에 '아니다' 말 못하는 나라

노트북 전원이 꺼졌다. 배터리 용량이 30퍼센트 남았었는데 갑작스럽다. 유성기업 해고 노동자 김선혁 씨(39)의 말을 받아 입력하던 중이었다. 폭염으로 과열된 탓일까? 서울 양재동 현대기아차 본사 앞의 농성장 밖에 아지랑이가 피어올랐다. 스마트폰으로 온도를 확인했다. 2016년 8월 11일 오후 3시 기온은 섭씨 36도, 체감 기온 38.6도. 차량으로 가득한 도로는 초대형 온풍기처럼 열기를 뿜었다. 햇볕이 살갗을 파고드는 날씨에도 천막을 치지 못한다. 구청은 "뼈대가 들어간 천막은 가건물"이라며 '철거 대상'이라고 엄포를 놓았다. 김씨가 가로수 그늘 아래 차린 농성장에서 얼음 조각을 입에 넣고 말했다. "겨울 노숙은 하거든요. 우리끼리 그러죠. 그게 낫다고. 아, 여름 노숙은 정말 힘들어요." 김씨가 고개를 절레절레 흔들며 말했다. 2011년 해고된 뒤 회사와 법원을 오가며 노숙 투쟁만 2년을 했다.

대한민국은 민주공화국인가? 해고 뒤 삶 자체가 억울하고 분한 일의 연속이다. 민주공화국이라면 벌어져선 안 될 일들이다. 2016년 1월, 현대차 협력 업체인 유성기업이 노무 법인 창조컨설팅과 '노조 파괴'를 공모한 사실이 확인됐다. 노조는 직장 폐쇄와 노조 탄압 배후에 현대기아차가 있다고 여겼다. 그리고 5월 17일 현대기아차 본사 앞에서 농성에 돌입했다. 농성 석 달째인 7월 21일 대전고등법원은 유성기업 노동자 2차 해고 무효 판결을 내렸다. 그러나 법원 판결은 농성을 중단시키지 못했다. 복직이 이루어지기는커녕 누구 하나 사과하지 않았다. 회사는 대화도 거부한다.

그 와중에 동료는 세상을 떠났다. 농성장엔 2016년 3월 17일 자살한 유성기업 노조원 고 한광호 씨의 간이 분향소만 덩그러니 놓여 있다. 동료들은 그가 노조 탄압에 괴로워하다 죽음을 선택했다고 전한다.

노조 파괴는 이어진다. "갑을오토텍 노조 문제도 똑같아요. 컨설팅한 회사 노무사가 창조(컨설팅)에 있던 사람입니다." 김씨는 기업과 언론, 지식인들이 노조를 탄압하면서 이윤을 내는 한국 사회를 이해하지 못한다고 했다. 그가 한참을 생각하다 강정과 밀양, 성주 이야기를 꺼낸다. "국민이 주권을 가지고 있다면 그만큼 존중해야 하는 거잖아요. 간담회를 얼마나 열었나요? 얘기를 들어봤느냐는 거죠. 왜 권력층과 다른 생각을 말하면 외부 세력으로 매도하느냐는 거죠. 이게 과연 민주공화국일까요?"

길에서 민주공화국을 묻다

특별취재팀은 2016년 8월 서울의 장기 농성장 13곳을 찾았다. 22년 만의 폭염이 기승을 부리던 때다. 노동자가, 농민이, 장애인이 잔뜩 달궈진 거리로 나와 끝 모를 싸움을 이어갔다. '자발적인 가난과 고난'을 감당하는 이들은 지금 이 시대의 '장기수' 같아 보였

김동애·김영곤 씨 부부는 비정규직 강사 교원 지위 향상을 위한 투쟁을 10년째 진행 중이다. '자발적 가난과 고난'을 택한 장기 농성자들의 삶은 민주공화국의 부재 또는 위기를 드러낸다. 2016년 9월 27일, 출근길 시민들은 농성장 앞에서 팻말을 든 김씨 부부 앞을 무심히 지나갔다. ⓒ경향신문

다. 이들에게 "대한민국은 민주공화국이다. 대한민국의 주권은 국민에게 있고, 모든 권력은 국민으로부터 나온다"라는 헌법 제1조의 의미를 물었다. 취재팀은 그들이 길에서 더위나 추위와 싸우는 이유가 헌법 제1조의 실현과 직결된다고 여겼다. 농성장에서 '민주공화국'을 찾기는 어려웠다. 민주주의, 공화주의, 주권은 부재한다. 권력을 가진 이들의 '법과 원칙'이라는 칼날만 시퍼렇게 번득인다. 농성자들은 추방당한 채 탄압에 시달리고, 무관심에 고통 받는다. 생계는 힘들고 위태롭다. 힘에 부친 몇몇은 스스로 목숨을 끊었다.

비국민의 죽음

하이디스 노조 2·3대 지회장을 맡았던 배재형 씨는 2015년 5월 세상을 등졌다. "제가 다 책임지고 이렇게 갑니다. 동지들, 끝까지 싸워서 꼭 이겨주세요"라고 유서에 썼다. 사람이 죽고서야 투쟁이 '조금' 알려졌다. 배씨의 죽음 전 해고자들은 "(언론에 나려면) 사람이 하나 죽든가"라는 말을 들었다.

광화문 동화면세점 농성장에서 김승배 씨(44)가 말한다. "노동조합을 깨기 위해서라면 자본가들은 돈이나 시간이 얼마가 들든 상관하지 않아요." 김씨는 배씨가 스스로 목숨을 끊은 이유도 그렇다고 생각한다. 현수막은 이들의 투쟁 이유를 압축해 보여준다. "흑자 정리 해고! 우량 공장 폐쇄! 특허 기술 유출! 무책임한 외국 기업 횡포를 정부는 즉각 저지하라!" 처음엔 금방 끝날 줄 알았다. 싸운 지 1년 반. 중앙노동위원회는 2016년 8월 하이디스가 시설 관리 노동자들을 정리 해고한 것은 부당하다고 판정했다. 이들이 삶으로 복귀할지는 미지수다. 판정을 강제할 방법은 없다.

김씨가 스마트폰으로 '민주공화국'을 검색하고 말했다. "이런 투쟁에 전혀 관심 없었거든요. 가장으로 아이들 키우는 데만 초점을 맞췄죠. 해고 뒤에 너무 부당하고 불공정한 것을 많이 접했어요. 분명한 건, 일한 만큼, 노력한 만큼 정당한 대우를 받는 게 민주주의고 민주공화국이죠."

농성장은 밤이면 종종 위험해진다. 취객들이 술병이나 돌멩이를 농성장에 집어 던진다. 농성장에서도 헌법은 작동하지 않는다.

윤효선 씨(32)는 위협적인 상황을 보고도 신경 안 쓰는 경찰들이 있다고 했다. "눈으로 보면서도 도와주러 안 와요."

누구도 책임지지 않는다

티브로드 비정규직 해고 노동자들의 농성 천막은 중구 명동 신일 빌딩 앞 화단 옆에 있다. 티브로드 최성근 수석부지부장(41), 권석천 부지회장(42)이 8월 11일 저녁식사를 하러 천막으로 돌아왔다. 티브로드·세종호텔·사회보장정보원 공동 투쟁단의 충무로 시위를 마친 뒤였다. 매연이나 더위는 차라리 견딜 만하다고 했다. "인생이 없다. 젊은 날을 도둑맞은 것 같다." 비정규직의 삶을 두고 최성근 부지부장이 말했다. 저임금에 근로기준법 미준수가 다반사다. '당일 처리'는 온전히 노동자 몫이었다. 자정까지 일해도 콜센터 예약을 감당하지 못했다. 방송 송출선 담당 기술자들은 새벽에도 전화가 오면 뛰어나갔다. 유선방송 설치가 늦었다며 항의하는 고객에게 회사 대신 사과했다. '위험의 외주화'에도 무방비로 노출됐다. 별다른 안전 장비 없이 전봇대에도 올라갔다. 소비자들은 눈비가 와도 설치해달라고 했다. 회사도 종용했다. 관련법은 우천 시 전봇대 작업을 금지한다. "구의역 스크린도어 사고를 들은 순간 한마디로 '우리랑 똑같다'는 생각이 들었죠."

한국은 자본의 나라일 뿐이다. 권 부지회장이 말했다. "자본이 우선되는 사회는 민주공화국이 아니죠. 돈 많은 사람들이 당연히 대우를 더 잘 받아야 하고 갑질을 해도 된다고 사람들이 느끼는 거 같아요. 헌법에 정면으로 위배되는 생각을 하는데 아무 말도 없어요. 참 이상하죠." 최 부지부장은 곰곰이 생각하곤 말을 이었다. "지역 센터장은 자기가 노동 조건을 개선할 수 없고 본사가 해줘야 한다고 하는데, 또 본사(원청) 가서 얘기하면 '너희와 상관없다'고 해요." 그에게 민주공화국은 사회·경제·정치 부문의 구조적 잘못을 누군가 책임져야 하는 것이다.

불평등에 맞서 투쟁해야 민주공화국

명동역 10번 출구를 나오면 가장 먼저 보이는 건 세종호텔 벽에 기대어 세워진 팻말과 호텔 노조원들의 1인 시위다. 8월 18일 고진수 위원장이 서 있었다. 연봉제 확대와 임금 삭감을 통한 정규직 퇴출, 일일근로계약서, 연장수당·주휴수당 미지급 등 사측이 끌어들인 여러 조치를 하나씩 이야기했다. 과장급 직원은 연봉제 대상자가 되고 4년 뒤 임금이 반토막 났다고 한다. "노동 탄압의 백화점." 고 위원장은 회사를 이렇게 표현했다.

"헌법 제1조? 네, 잘 알죠. 하도 많이 외치고 듣고 했으니까요. 노래도 있고요." 그가 웃으며 말했다. 다만 헌법 제1조는 '말'로 익숙할 뿐이다. 한국이 민주공화국인가에 대해서는 회의적이다. "힘 있는 몇몇이 '이거 맞지'라고 물으면 '아니다'라고 이야기할 수 없는 구조가 됐어요. 동의하지 않는 사람들조차도요. 그것이 민주주의인 것처럼 포장되어 있을 뿐이죠." 농성은 고달프다. 생계도 위험하다. 그는 부당함에 맞서 싸우지 않으면 절망이 삶을 피폐하게 만들 거라 생각한다. "구세주가 짠~ 하고 나타나서 바꿔줄 수 있는 건 없어요. 불평등과 부조리에 투쟁해야 바꿀 수 있죠."

연대로 이어진 섬들

농성장은 언뜻 외딴섬처럼 보인다. 광화문에서, 명동에서, 강남에서 각자의 소리만 외치는 듯하다. 이 섬들은 가늘지만 강고한 '연대'라는 이름의 다리로 이어진다. 운동은 연대의 힘으로 확장한다. 세월호 유족이, 유성기업 노조원이 백남기 농민의 농성장을 찾았다. 콜트콜텍 노동자들이 반올림 농성에서 공연한다. 농성장 사람들은 참사, 노동, 도박장, 장애인 문제를 함께 투쟁할 일로 여긴다.

8월 18일 고진수 위원장과 함께 간 곳은 세종호텔에서 5분 거리의 사회보장정보원 집회장이다. 동양시멘트·하이디스·티브로드·하이텍·세종호텔·콜트콜텍 노동자 등 30여 명이 모여 있었다. 고위원장은 2012년 파업 당시 기륭전자·쌍용차·코오롱·재능교육 노동자들이 왔다고 전한다. "150여 명의 동지들이 로비를 메웠을 때 굉장히 큰 힘이 됐죠. 이후 다른 투쟁 사업장에 꾸준히 다닙니다."

생명줄이 끊겼다

8월 11일 관악구 한남운수 차고지 입구 농성장에서 만난 버스 정비 해고 노동자 이병삼 씨(46)는 노동부의 근로감독관이 사업주들의 잘못을 제대로 관리·감독하지 않았다고 말했다. 현장도 자주 찾지 않았다고 한다. "법치 국가나 3권 분립을 상징하는 저울 있잖아요? (투쟁하면서) 저울이 절대 평평하지 않다는 걸 느낀 겁니다. 검사든, 경찰이든, 판사든 목소리를 들어주는 데가 없더라고요."

하도 답답해서 들춰본 게 헌법이다. "내가 누군지 처음 생각해본 거죠. 왜 당하고 살아야 하는가도요." 노동법, 근로기준법, 취업 규칙을 읽었다. 이씨는 자신의 투쟁이 '준법 투쟁'이라고 확신했다.

대한민국은 민주공화국인가? 이씨는 미숙아로 태어난 조카 이야기를 꺼냈다. 여동생 부부가 아무리 열심히 일해도 병원비 내기도 힘들다. "둘이 죽어라 벌어도 빚만 지고 살죠. 팔, 다리, 치아 다 성치 않은데 국가 보조는 한 달에 20만~30만 원입니다. 큰 병원에 한번 가면 기본이 몇십만 원 넘죠. 이게 개인 잘못인가요?"

이씨의 삶도 망가졌다. 농성 뒤 집을 헐값에 팔았다. 대출과 투쟁 기금으로 간신히 살아간다. 생계는 농성자 모두가 겪는 문제다. 농성장을 떠나는 이들도 있고, 계속 싸우는 이들도 있다. 40대 중반 나이. 그는 "생명줄이 끊겨버렸다"고 말한다. 중학교 졸업하자마자 '이 일 아니면 죽는다'는 각오로 배운 정비 일을 더 이상 할 수 없을지 모른다. 그는 마지막 투쟁이라고 각오한다. 그래서 농성장을 더더욱 떠날 수 없다고 했다.

해고도 대를 잇는다

콜트콜텍 해고 노동자 임재춘 씨(54)가 해고됐을 때 큰아이는 고교 2년생이었다. 그 아이는 대학을 졸업하고 '알바'를 하다 직장인이 됐다. 신협에서 계약직으로 2년 일하다가 해직됐다. 임씨는 "은

행은 다 정규직인 줄 알았어"라며 쓴웃음을 지었다. 8월 11일 임씨의 투쟁은 3,482일, 여의도 농성은 312일째였다. 임씨가 해고된 뒤 확인한 건 "한국은 독재 국가이고 부정부패한 나라"라는 것이다. "권력도 돈으로 좌우되잖아. 돈이면 판사도 사고 검사도 사고 다 사잖아. 해고 조건이 법에 정확히 명시되어 있는데 그걸 다 무시하고……." 한국 땅에서 노동자로 산다는 건 "너무 힘들고 비참한 일"이라고 그는 말했다.

이인근 콜텍지회장(51)은 민주공화국의 부재를 구조적인 문제로 접근했다. "박정희 정권하에서는 '지금은 분배의 시기가 아니라 축적의 시기'라고 이야기하며 민중들을 착취했잖아요. 여전히 분배는 이루어지지 않고 자본 축적만 이뤄지죠. 민중의 삶은 하나도 나아진 게 없어요."

판결도 이행하지 않는 나라

노동부는 2015년 2월 13일 동양시멘트 사내 하청 업체인 동일산업이 '유령 회사'이며, 하청 노동자들은 일하기 시작했을 때부터 동양시멘트 소속 정규직 노동자라고 판정했다. 동양시멘트는 노동부의 이 판정에 하청 업체와의 계약 해지, 노동자 100여 명 해고로 답했다. 중앙노동위원회는 2015년 11월 이를 부당 해고로 판단했지만 동양시멘트는 행정 소송을 제기했다. 손해배상소송 소장도 보냈다. 23명 조합원에게 매긴 배상금이 총 16억 원이나 된다.

정부와 법원이 가끔 해고 무효와 복직 판정을 내려도 기업은 잘

듣지 않는다. 동양시멘트 해고 노동자들이 광화문 미국 대사관 뒤편에 있는 삼표그룹 본사 건물 입구 앞의 천막을 떠나지 못하는 이유다. 2016년 8월 10일 노동자들이 353일째 노숙 농성 중이었다. "판결을 이행하지 않는데 그게 민주공화국일까요? 헌법대로 한다면 부당 해고 판정이 났는데 우리가 노숙 농성을 할 필요가 없죠." 이재형 씨(42)가 말했다. 이씨는 스물여섯이던 2000년 10월 동일산업에 비정규직으로 입사했다. 임금은 정규직의 40퍼센트를 받았다. 회사 식당에선 "하청 주제에 왜 먼저 밥을 먹느냐"는 말을 들었다. 이를 악물고 굴착기와 불도저를 몰았다. 연장 근무를 밥 먹듯이 했다. 그렇게 일하다 해고됐다. 이씨가 서울에서 싸우는 동안 아내는 삼척에서 돈을 번다. 여섯 살 딸아이를 어린이집에 맡기고 식당에 나간다. 아내는 남편의 투쟁을 성원한다. 이씨는 아이들에게 "해고된 건 부끄러운 게 아니다"라고 말한다고 했다.

정치도 대의도 없다

분수대에서 초등학생들이 뛰어놀았다. 8월 8일 낮 기온은 35도. 광화문광장 세월호 유족 단식 농성장 바닥은 물로 흥건했다. 열기를 식히려고 분수대에 호스를 연결해 물을 뿌려놓았다. "광화문광장은 민주주의에서 가장 소외된 사람들이 모이는 곳이 아닌가 싶어요. 다른 곳에선 호소해도 들어줄 사람이 없으니까요." 세월호특조위 김형욱 언론팀장이 말했다.

오후 2시 40분쯤 유경근 집행위원장이 단식 농성장에 나왔다.

딸 예은 양의 단원고 학생증이 목에 걸려 있었다. "헌법은 그냥 제일 위에 꽂아놓은 두꺼운 책 정도의 의미일 뿐이죠." 그는 한참 뜸들이다 말을 이었다. "헌법은 그 누구라도, 어떤 경우라도 함께 지키자고 약속한 기본이고 상식이잖아요. 그것을 무시하는 현실에서 어디에 희망을 걸고 살 수 있을까요?"

'정치'도 '대의민주주의'도 없다고 유씨가 말한다. 야당은 수시로 말을 바꿨다. "19대 국회 때는 '소수 야당이라 할 수 있는 게 없다'고 하더니, 시민들이 다수당을 만들어주니까 '국회법과 절차, 질서를 해칠 수가 없다, 여론이 뒷받침되지 않으면 움직이지 않는 게 국회의원의 특성'이라고 하더군요. 그다음 말이 제일 웃겨요. '가족 여러분들이 여론을 만들어주십시오.'" 정세균 국회의장이 한 말이라고 했다. 세월호 이후 모든 참사가 마치 자신의 탓인 것 같다고 여기는 유 위원장은 구의역 스크린도어 사고 등 참사 때마다 현장을 찾고 있다. 그는 1명이든 300명이든 생명을 계량할 수 없고, 인권도 무시할 수 없다고 생각한다.

우리가 뽑은 정치인들이 우리를 대리하지 않는다

파란색 유리로 덮인 용산화상경마장 건물은 겉만 봐선 '도박장'임을 알 수 없었다. 입구의 흰색 유니콘과 황금색 말 조형물이 화상경마장임을 넌지시 알려준다. 사람들은 알고 찾아온다. 화상경마장 앞엔 종종 오토바이가 행렬을 이룬다. "생업으로 오토바이를 타는 분들이죠. 현금 만지는 택시기사 분들도 와요. 힘들게 사는 사람들 주머니 털어 가는 거죠."

정방 용산화상경마도박장 추방대책위원회 공동대표(46)는 농성 후 헌법을 찾아봤다. "'권력'이라는 단어는 헌법 제1조에만 썼다는 걸 처음 알았어요." '권력'은 '국민'이 아니라 '그들'로부터 나왔다. 국민은 국회에 함부로 들어갈 수 없었다. 대의민주주의도 작동하지 않았다. 19대 국회에서 용산화상경마장 관련 법안은 16개 상정됐다가 논의 없이 끝났다.

20대 국회 들어 시민 1,500명의 뜻을 모아 입법 청원을 제기했다. "일정 숫자 이상의 시민이 입법 청원하면 추진해야 합니다. 주권은 국민에게 있다고 말해놓고서 국민 요구를 국회가 안 들어주면 헌법을 바꿔야 하는 거 아닌가요."

마사회는 무소불위의 존재였다. 농림축산위 소속 국회의원들에게서 '마사회로부터 농림축산기금을 받기에 이전을 대놓고 찬성하기 곤란하다'는 말까지 들었다. "(화상경마장 반대는) 우리가 뽑은 국회의원, 구청장, 시장 들이 해야 하는 거죠. 우리가 반대 운동까지 할 거면 대표자들을 왜 뽑았나 싶어요." 8월 11일 현재 도박장 반대 운동은 1,198일째였다. 정 대표는 싸움을 멈출 생각이 없다. 영화 〈부산행〉을 떠올리며 그가 말했다. "'나만 아니면 괜찮아'라는 이기적인 생각, 누군가를 위해 희생한 사람들을 예우하지 않는 문화가 민주공화국을 위협합니다."

농성자의 외침이 사람들 마음을 울리는 타전이 되기를

광화문역 9번 출입구 왼편에 '장애등급제·부양의무제 폐지'를 위한 농성장이 들어섰다. 8월 10일 현재 1,452일째. 서울장애인자립생활센터 김정훈 권익옹호국장(47)이 휠체어를 탄 채 행인들에게 서명을 요청했다. 김 국장이 강조한 건 시설 격리·수용 문제다. 사회는 장애인이 원하는 삶을 인정하지 않고, 지금 '민주공화국'은 거대한 시설과도 같다. "집단 격리돼 살아간다는 것 자체가 인권도 민주주의도 없는 상태에서 사는 겁니다. '중증 장애인이면 사회에서 어떻게 사느냐, 격리되는 게 맞지 않느냐'고 하는 소리를 들을 때 민주공화국이 맞나 싶죠." 스웨덴 정부는 1950년대부터 장애인 거주 시설을 없애왔다고 했다. "자본주의 잣대로 '쓸모가 없다'고 여겨지는 사람도 왜 같이 보듬고 살아야 하는지 알리는 게 좋은 공동체를 만들기 위한 노력이라고 생각해요."

> 발길에 눌려 우는 내 울음소리
> 그러나 나 여기 살아 있소……
> 귀뚜루루루……보내는 내 타전 소리가
> 누구의 마음 하나 울릴 수 있을까.

김 국장은 가수 안치환의 '귀뚜라미'를 떠올리곤 한다. "우리 외침이 사람들에겐 '타전'을 한다고 봐요. 언젠가는 사람들 가슴을 울리며 좋은 날을 맞이할 겁니다."

정부는 자본을 비호한다

'반도체 노동자의 건강과 인권 지킴이' 반올림의 농성장은 44층 높이의 삼성전자 서초 사옥을 배경으로 두고 서 있다. 8월 11일은 서초 사옥 농성 투쟁 309일째다. 반올림은 삼성 반도체 공장에서 백혈병 등 직업병에 걸려 사망한 노동자들에 대한 사과와 대책을 요구하며 9년째 투쟁 중이다.

농성장을 찾았을 즈음엔 이건희 삼성 회장의 성매매 의혹이 이슈였다. 이종란 상임 활동가는 "화대 비용으로 지출된 500만 원에 분노했다"고 말했다. 2007년 백혈병으로 사망한 고 황유미 씨(당시 23세)가 병원 치료를 받을 때 삼성 관계자는 4,000만 원을 지원해줄 것이라고 말했지만, 정작 들고 온 돈은 500만 원이었다고 했다. 농성장엔 삼성전자 직업병 사망자 76명을 상징하는 흰 고무신 화분과 이들을 추모하는 '솟대'가 보였다.

"국민 한 사람 한 사람이 평등하게 권리를 갖고 주권을 행사할 수 있는 나라." 이 노무사가 내린 민주공화국의 정의다. "노동법도 존재하고 헌법에 노동3권도 명시돼 있는데 이것마저도 구현되지 않고 있어요. 대한민국 정부와 공권력이 자본을 철저히 비호하고 있다고 봐요." 야당도 마찬가지라고 여긴다. 삼성 출신 양향자 씨가 더불어민주당 공천을 받아 지난 총선에 출마했을 때 직업병 사망 사태에 관한 질의서를 보냈다. 답변은 오지 않았다.

삶의 고통을 응축한 농성장

김동애·김영곤 씨 부부는 비정규직 강사 교원 지위 향상을 위한 투쟁을 10년째 진행 중이다. 여의도 국회의사당역 국민은행 앞에 있는 1.5평 규모의 천막은 '대학강사 교원 지위 회복과 대학 교육 정상화 투쟁 본부'다. 8월 11일 3,262일째였다. 가장 오래된 농성장이다. 김동애 씨가 민주공화국에 관한 질문을 듣고 목소리를 높였다. "똑같은 걸 가르치는데 한쪽은 1억 원을 받고 한쪽은 교원 신분도 없이 연봉 500만~600만 원을 받고. 그게 민주공화국이에요? 논문 대필이 관행이라는 나라가요? 국회도 논문 대필을 묵인하는 그런 나라가 어떻게요?"

오랜 투쟁에도 바뀐 게 없다. 2015년 12월 국회는 시간강사의 교원 지위 인정 등 처우 개선을 골자로 한 고등교육법 개정안(일명 시간강사법)을 유예시켰다. 세 번째 유예였다.

농성 10년. 몸도 마음도 피폐해졌다. 교원 지위 회복은 장년에 접어든 두 사람이 싸울 만한 가치가 있는 일일까? 김동애 씨도 자주 이 생각을 한다. 결론은 내린 듯하다. "꼭 해야 되는 일이니까요. 언제가 될진 모르지만, 하는 데까지 하는 거예요."

농성은 삶의 고통을 응축한다. 이 장소는 쉬이 감당할 곳이 아니다. 자본은 외면한다. 국가는 추방한다. 법은 작동하지 않는다. 몸은 상해간다. 마음엔 화병이 든다. 사람들은 관심 없다. 투쟁에 지쳐간다. 농성자들은 서로 힘을 주는 '연대'와 조그만 '관심'으로 이 '민주공화국'을 버텨간다.

돈이 지배하는 갑·을의 사회, 중세 신분제와 뭐가 다른가

황경상 · 최민지 · 허진무 · 박광연 · 이유진 기자

우리 모두는 민주공화국에 산다.
그런데도 일상에서는 민주공화국임을 잘 느끼지 못한다.
무력감을 느낀 시민들은 '민주공화국이 맞는지'를 되묻지만
대답 없는 메아리일 뿐이다.

'당신들'의 민주공화국

정선숙 씨(49)는 초등학교 방과후교실에서 아이들을 가르친다. "쉽게 말해 비정규직 교사"라고 했다. 매년 3월이 되면 정씨는 '360일짜리' 계약서를 쓴다. 학교가 퇴직금을 주지 않기 위해 쓰는 편법이다. 하지만 그런 자리나마 지킬 수 있으면 다행이다. 11월쯤 일방적으로 고용 관계가 끝나기도 한다. "그냥 끝입니다 하면 끝이더라고요." 초등학교 정규 1교시 수업은 40분간인데, 방과후 교사는 50분간 수업을 한다. 시간당 받는 3만 원은 20년 전과 같다. 그런데도 정씨는 "철저한 을이라 소리를 낼 수도 없다"라고 했다.

법은 약자의 눈물을 외면한다. 소수가 권력을 움켜쥐고 돈이 지배하는 사회, "중세 신분제 사회와 뭐가 다르냐"고 묻게 만드는 대한민국이다.

국민이 주인인가, 노예인가

헌법 제1조에 대한민국의 주인은 '국민'이라고 못 박혀 있다. 국민이 공화국의 '진짜 주인'이 되려면 '노예'가 아니어야 한다. 김경희 성신여대 교수는 《공화주의》(책세상, 2009)에서 "국민이 국가 공동체의 구성원, 주인으로 서려면 적어도 신분·지위·재산 같은 조건에 따라 다른 사람에게 예속되지 않고 동등한 권리를 가져야 한다"라고 말한다. 지배가 없는 자유가 보장되고 사람이 아닌 법의 지배를 받는 것이 공화국의 기본 원칙이다.

취재팀이 만난 시민 40여 명은 각박한 세상살이 속에서 비슷한 이야기를 꺼냈다. 대기업에서 일하는 김세정 씨(24·가명)는 회사 안에서 '입이 있어도 말하지 않는다'라는 철칙을 지킨다. "수당도 안 주는데 연차도 제대로 못 써요. 하지만 '불합리합니다', '고쳐 주십시오' 하고 자유롭게 말 못해요. 이렇게 인터뷰하는 것 자체도 알려질까 두려워요. 법이 보장하는 내에서 개인이 자유롭게 할 말을 하지 못하는 이 사회는 민주공화국이 아니죠." 제조업체 영업사원인 정형준 씨(30·가명)는 노동조합에 가입할 생각이 없다. 노조를 만들려다 한 방에 '훅 가는' 사람을 봤기 때문이다. "잘나가는 과장님이었죠. 그분이 현재 노조가 어용이라며 복수 노조를 만들려고 했어요. 그러다 지방 생산직으로 발령받았죠."

출발선과 기회가 다른 나라

취업준비생 송주용 씨(27)는 대학 시절 온갖 종류의 아르바이트를 섭렵했다. 백화점 의류 매장 점원, 식품 코너에서 고구마 팔기, 보일러 수리공 보조······. 학기 중에도, 방학 때도 일했다. 어렵게 졸업의 문턱을 넘었지만, 돌이켜보면 상처투성이다. "반말은 예사고요, 고구마를 봉지에 담는데 장갑 끼지 않은 손이 조금 닿았다고 화를 내며 안 산다고 하기도 하고······내가 인격적으로 하등한가 하는 자괴감이 들었죠." 송 씨는 대한민국이 누구나 똑같이 배우고 도전하고 꿈꿀 수 있는 기회가 사라진 사회라고 했다.

대학원생 김태진 씨(28)도 "금수저 친구들의 생활을 보면 마치 다른 나라처럼 느껴진다"라고 했다. "방학 끝나고 물어보면 흙수저인 애들은 대부분 알바했다고 하고, 집이 여유로운 애들은 외국 갔다 왔다고 해요." 그의 눈에는 한국의 권력이 지나치게 한 곳에 집중돼 있고, 누구에게나 열려 있지도 않다. "선출직 공무원이나 사법·행정 고위 관료들이 권력을 다 잡은 것 아닌가요?" 김씨는

시민들이 말하는 '민주공화국 자화상'

"그냥 끝입니다 하면 끝이더라고요.
비정규직은 철저한 을이라 소리를 낼 수도 없어요."

정선숙 49·방과후 교실 교사

"방학 끝나고 물어보면 흙수저는 대부분 알바했다
하고, 집이 여유로운 애들은 외국 갔다왔다고 해요."

김태진 28·대학원생

"검사 힘든데 왜 하려 하느냐는 소린 여자만 들어요.
이렇게 자기검열에 빠지는 게 더 힘들어요."

전민영 (가명) 24·로스쿨 재학

"우리가 뭐라 그래도 어차피 바뀌는 게 없잖아요.
힘 없는 우리는 짜증만 나니까요.
이게 무슨 민주공화국이에요."

김은숙 52·주부

"고교 때는 정치를 알아선 안 되는 것처럼 하다
성인 되면 갑자기 너희의 책임과 의무라면서
관심 가지라는 게 너무 이상해요."

이상목 24·대학생

"선거도 공탁금이나 선거 비용을 보전해주는 최소 득표율 같은 것 때문에 진입 문턱 자체가 너무 높다"며 "이젠 5급 공무원 준비도 경제적 부담이 커서 사는 집 애들이 준비도 많이 하고 합격도 하는 것 같다"라고 말했다.

금융 회사에서 일하는 구성재 씨(28·가명)는 보통 오전 7시 20분 출근해 오후 9시까지 일한다. 회식도 잦다. 오후 11~12시에 귀가해 다음 날 오전 5시에 일어나야 한다. 몸의 에너지가 소진된 삶을 생각하면 "토가 나온다"고 했다. "지방에서 서울 올라와 사느라 매달 월세만 50만 원 넘게 내는데 언제 집을 마련하고 결혼도 하겠어요?" 그는 "한국에서는 어떻게 살아야 할지 그림이 그려지지 않는다"라고 말했다.

'지배받는 약자'의 끝, 여성

김세정 씨는 회사를 그만둔 여자 선배들의 이름을 다 외운다. 남자 상사들이 "결혼하면 그만두겠지"라며 입에 달고 다녔던 이름들이기 때문이다. 그들에게 여자는 '삑 하면 울거나 그만두는 존재'들이다. "같이 입사한 동기는 회식 자리에서 '결혼하고 그만둘 생각이면 폐 끼치지 말고 당장 그만두라'는 말을 듣고 서럽게 울었다고 해요."

수시로 담배를 피우러 나가는 남자 상사들이 테이크아웃 커피를 사러 가는 여직원을 삐딱하게 본다. 남자 상사들은 여직원이 분위기나 구색 맞춰주는 존재로만 남길 바란다. "노래방에서 술 취한 상사가 더듬으려고 한 적도 있죠. 한 입사 동기는 호텔 나이트 클럽 룸에서 춤추라는 지시를 받았는데 거부했다가 울었어요. 상사가 '분위기 정말 못 맞춘다'며 되레 화를 냈다고 해요."

서울의 한 여대를 졸업하고 로스쿨에 입학한 전민영 씨(28·가명)도 "여성이 소수자인 사회로 나오니 목소리를 마음껏 내지 못하게 된다"라고 했다. "'검사 힘든데 왜 하려고 하느냐'는 질문은 늘 여자만 받아요. 자기 검열에 빠지는 것이 요즘 가장 힘들어요." 가정주부로 살다 2006년부터 시간강사로 일하고 있는 김영숙 씨(49·가명)는 "한국에서 '아줌마'로 산다는 것은 무지와의 싸움"이라며 "학교에서는 민주주의를 가르치지만, 한국 사회 자체가 여성이 자기 생각을 말하면 불편해한다"라고 주장했다.

제도를 채울 알맹이가 없다

공화국을 지탱하는 중요한 요소 중 하나는 '시민적 덕성'이다. 법과 제도가 잘 갖춰져도 사람들이 따르지 않으면 무용지물이다. 직장인 손정우 씨(26·가명)는 "한국은 하드웨어는 갖춰져 있는데 소프트웨어는 못 따라간다"라고 짚었다. "예를 들어 파업을 하잖아요. 노동 3권은 헌법에 보장된 권리죠. 근데 사람들은 혀를 끌끌 차는 거예요."

마키아벨리는 공적 이익을 추구하는 시민적 덕성이 사라지고 사적 이익만을 챙기는 부패가 만연하는 것이 불평등 때문이라고 봤다. 권력과 재산을 많이 가진 이들이 법과 제도를 지키지 않아도 된다면 사람들은 능력과 자질을 함양하기보다는 부정한 방법에 의탁한다는 것이다. 학원강사 허역 씨(52)는 개인을 탓하기에 앞서 왜 이런 현상이 나타나는지 주목해야 한다고 말했다. "공동체가 텅 비어버린 거죠. 사회 구조 자체가 배려나 공동체 의식을 내세우면 다른 사람들보다 뒤처지게 만들어져 있어요."

제도 그 자체로서 민주공화국에 만족하고 나머지는 개인 노력으로 채워가야 한다는 의견도 나왔다. 대학생 최영환 씨(24·가명)는 "정권 교체까지 가능할 정도로 선거 제도가 정착된 한국 사회는 불안정한 면이 있더라도 민주공화국임을 부정할 수 없다"라고 본다. 자영업을 하는 지준성 씨(56·가명)는 청년들이 한국을 '헬조선'이라고 표현하는 데 동의하지 않았다. "우리 사는 곳을 지옥이라고 표현할 수 있는 것 자체가 대한민국이 민주주의 사회라는 증거라고 생각해요. 국회의원들이 자녀들 취업하는 데 야비한 수를 쓴다든가 그런 걸 보면 그렇게 느낄 수도 있다고는 봐요."

일상의 민주주의가 진짜다

"전 골치 아픈 건 될 수 있으면 안 보려고 해요. 뭐라 그래도 어차피 바뀌는 게 없잖아요. 힘없는 우리는 짜증만 나니까요. 성완종 사건도 그렇고, 뻔한 건데 위에서 다 덮어버리죠. 뭐 할 말 있는 사람들 보니까 다 죽더군요. 무서워요, 아주. 이게 무슨 민주공화국이에요." 주부 김은숙 씨(52)의 말엔 대다수 시민들이 품고 있는 울화가 담겼다.

대학생 이상목 씨(24)는 우리가 받는 교육부터 잘못됐다고 본다. "제가 고3 때 촛불집회가 크게 일어났어요. 그때 정치에 처음 관심을 가졌는데, 선생님이 그러시더라고요. 제정신이냐고. 정치를 알아선 안 되는 듯이 하다가 성인이 되면 갑자기 너희의 책임과 의무라면서 정치에 관심을 가지라고 하는 게 너무 이상해요."

여성학·평화학 연구자인 정희진 씨는 "사람들이 현실 정치와 일상 정치, 절차적 민주주의와 일상의 민주주의를 나누고 있는데 사실은 이게 분리되지 않아야 하는 것"이라고 말했다. 정씨는 "일상의 민주주의가 진짜 민주주의이고 현실 정치는 일종의 그림일 뿐"이라며 "근본적으로 정치의 개념을 달리해야 한다"라고 짚었다. 겉보기에 대한민국에선 민주공화국의 법과 제도의 틀이 갖춰져 있고 공정한 선거가 치러진다. 그러나 취재팀을 만난 대한민국 시민들의 일상에 '민주공화국'의 이상은 배어 있지 않았다.

"선출된 왕정을
최소한 원로원 체제로
가져가야"

김상봉

전남대 철학과 교수

김상봉은 박명림(연세대 교수)과 함께 2009년 경향신문에 '새로운 공화국을 꿈꾸며'를 연재했다. 두 학자가 공화국, 헌법1조, 정부 수립, 국가와 민족, 시민의 권한과 책임, 정치의 한계와 가능성, 시민 교육, 다문화 사회, 분단과 통일, 세계 시민성과 주체성이라는 열 가지 주제를 놓고 편지를 교환하는 형식이었다. 경향신문 '대한민국은 민주공화국인가' 특별취재팀은 '새로운 공화국을 꿈꾸며'를 단초로 이 기획의 방향을 잡았다. 지식인 릴레이 인터뷰를 김상봉, 박명림부터 시작하는 이유도 여기 있다. '새로운 공화국을 꿈꾸며' 연재가 끝난 지 7년 뒤인 2016년 7월 11일 저녁 서울 대학로에서 김상봉을 만났다. 그는 베트남사회과학원과 독일 사민당의 프리드리히 에버트 재단이 공동 주최하는 경제 민주화 관련 학회 참석을 위해 출국을 하루 앞둔 상태였다. 인터뷰에서 현재의 한국 정치 상황과 전망, 개헌 문제에 관해 이야기한 그는 "이대로 국정의 혼란과 부패가 지속된다면 내년에 박근혜 대통령이 정상적으로 대통령직을 수행할 수 없는 상황도 일어날 수 있다고 예상한다"고 말했다.

독일에서 시장경제와
사회적 공공성의 결합을 보다

베트남과의 학술 교류에 오래전부터 참여하신 듯한데요.

베트남사회과학원은 사회주의 경제에서 자본주의 시장경제로 이행하는 과정에서 어떻게 하면 시장경제의 효율성과 함께 사회주의적 평등의 대의와 경제 공공성을 양립시킬 수 있는지에 대해 지속적으로 연구해왔습니다. 저도 사회과학원의 객원교수로서 비교적 일찍부터 그 프로젝트에 참여해왔습니다. 2009년 초에 '새로운 공화국을 꿈꾸며' 시리즈 2회 〈공화국이란 무엇인가〉와 3회 〈헌법 제1조—대한민국은 민주공화국이다〉를 베트남 학회 참석 때 썼어요. 그런데 그 시절만 하더라도 베트남사회과학원 내에서 경제적 공공성의 문제에 대한 논의가 아직은 시작 단계여서 2009년 학회의 주제가 세계화와 사회적 연대였어요. 생각하면 그 당시 한국에서도 연대성에 대한 논의가 비교적 활발했었는데, 저는 이미 그때부터 일관되게 노동자경영권과 공장의 폴리스화를 말했습니다. 그 후 두 번째로 참가했던 학회의 주제는 기업의 사회적 책임Corporate Social Responsibility이었는데, 저는 그때도 이른바 CSR란 기업이 사회적 책임을 지지 않기 위해 만든 수사일 뿐이므로 기업이 정말로 사회적 책임을 지려면 노동자 경영 참여에서 출발해야 한다고 말했지요. 그러면서 독일의 노사공동결정제도에 대해 발표했습니다.

이번에는 어떤 주제입니까?

전체 주제는 경제 민주주의와 평등의 문제입니다. 주제 자체부터 많이 진전된 셈이지요. 그리고 사회과학원과 공동으로 학회를 주최하는 기관도 예전에는 독일의 가톨릭교회 산하 기관이었는데, 이번에는 독일 사민당의 프리드리히 에버트 재단입니다. 게다가 독일의 노사공동결정제도를 처음 도입한 초대 노조위원장을 기념해 만든 한스 뵈클러 재단에서도 관계자가 참여할 예정이어서 저로서는 기대가 됩니다.

선생님의 발표 주제는 무엇인지요?

저는 이번에도 독일에 대해 발표합니다. 좁은 의미의 노사공동결정제도뿐만 아니라 전체 경제 체제를 다룰 거예요. 독일 사람들은 자기네 경제 체제를 사회적 시장경제라고 부릅니다. 시장경제를 사회적 공공성과 결합한 거라고 보면 되겠는데, 계획경제가 아니라는 의미에서 시장경제라고 부르지만, 신자유주의나 자유방임형 경제가 아니라 어디까지나 사회적 공공성의 원리를 지켜나간다는 점에서 사회적 시장경제라는 거지요. 구체적으로 말해 세 기둥이 독일의 사회적 시장경제를 떠받치고 있는데, 첫째가 전체 시장 질서와 관련해 대기업의 독점을 철저히 예방함으로써 기업들 사이에 진정한 자유 경쟁의 조건을 만들고, 둘째는 개별 기업의 차원에서 노동자들의 경영 참여와 공동결정권을 법적으로 보장해줌으로써 노동자의 입장에서는 기업 내에서 임금 노예가 아니라 기업의 주권자로서 생산에 참여하게 해주고 경영진의 입장에서는 노사 갈등 없이 안정적으로 기업 경영을 할 수 있게 해주지요. 마지막 기둥은 독일 경제 체제의 중요한 특징 가운데 하나인 이원화된 직업 교육입니다.

이원화 직업 교육이란 뭔가요?

핵심은 기업이 자기가 필요로 하는 인력을 스스로 교육시켜서 채용한다는 것이지요. 일정 규모 이상의 기업에 가면 으레 한쪽에는 그런 직업 교육장이 있습니다. 각 분야의 마이스터를 비롯해 고참 노동자들이 직업 교육을 위한 자격증을 이수한 후에 실습 교사로서 십대 후반의 실습 학생들을 가르치는데, 3년 반의 교육 과정 동안에 실습 학생들은 저학년일 경우 일주일에 사흘 학교 교육을 받고 이틀간 실습 교육을 받다가, 고학년이 되면 이틀은 학교에서 공부하고 사흘은 기업에서 실무 교육을 받게 되지요. 물론 모든 비용은 기업과 상공회의소 그리고 국가가 부담합니다. 3년 반의 교육이 끝나면 기업은 실습생들을 정식 직원으로 채용하게 되지요. 독일 경제의 경쟁력은 이런 치밀한 직업 교육에서 나온다고 해도 과언이 아닙니다. 한국의 기업은 입만 열면 학교가 기업이 필요로 하는 인재를 양성하지 못한다고 불평하는데, 기업이 필요로 하는 인재라면 기업이 양성해야지 그걸 왜 학교가 합니까? 학교는 학교에서 가르칠 것을 가르치고 기업은 기업에서 필요한 것을 가르치는 것이 옳지요. 학교는 직업의 차이를 불문하고 인간의 모든 활동에 필요한 보편적 지식과 기예를 가르치는 것이 옳습니다. 보다 전문적이고 특수한 직업 교육은 기업이 스스로 하는 것이 마땅한 일입니다. 그런데 한국의 기업은 자기들이 필요로 하는 인재를 스스로 양성할 생각은 하지 않습니다. 그러면서 학교 탓만 합니다. 그러면서 노동 생산성이 낮다고 노동자들을 싸잡아 비판합니다.

한국 기업이 직업 교육에 무관심한 이유가 뭐라고 보십니까?

그야 노동자들이 정말로 전문성과 특별한 경쟁력을 가지게 되면 마음대로 해고할 수가 없으니까 그렇지요. 한국의 자본가들이 원하는 노동자는 숙련된 전문성을 가진 기술자들이 아니에요. 그들은 그저 컨베이어벨트 앞에서 시키는 대로 일하는 평균적 노동력을 원할 뿐입니다. 그래야 자본이 노동에 예속되지 않을 수 있으니까요. 그래서 한국의 자본가들이 원하는 것은 좋은 노동자가 아니라 최신식 기계 설비예요. 노동 생산성 타령은 노동자들을 옥죄기 위한 이데올로기적 선동일 뿐이지요. 하지만 그런 식으로 좋은 기계 들여놓고 저임금으로 물건 만들어 팔아먹는 게 언제까지 가능하겠어요? 그런 일은 이제 한국보다 더 임금이 싼 나라들이 훨씬 더 잘 할 수 있는 일이잖아요? 그래서 저는 한국 경제가 근본에서 바뀌지 않으면 이제 우리 경제는 끝났다고 봐요. 그런데 베트남 사람들이 한국 경제를 호의적으로 보는 편이거든요. 물론 이해할 만한 일이지만, 처음부터 기초를 잘못 놓았다간 정말로 낭패를 볼 수 있으니, 한국의 야만적 착취 경제보다는 독일식 사회적 시장

경제를 모델로 해서 경제 체제를 설계하라고 언제나 설득합니다. 그래서 이번에도 '신자유주의인가, 사회적 시장경제의 세계화인가?'라는 제목으로 독일 경제 제도에 대해 좀 자세히 소개를 하고 토론을 할 생각이에요.

혁신과 성장이 멈춰버린 한국, 진보적 전망을 보여주지 못하는 야권

창간 70주년 기획으로 무엇을 다룰지에 대해 '보수의 위기' 등 한국 사회의 여러 문제들을 놓고 고민하다가 그 모든 문제를 포괄하는 주제가 '대한민국은 민주공화국인가'라고 판단했습니다.

그렇군요. 근데 죄송하지만 저는 지금이 보수의 위기라고 생각 안 해요. 진정한 위기는 진보의 위기 또는 더불어민주당의 위기죠. 국민의당은 말할 가치도 없는 집단이고요. 1987년 이후 한국의 진보 진영은 이제 완전히 고갈됐다고 봐요. 우리 사회의 진짜 위기는 거기에 있습니다. 물론 현상적으로 관찰하자면 보수의 위기인 듯이 보이는 상황이 머지않아 올 거예요. 저는 이대로 국정의 혼란과 부패가 지속된다면 내년에 박근혜 대통령이 정상적으로 대통령직을 수행할 수 없는 상황도 일어날 수 있다고 예상합니다. 더민주 사람들이 '우리가 8부 능선 왔으니까 큰 실수만 없으면 내년에는 정권 교체할 수 있다'는 식으로 안이하게 생각하고 부자 몸조

심하듯 몸 사리고 있는데, 제가 보기엔 그런 생각으론 정권 못 찾아옵니다. 이대로 가면 십중팔구 내년에 제2의 6·29선언 나옵니다.

무슨 뜻인지요?

이대로 나라가 방향타 없이 표류한다면 침몰하는 것은 정해진 이치 아닙니까? 침몰하는데 사람들이 그 안에서 같이 죽자고 아무것도 하지 않고 가만히 있겠습니까? 우리가 어떻게 이어온 역사인데. 우리가 원하든 원하지 않든, 지금 우리 사회는 어떤 식이든 대규모 민중 봉기가 일어날 수밖에 없는 상황으로 떠밀려 가고 있습니다. 지금 조선업 구조 조정은 전조에 지나지 않습니다. '87체제'의 안정성이라고 하는 게 실은 형식적 민주주의 정당성에 기초하고 있는 거죠. 그런 껍데기 민주주의가 밥 먹여주지 않잖아요? 이게 비유가 아니라 현실이 되었단 말입니다. 하지만 그렇다고 해서 한국이 국민을 먹여 살릴 수 없을 만큼 가난해서 그런 건 아니잖아요? 여러 해 동안 계속 무역 흑자 행진이 계속되고 있고, 그 결과 재벌은 천문학적 사내 유보금을 보유하고 있잖아요? 그런데도 민주화 이후 30년이 지난 지금 다시 밥걱정을 해야 될 처지에 왔다면, 그건 경제 체제에 문제가 있다는 말 아니겠어요?

생각하면, 민주화의 가장 큰 수혜자는 재벌이에요. 군부 독재가 자본 독재, 기업 독재로 바뀌었잖아요. 노무현 대통령 말처럼 권력이 청와대에서 시장으로 넘어갔으면, 시장의 지배자들이 최소한 시장이 붕괴하지 않도록 지켜야 할 규칙을 지켜야 할 것 아니에요? 쉽게 얘기해서, 재벌 자식들뿐만 아니라 노동자의 자식들도 최소한의 인간다운 삶을 살도록 해주어야 이 경제 체제가 재생산되고 지속될 것 아니에요? 그런데 지금처럼 젊은이들이 학교 졸업해봤자 온통 비정규직이고 혼자 입에 풀칠하기도 힘든 돈으로 간신히 연명이나 하면서 살아야 하는 사회적 조건 아래서 무슨 경제적 독립이 가능하겠어요? 결혼이나 출산이 벼슬처럼 어려워진 나라가 과연 언제까지 지속 가능하겠어요? 요컨대 저임금에 기초한 착취 경제는 지속 가능하지 않습니다.

근데 제가 이렇게 말하면 노동자 편만 든다 하겠지만, 평범한 기업가의 입장에서는 뭐가 다릅니까? 한국에 애플의 스티브 잡스나 테슬라 모터스의 일론 머스크 같은 기업가가 출현할 수 있어요? 온통 삼성과 현대가 시장의 생태계를 물 샐 틈 없이 지배하는 상황에서 누가 창업을 꿈이나 꿀 수 있느냐고요? 경제는 끊임없는 순환 속에서 움직이는 건데, 진입 장벽 때문에 새롭고 혁신적인 창업이 불가능하다면, 기존의 기업 망하는 것 말고 무슨 다른 변화가 있겠어요?

혁신은 기계가 아니라 사람이 하는 거예요. 그런데 사람을 개, 돼지, 물건 취급하는 사회에 무슨 창조적 혁신이 있을 수 있겠어요? 그러니 모든 면에서 더는 성장의 동력을 찾을 수 없는 상황이 온 것이죠. 그런데 이런 상황에서 지금 집권 세력이 하는 일이 뭐예요? 내부적으로는 약자를 희생시켜 자기들의 이익을 도모하고, 또 그것을 은폐하기 위해 국민들을 끊임없이 분열시키는 것 말고는 할 줄 아는 것이 없지요. 그렇게 해서 권력 기반이 취약해지면 외세에 기대어 권력을 유지하려 하겠지요. 그걸 위해 정치·경제·군사적인 이권을 달라는 대로 내줄 거고요. 그럼 그 와중에 세상이 다시 어지러워지고, 그러면 그 상황에 대처한답시고 다시 남남 갈등, 남북 갈등을 부추기겠지요. 그래서 다시 나라는 어지러워지고. 이렇게 끝없는 악순환의 고리 속으로 들어가는 거지요.

그게 보수의 위기 아닌지요?

그렇지요. 한국 사회가 정상적인 항로를 이탈해서 급격하게 침몰할 수밖에 없는 상황으로 갈 겁니다. 이런 상황에서 표면적으로는 보수의 위기가 올 것인데요, 그런데 그 위기를 자기 것으로 받아 안고 극복해나갈 수 있는 진보적 전망이 더민주에게는 아무것도 없어요. 사드에 대해 원칙적으로 반대하지 않는다는 집단입니다. 그런 기회주의자들의 집단에 기대할 수 있는 것은 아무것도 없어요. 한국 재벌 체제에 대해 어떤 말도 못하는 건 예나 지금이나 마찬가지고요. 그 사람들 아무것도 못합니다.

야권의 집권 가능성이 어느 때보다 높다는 전망이 많은데요.

역사가 그렇게 쉽게 굴러가지 않아요. 보수 세력은 자고 있답니까? 아직은 현직 대통령이 저렇게 시퍼렇게 살아 있으니까 차기 주자들이 조용히 지켜보고 있지요. 하지만 때가 되면 그들은 과감하게 제 목소리를 내기 시작할 거예요. 그리고 한국 사회의 총체적 위기가 닥치면 반드시 그 상황을 자기들 방식으로 전유해서 드라마를 쓸 거예요. 누가 압니까? 제2의 6·29선언이 나올지? 아니면 국회에서 여당발 탄핵안이 발의될지. 아무도 몰라요. 재집권을 위해서 무슨 일이든 못하겠어요? 청와대와 타협해서 쇼를 할 수도 있는 일이고. 국민들의 스트레스를 한꺼번에 날려버릴 카드는 무궁무진하게 있어요. 바로 내일 경천동지할 일이 일어나기 전까지 아무것도 예측할 수 없는 나라가 한국이에요. 4·19, 부마항쟁, 10·26 사태, 5·18 그리고 6월항쟁까지 그거 누가 예측한 사람 있었답니까? 해방 후 한국 역사를 보면 30년이 지나기 전에 체제가 붕괴하는 사건이 일어났어요. 내년이 '87년' 30주년인데, 그나마 지금까지 그만한 봉기가 없었던 것은 87년의 역사가 그만큼 위대한 역사였기 때문이에요. 하지만 이제 그 시효가 끝났어요. 우리에게 미래는 없어요. 어떤 의미에서는 87년 체제가 아니라 해방 이후 이어져온 역사가 종말에 이르렀다고 봐야겠지요. 더민주는 마치 이승만 치하의 한민당이나 민주당처럼 이런 상황에서 할 수 있는 것이 아무것도 없는 집단이에요. 근본적 변화가 닥치면 그저 닭 쫓던 개 지붕 쳐다보는 신세나 되겠지요.

잘 믿기지 않는 예언처럼 들립니다.

물론 그런 극단적인 일이 내년에 당장 일어나지 않을 수도 있지요. 하지만 모든 가능성을 열어놓고 각 상황에 치밀하게 대비하는 것이 당연한 일 아닙니까? 그런데 한국의 이른바 진보 진영은 너무 안이해요. 아무 준비 없이 소일하다가 막상 절박한 상황이 닥치면 허둥대면서 주먹구구식으로 대처하지요. 4·19도 그렇고, 87년도 그렇고, 거슬러 올라가면 구한말도. 생각하면 비통한 일이에요. 어쩌면 그렇게 시대의 징조를 못 읽는지. 몇십 년은 아니라도 최소한 몇 년 앞은 내다보면서 준비를 하는 사람들이 있어야 할 것 아니에요?

대중은 묻고, 지식인과 언론은 분석과 대안을 제시해야 한다

예전 '새로운 공화국을 꿈꾸며'를 다시 읽었습니다. 당시엔 너무 시대를 앞선 기획이 아니었나 싶기도 합니다만 듣고 보니 미리 내다보고 준비한 것이었을 수도 있겠다는 생각이 드는군요. 7년이 지난 이제야 '공화국' 담론이 학계 밖으로도 나오는데요, 2009년 연재 당시 담론을 이어갔더라면 하는 생각이 듭니다. 두 분이 헌법 제1조부터 다문화와 통일까지 두루 짚으셨죠.

원래 우리나라 주류 지식인들이 그런 짓 안 하죠. 구한말에도 그랬어요. 서양 문명이 물밀듯이 밀려와 나라가 절체절명의 혼란과 위기에 처했는데, 누구도 치열하게 상황을 분석하고 대안을 제시한 사람은 없었어요. 도무지 책을 쓰지 않아요. 구한말에 서양에 대해 스스로 연구하고 분석한 책이 있습니까? 그리고 조선의 현재를 비판하고 미래를 이론적으로 전망한 책이 있습니까? 일본에는 후쿠자와 유키치福澤諭吉가 있었고 중국에서는 캉유웨이康有爲, 량치차오梁啓超를 비롯해 기라성 같은 지식인들이 책을 썼지요. 그런데 우리는 없어요. 19세기 말에도 꽤 많이들 유학 갔어요. 윤치호 같은 사람 미국 유학 가서 감상적인 일기나 썼지 서양을 분석하고 조선의 미래를 제시한 글 같은 건 쓸 생각도 하지 않았어요. 고작해야 유길준의 《서유견문》 정도인데, 아무런 절박함도 감동도 없는, 아니 재미조차 없는 한가한 구경꾼의 정말 진부한 기행문이에요. 그러니 나라가 망하지 않고 배기겠어요? 그런 나라에서 예나 지금이나 민중들은 목숨을 걸고 봉기하는데, 지식인들은 나라를 새롭게 형성할 이론적 청사진을 제시하지 않아요. 모든 문제가 거기서 생깁니다. 나라를 어떻게 하자는 걸 두고 토론과 논쟁을 벌이지 않으니까 혼란한 세상에 권력 투쟁만 남는 거예요. 권력을 잡아도 무얼 어떻게 고치겠다는 전망도 없는 자들의.

그런데 비감한 건 이게 지식인들만의 책임은 아니란 거예요. 묻는 사람이 없으니 답을 하는 사람도 없는 거지요. 말이 나왔으니 드리는 말씀입니다만, 경향신문의 '외국인 지식인 지형도' 같은 기획은 무슨 지면 낭비입니까? 그런 게 우리 사회에 무슨 도움이 되나요? 그거 독자들이 알면 뭐하고 모르면 뭐합니까? 철 지난 외국 학자들 이야기가 우리 사회의 문제를 해결하는 데 무슨 도움이 된다고. 아는 척하고 싶은 사람이야 책 읽으면 되지요. 세상에 흔해빠진 것이 싸구려 인문학 소개서들인데, 신문까지 나서서 영업 활동을 해주는 이유가 뭐랍니까? 그러니까 대중들도 한국 학자들에게 한국 문제에 대한 답을 물을 생각을 못하는 거잖아요. 학자는 외국에만 있다 생각하니까.

그렇다고 칩시다. 한국에 학자 아무도 없다고 치자고요. 그럼 그 잘난 외국의 석학들이 한국 문제에 대해 살뜰하게 답을 준답니까? 잘났든 못났든 우리가 우리 문제 해결해야 되는 거 아니에요? 우리가 우리 사회 분석하고 우리 미래의 갈 길을 보여줘야 하는 거 아니냐고요. 그리고 그러기 위해서 보잘것없어도 우리 학자들에게 물어야 하는 것 아닙니까? 하루가 멀다 하고 사고가 나는 나라잖아요. 대책을 찾아야 하지 않습니까? 언제까지 마치 남의 일인 것처럼 남의 나라 학자들에게 자기 문제에 대한 답을 구할 건가요?

경향신문 덕분에 7년 전에 저도 한국 사회를 새롭게 형성할 청사진을 간략하게나마 그려볼 기회가 있었습니다만, 연재가 끝난 뒤에 내용을 많이 보완해서 박명림 선생님과 함께 '다음 국가를 말하다'라는 제목으로 책을 냈는데, 그 책 지금은 절판되고 없어요. 그만큼 사람들 관심이 없는 거죠.

저널리즘은 담론 구축과 전달에 어려움을 느끼곤 하는데요.

그런 상황을 극복하기 위해서는 우선은요, 원론적인 말인데, 담론의 역사를 이어가야 합니다. 함석헌이 말했어요. 역사는 릴레이 경주와 같아서 누군가에게 바통 넘겨주지 못하면 역사는 없는 거예요. 정신의 역사도 마찬가지예요. 생각하면 한국의 진보 진영이 보수 세력에게 이기기 어려운 까닭이 있는데, 도무지 진보 진영은 역사를 이어가질 않아요. 이어가는 철학이나 이론이 없어요. 유일하게 이어가는 게 있긴 하죠. 바로 남한 사회에서 허락되지 않는 김일성주의입니다. NL들이 이어가요. 그래서 PD가 NL을 못 이기는 겁니다. 그러면 우익은 어떨까요? 그들은 없어도 만들어냅니다. 집요하게 이승만, 박정희를 이어갑니다. 더 거슬러 올라가면, 식민지 근대화론도 만들어낸 겁니다. 대한제국이나 노론도 그렇고요. 자기네들 계보를 이어낸 거죠. 그런데 그게 없는 게 진보예요. 역사의 주역이 될 수 없죠. 언제나 자기가 제일 잘났다고 여기면서 아무도 이어가려 하지 않으니 역사를 이어내지 못해요. 그러니까 옆으로 사람들을 모을 수도 없죠. 각자 서로 다른 외국 교과서를 읽고는 저 잘났다 싸우다 망합니다. 지금이라도 집요하게 이어가는 철학이 있어야 돼요. 철학이 아니면 담론이라도.

그런 의미에서 취재팀도 7년 전 '새로운 공화국을 꿈꾸며'에서 두 분이 제기한 의제들을 짚어보려고 합니다. 그런데 그때 제기하셨던 정치, 경제, 사회 등 각 부문의 문제들은 더 심각해진 듯합니다.

물론입니다. 병은 치료하지 않으면 악화될 수밖에 없고 사회적 모순은 해소되지 않으면 더 심각해질 수밖에 없으니까요. 그때 제기한 문제들 가운데 해소되거나 해결된 것이 아무것도 없으니 더 심각해진 것이 너무도 당연한 거지요.

정치적·형식적 민주화를 넘어
경제 민주화로

간략하게 한 가지씩 좀 짚어주실 수 있겠습니까?

정치적 측면에서 보면 민주주의 급진화가 시대 화두예요. 87년 민주화로 정치적 민주화만 이루었죠. 그것도 간신히 제일 꼭대기만 민주화되었을 뿐입니다. 중앙 권력을 선거를 통해 선출하는 것에 머물러 있는 거죠. 지금 지방 자치는 빈껍데기니까. 대통령은 그냥 선출된 왕이에요. 역사가 하루아침에 비약할 수는 없습니다. 선출에 의한 왕정을 최소한 원로원 체제로 가져가야 하는 게 지금 한국 정치의 과제예요. 구체적으로 말해 내각제로 가야 할 때

1987년 6월, 시민들이 서울 명동 거리에서 호헌 철폐 시위를 벌이고 있다. ⓒ민주화운동기념사업회

가 된 거지요.

　그와 함께 급진적인 지방 분권으로 나아가야 합니다. 분권화를 못 이루면 통일도 못합니다. 역설적이지만 통일 국가는 분권 국가가 되어야 실현 가능한 거지요. 만약 권력을 중앙 정부가 독점한다면 남이 양보하겠어요, 북이 양보하겠어요? 그러니까 인구 비례에 따라서 국가 예산 다 나눠야 합니다. 도대체 뭐가 그리 한가해서 학교 급식까지 중앙 정부에서 간섭한답니까? 단호하게 지방 분권을 해서 지자체들끼리 서로 선의의 경쟁을 하게 만들어야 합니다. 경남의 홍준표 지사가 무상급식 안 하겠다고 하면 전남은 다 무상급식 하면 됩니다. 부산은 대학까지 무상교육 한다고 하고, 경북은 기본소득 준다고 하고요. 그렇게 지사체들이 서로 경쟁하게 만들어야 합니다. 이런 식으로 권력을 지방에 이양할 때만 중앙 권력이 약화되고, 그래야 통일을 준비할 수도 있습니다. 그걸 염두에 두고 권력 구조 개편 논의를 시작해야 합니다. 이게 첫 번째 과제입니다.

경제는 어떻습니까?

　87년에 못 이룬 게 경제 민주화죠. 그 결과 지금 보듯이 한국인의 삶의 조건이 악화될 대로 악화됐습니다. 직장이야말로 진정한 의미의 삶의 세계 아닙니까? 그런데 그 가장 구체적이고 직접적인 삶의 세계에서 도구화되고 사물화되어 노예적인 삶을 살고 있는데, 인간의 삶이 과연 자유로울 수 있어요? 그러니까 정말로 이 땅에서 자유인으로 살려면, 정치와 국가 조직뿐만 아니라 경제와 기업 조직도 민주화해야 하는 거예요. 그럼 경제 민주화가 의미하는 게 뭐겠어요? 결국 노동자의 '동등권'입니다. 민주주의가 뭡니까? 어떤 조직이나 공동체의 모든 참여 주체들에게 동등한 권한을 주는 거잖아요? 그런데 경제의 영역에서 소비자 주권은 말하면서 왜 노동자 주권은 말하지 않습니까? 정작 경제를 끌고 가는 사람은 그들인데. 노동자의 경영 참여를 말하면 기업은 엄연히 오너가 있다고 떠드는데, 도대체 법인 기업에 주인이 어디 있어요? 독일의 2,000명 이상 기업에서는 경영진을 임명하는 기업 최고 권력 기구인 감독이사회의 법인 이사 절반이 노동자 몫입니다. 즉 종업원 몫이죠. 500~2,000명 미만 규모의 기업에서는 그 몫이 3분의 1이고요. 기업 의사 결정에 노동자들이 참여하고 동등권을 확대해야 임금 노예화를 방지할 수 있어요. 한번 생각해보세요. 구의역 참사를 막기 위해 무엇을 해야겠습니까? 그 사건 후 제가 평소에 존경하는 어떤 교수분이 신문에 노동권 존중만이 답이라는 칼럼을 썼는데, 반가운 마음에 찬찬히 읽었지만 아무리 다시 읽어도 그 글 속에는 무엇이 노동권 존중인지가 없더라고요. 그러니 사람들이 노동권을 존중하고 싶어도 어떻게 해야 존중하는 건지 알 수 없는 거지요. 그런데 이처럼 정말로 중요한 일에는 추상적 당위만 있고 구체적 전략이 없는 것이 한국 진보 진영의 현주소예요.

자본 권력, 법조 권력,
언론 권력의 민주화를 향하여

선생님께선 《기업은 누구의 것인가》(꾸리에, 2012)에서부터 노동자의 경영 참여야말로 노동권 존중의 길이라고 꾸준히 주장해오셨죠?

맞아요. 노동자들이 경영에 참여해서 의사 결정에 영향을 미칠 수 있어야 구의역 사고를 막을 수 있어요. 독일의 공동 결정 관련법에 따르면 작업 환경의 안전 여부를 규제하는 것은 노동자들의 공동결정권에 속하는 사항이에요. 한국처럼 노동자들이 자기의 작업 환경을 주체적으로 규제하지 못한다면, 자본가들이야 당연히 노동자들의 목숨보다 이윤을 더 중시하는 자들이니 끊임없이 사고가 나는 것은 일종의 논리적 필연이나 마찬가지지요. 그래서 저는 몇 년 전부터 책이든 다른 글이든 강연이든 기회 있을 때마다 노동자의 실질적 경영 참여와 공동결정권을 말해왔지만, 그게 무슨 소용이 있어요. 우리 사회 전체로는 아무런 반향도 없는 거나 마찬가지인데. 쇠귀에 경 읽기지.

그 책에서는 노동자경영권을 말씀하셨는데, 요즘은 독일식 노사공동 결정제도를 선호하시는 겁니까?

《기업은 누구의 것인가》는 노동자경영권의 정당성과 근거를 순수한 이론적 차원에서 증명하기 위해 쓴 책입니다. 경영권은 기업 내부인이라 할 수 있는 노동자에게 주고 투자자인 주주들에게는 배당금을 주는 게 옳다는 것이 그 책의 요지였습니다. 여기서 노동자는 넓은 의미에서 기업 내부에서 기업 활동에 종사하는 모든 사람들을 지칭한 것입니다. 그러니까 기업 내에서 실제로 일하는 사람들이 기업을 운영하는 권한과 책임을 가지는 것이 가장 합리적이고 효율적이며 정당하다는 것입니다. 하지만 아무리 좋은 제도라도 한 번에 전면적으로 현실에 적용할 수는 없는 일이므로, 이행의 전략으로서 독점 상태의 공기업이나 언론 기관에서 가장 먼저 노동자경영권을 적용할 수 있다고 말했더랬지요. 그런데 그 후 민간 기업과 관련해 노동자의 경영 참여 방안을 구체적으로 고민하면서, 이 문제에 관한 독일의 경험과 제도를 보다 철저히 연구하게 되었어요. 그러면서 역시 이행의 전략으로서 주주와 종업원의 공동결정제도가 현실적인 적합성이 있겠다고 생각해서, 그걸 어떻게 하면 한국적 현실에서 실현할 수 있을지를 고민하게 되었지요. 여러 가지 조건이 다르기 때문에 독일의 제도를 그대로 이식할 수는 없거든요. 그래서 아직도 구체적인 실행 방안에 대해 연구를 계속하고 있습니다. 언젠가 필요하게 쓰일 때가 오리라 생각하면서 미리 준비하는 거지요.

마르크스 이후에 노동 계급의 해방을 위한 다양한 시도가 있었는데, 특별히 독일 모델이 더 우월한 점이 있습니까?

자본주의 극복을 위해 마르크스가 구체적으로 대안을 제시한 건 아니지만 최소한 방향을 제시하기는 했지요. 크게 두 가지를 말할 수 있겠는데, 하나는 능력에 따라 일하고 필요에 따라 분배받는다는 원칙이고 다른 하나는 자유로운 생산자 연합의 꿈이라고 할 수 있겠습니다. 둘 다 언뜻 듣기엔 실현 불가능한 공상 같지만, 오늘날 사람들이 말하는 기본소득제는 마르크스가 말한 앞의 원칙을 계승하는 것이라고 말할 수 있을 거예요. 그러니까 그냥 공상은 아닌 거죠.

그럼 자유로운 생산자 연합은 어떻습니까?

예, 실은 그게 더 복잡해요. 기본소득이야 재원 문제만 해결되면 상대적으로 단순해요. 너무 단순한 표현이긴 하지만 그냥 주면 되잖아요. 장애 수당, 농민 수당, 가사 노동 수당, 청년 수당 등등 좋은 이름 붙여서 급한 분야에서부터 지원을 하면 되지요. 대가 없이 말이에요. 그리고 그 정도의 재원은 한국의 경제 수준이면 얼마든지 가능하겠지요. 그러니까 사회적 합의만 있으면 지금이라도 당장 할 수 있는 일이지요. 하지만 자유로운 생산자 연합의 이념은 달라요. 그건 그 자체로서 정교한 설계가 필요한 일이거든요. 어떻게 해야 생산 활동에서 노동자의 자유를 확보하면서도 생산 활동의 지속 가능성을 담보할 수 있는지에 대해 답이 있어야 하는 거예요. 노동자의 자유만 생각하다가 기업이 아무런 의사 결정도 할 수 없는 무정부 상태가 되어서도 안 되는 거고, 그렇다고 해서 경영진의 독재 아래 노동자들이 임금 노예가 되어서도 안 되는 거니까요.

그런데 이 두 마리 토끼를 같이 잡는 것이 쉬운 일이 아니에요. 더러는 자본주의 시장경제를 철폐하고 사회주의 계획경제를 실시하면 그런 모순이 사라진다고 몽상하는 사람들이 아직도 있을 수 있는데, 아무리 시장을 거부한 사회주의 경제라 하더라도 문제는 똑같이 남아요. 그건 과거 소련이나 중국 그리고 지금의 북한을 생각해보면 너무 명백한 사실이죠. 재벌이 아니라 국가가 기업의 주인이 된다 해서 노동자가 자유로운 생산자가 되고 기업이 그런 자유로운 생산자 연합이 되는 것은 아니에요. 그 경우 노동자는 국가의 노예, 당의 노예가 되는 거지요.

하지만 공산주의 국가는 접어두고 서유럽의 경우만 놓고 보자면 20세기에 이 문제에 대해 다양한 실험이 있었어요. 여기서 그걸 다 말씀드릴 수는 없지만, 대표적으로 두 가지는 언급할 수 있어요. 하나는 영국 모델입니다. 영국의 노동당은 마르크스의 교리에 기대어 생산 수단을 사회화하면 기업을 자유로운 생산자 연합으로 만들 수 있다고 생각했어요. 그래서 1945년 2차대전이 끝나고 노동당이 집권했을 때 은행 및 주요 기간산업을 국유화했어요. 철도, 가스, 전기, 탄광 등등. 그런데 어떻게 되었는지 아세요?

어떻게 되었습니까?

처음엔 좋았지요. 그런데 나중이 안 좋았어요. 〈빌리 엘리어트〉라는 영화 보셨나요? 그 영화가 1984년에서 85년까지 1년 이상 계속된 탄광 노조 총파업을 배경으로 한 영화인데, 왜 파업이 일어났는지는 자세히 말해주지 않아요. 그런데 간단히 말하자면 그 파업의 원인은, 거슬러 올라가면 탄광이 국유화되었기 때문이에요. 탄광이 국유화되고 국가가 사용자가 되었으니, 처음엔 노동권을 존중하고 노동자를 살뜰하게 보호할 수 있었겠지요. 그런데 국유화된 탄광이 세월이 흘러 사양 산업이 되니까, 아무리 석탄을 캐도 팔리지 않고 국가 재정에 너무 큰 부담이 되는 겁니다. 1970년대 들어 영국에서 이 상황이 점점 더 악화되어가는데 누구도 그걸 해결할 방안을 내놓지 못하는 거예요. 노조 역시 일자리를 지키겠다고 파업은 할 줄 알아도, 객관적으로 닥친 위기 상황에 대해 아무런 대책을 내놓지 못했어요. 결국 1984년 봄 대처 수상이 들어서서 구조 조정을 시작하죠. 노조는 1년 이상 총파업을 감행했

1980년대에 벌어진 영국 탄광 노조 총파업을 배경으로 한 영화 〈빌리 엘리어트〉.

지만 거의 대중적 지지를 받지 못했어요. 84년 12월 여론 조사에서 파업 찬성이 고작 7퍼센트, 반대가 무려 88퍼센트였어요. 결국 다음 해 5월이 되면 탄광 노조 위원장을 배제하고 대의원들이 파업 철회를 결의하고 말아요. 백기 투항한 거죠. 아무런 설득력 있는 대안이 없었으니까요.

그런데 탄광이 사양 산업이 된 건 독일도 똑같습니다. 그런데 독일은 어땠을까요? 거기서도 1950년대부터 40년 동안, 탄광에서 50만 개 일자리가 없어집니다. 그런데 그 과정에서 탄광에서 해고된 사람이 단 한 사람도 없습니다. 믿기세요? 제가 그거 확인하려고 작년에 독일에 갔어요. 독일 탄광이 한창 잘나갈 때 사람이 모자라 한국에서도 광부를 데려갔잖아요. 그분들 만나러 갔었어요. 그리고 물었죠. '진짜로 아무도 해고 안 됐습니까?' 해고 안 됐습니다. 이 탄광이 문 닫을 것 같으면 다음 탄광으로 보내줘요. 그래도 석탄이 안 팔리는데 바보가 아니라면 끝이 보이잖아요. 한편으로 탄광 회사가 업종 변경을 준비하고, 다른 한편으로 기업이 나서서 외국인 노동자에게 재취업을 위한 교육을 합니다. 막장에서 일하던 사람들이 주경야독해서 마이스터가 되고 훨씬 더 좋은 조건에서 독일 사회에 정착할 수 있게 된 거죠. 그게 거기 역사입니다. 2차대전 후에 생겨난 독일 노사공동결정제도는 1951년에 제정된 탄광과 철강 산업 노동자의 공동 결정에 관한 법률을 효시로 한 것이에요. 그 법 덕분에 독일의 탄광 지역이었던 루르 지방은 지금도 독일 산업의 중심지 가운데 하나예요. 그게 다 노사 공동

결정, 공동 경영 덕분에 가능한 역사였죠.

　제가 쌍용차 사태부터 계속 말해온 것도 그거예요. 공적 자금 투입해서 엉뚱한 사람 배 불리고, 나중에는 이도 저도 안 되니까 상하이 자동차에게 팔아넘겼잖아요. 그럴 거면 차라리 노동자에게 경영권을 주라고(《씨알의 소리》, 2009년 9/10월호). 채권 은행이 법정 관리인을 누구로 지정하든 그가 노동자와 기업의 운명에 대해 무슨 살뜰한 관심이 있겠어요? 큰 손해 보지 않고 청산하려는 생각이나 하겠지요. 하지만 위기 상황에서 노동자들에게 권한을 위임한다면, 자기가 살기 위해서 최선의 대안을 모색하지 않겠어요? 스스로 단결해서 생산성을 높이고 가장 유능한 경영자를 초빙해 위기를 극복할 길을 찾겠지요. 나라가 위기에 처했을 때 언제나 의병들이 지켜온 역사가 있는데, 왜 기업이 위기에 처했을 때 노동자에게 힘을 실어주지 않나요?

　물론 정말 위기 상황이 닥치면 아무리 노동자가 경영권을 가진다 하더라도 때가 늦겠지요. 한진중공업 사태 이후 조선업의 위기 상황이 계속되고 있는데, 선진국의 사양 산업이 한국에 이전되었던 것처럼, 이제 그게 한국에서도 수지가 맞지 않아 다시 제3세계에 이전되는 걸 누가 무슨 수로 막겠어요? 그러니까 그런 위기가 닥치기 전에 준비하도록 해야지요. 그렇게 노동자의 입장에서 기업의 미래를 전망하고 효율적으로 대처할 수 있도록 하려면 노동자의 경영 참여나 노사공동결정제도가 반드시 필요해요.

법조와 언론 문제도 빼놓을 수 없는데요.

87년 이후 한국 사회의 과제를 한마디로 말하라면 선출되지 않은 권력의 민주화라고 말할 수 있어요. 자본 권력이 첫째지요. 그에 대해서는 노동자의 경영 참여를 말씀드렸고요. 그다음으로 중요한 선출되지 않은 권력이 바로 법조 권력과 언론 권력입니다. 저는 법조 권력의 민주적 통제를 위해 '새로운 공화국을 위하여'에서는 인권재판소를 제안했었는데, 그게 아니면 검찰총장을 선출하는 것도 방법이 되겠지요. 검찰의 수사권을 경찰에게로 이관하는 것도 중요한 과제고요. 어떤 식으로든 법조 권력의 민주적 통제는 더 이상 미룰 수 없는 숙제죠.

언론은 노동자경영권으로 접근해야 합니다. 소유권이 누구에게 있든지 경영권은 종업원에게 있다는 걸 언론에서부터 법제화해야 합니다. 주주가 누가 됐든, 경영권에는 손 못 대게 해야 합니다. 제가 《기업은 누구의 것인가》에서 제안했듯이, 우선 공영 언론사부터 시작해야 해요. KBS나 MBC는 종업원 주권으로 가야 하죠. 경향신문이나 한겨레 같은 모델로 가야 합니다. 소유권이 누구에게 있든, 대주주가 누구든, 그게 국가든 누구든, 노동자경영권을 1차 적용해야 할 데가 언론사입니다.

사드 배치는 미국의 군사적 식민지, 중국의 경제적 식민지로 들어가는 입구

앞서 사드 배치를 두고 강하게 비판하셨습니다.

수백 년 동안 이어져온 서세동점의 시대가 끝났다는 걸 한국인들이 아직 잘 인식하지 못하는 것 같아요. 이제 세계의 중심은 동아시아로 옮겨 왔어요. 20세기 초 일본이 러일전쟁에서 승리하면서 시작된 동아시아의 부상이 수많은 시행착오를 거친 끝에 중국의 등장과 함께 안정된 단계에 들어섰다고 보아야지요. 중국은 이제 미국과 비교할 수 없는 전혀 다른 초강대국의 길에 들어섰어요. 그런데 세상이 어떻게 돌아가는지 전혀 알려고 하지 않고 잠들어 있었던 구한말의 지배 세력과 똑같이 한국의 주류 세력 역시 늘 하던 대로 종주국인 미국이 달라는 걸 다 주고 있지요.

그래서 미국이 중국을 견제하기 위해 필요한 사드 기지를 주겠다고 한 건데, 중국은 가만히 있을 것 같아요? 지금 한국이 정치 군사적으로는 미국의 반식민지, 피보호국이지만, 경제적으로는 중국에 볼모 잡혀 있는 나라예요. 작년 한국의 무역 통계를 보면, 대중국 무역에서 469억 달러의 흑자를 보았고 홍콩에서는 289억 달러의 흑자를 보았어요. 미국이 그다음으로 258억 달러예요. 우리 경제가 그렇게 중국과 홍콩에 기대고 있어요. 그런데 미국에 사드를 주었으니, 중국에 파격적으로 반대급부를 주어야 하겠지요. 그게 뭐겠어요? 미국 눈치 때문에 군사적 이권을 줄 수는 없으니 경제적 이권이 되겠지요. 제주에서 미국을 위해 강정 해군기지 만들고 중국 자본을 위해 대규모 리조트 허가 내주는 것처럼 앞으로 한반도 전체가 미국의 군사적 식민지, 중국의 경제적 식민지가 되지 말란 법이 없어요. 사드 배치는 그 절망의 터널로 들어가는 입구입니다.

함석헌 선생이 그랬지요. 중국이 일어서기 시작하면, 그 나라의 민족주의를 제어할 수 있는 나라는 한국밖에 없다고. 제가 보기엔 베트남과 한국뿐이지요. 중국이 부상하는 것은 정해진 일인데, 중국이 과거 일본 제국주의의 전철을 밟지 않도록 한국이 좋은 이웃으로서 해야 할 역할이 있어요. 그런데 한국이 지금처럼 계속 정신 못 차리고 우왕좌왕하게 되면 동아시아와 세계 전체의 미래가 새로운 냉전 구도 속에서 불확실해지는 거지요.

음울한 미래상이군요. 희망은 없습니까?

젊은이들이 희망입니다. 마흔이 넘으면 세상을 바꾸기 어렵습니다. 대개, 20년 동안 열심히 뛰어다녔는데 아무리 해도 안 되더라는 좌절만 남거든요. 그래서 늘 세상을 바꾼 건 이십대 청년들이었어요. 3·1운동의 유관순도, 4·19를 촉발시킨 김주열도, 우리 시대의 예수 전태일도, 부마항쟁의 대학생들도, 5·18의 윤상원도 서른이 채 안 된 나이에 그런 역사를 썼어요.

그런데 제가 특별히 지금의 이십대에게 기대를 갖는 것은 그들이 처음으로 세상을 어떻게 바꿀지 그 청사진과 설계도를 찾는 세대이기 때문이에요. 세상을 바꾸기 위해 화염병이 아니라 철학이 필요하다는 것을 아는 세대가 지금의 이십대예요. 그만큼 우리의 정신이 성숙한 거지요.

공교육 정상화로
평등한 시민 사회를 만든다

그건 미처 생각하지 못했습니다.

학교에서 학생들을 가르치면서 조금씩 그러나 분명히 확인할 수 있는 변화지요. 한국 사회의 문제를 총체적으로 분석하고 새로운 사회를 위한 전망을 제시하는 철학이 있어야 그에 입각해서

경향신문 박순찬 화백의 〈흙수저의 길〉.

실천을 할 거 아니겠어요? 그런 철학이 무엇인지를 찾는 젊은이들이 점점 더 많아진다는 것을 뚜렷이 피부로 느끼고 있습니다. 어차피 외국 학자들의 철학은 한국 문제의 해결에는 별 쓸모가 없어요. 그렇다고 김일성 주체사상으로 남한 사회의 문제를 해결할 수 있겠어요? 그럼 우리 사회 안에서 자라나 온 어떤 철학이 지금의 문제를 총괄적으로 인식하고 해결하는 척도가 되겠어요? 젊은이들이 그걸 묻기 시작했다는 거지요. 그 물음 속에 희망이 있어요. 일단 묻기 시작하면 반드시 답을 찾게 되거든요.

그럴수록 교육이 중요하겠군요.

물론입니다. 한국 교육은 개인적으로는 출세 교육, 사회적으로는 노예 교육입니다. 개인의 출세를 미끼로 서로 경쟁하는 노예들을 만들어, 부패한 권력에 단결해서 저항하지 못하게 만드는 교육이지요. 그걸 위한 장치가 대학 서열이고요. 그래서 늘 하는 말인데 대학을 평준화해야 합니다. 국립대학부터 시작해서. 그래서 공교육을 차별을 재생산하는 장치가 아니라 평등의 기제로 만들어야 합니다. 옛날 귀족들은 집에서 다 교육시켰죠. 근대적 국민국가가 형성되면서 시민을 위해 공교육을 도입한 거예요. 시민 교육은 곧 평등 교육입니다. 그냥 내버려두면 자연적인 불평등이 조성될 수밖에 없으니까, 국가가 인위적으로 시민을 평등하게 만드는 제도가 바로 공교육 시스템입니다. 그런데 한국에서는 이게 완전히 거꾸로 되어 있으니 학교가 만 악의 근원이 되는 거지요. 그러나 세상이 아무리 썩었더라도 진리의 씨앗은 어딘가에서 숨어 자라고 있는 법이에요. 지금도 자기의 출세를 위해서가 아니라 세상을 이롭게 하기 위해서 공부하는 젊은이들이 있을 거예요. 그리고 때가 되면 그들이 세상을 바꿀 거예요. 그것이 전태일부터 윤상원, 그리고 백남기 선생님까지 이 절망적인 나라에 태어나 불의와 싸우면서 약자의 고통에 자기의 전 존재를 걸고 응답했던 모든 분들로부터 제가 얻은 흔들리지 않는 믿음이에요.

인터뷰 | 김종목 기자

"부자·재벌·시장·기업·보수만을
대변하는 나라,
공화국이라고 할 수 없어"

박명림

연세대 지역학 협동과정 교수

박명림은 김상봉과 함께 2009년 경향신문에 기획 시리즈 '새로운 공화국을 꿈꾸며'를 연재했다. 12차례에 걸쳐 이뤄진 두 사람의 서신 대화는 공화국과 시민, 법치와 다문화, 분단과 통일에 이르기까지 다양한 주제를 다루었다. 2016년 7월 18일 연세대 연구실에서 박명림을 만나 7년 만에 다시 공화국에 대한 이야기를 들었다. 그는 '한국 사회가 진정한 민주공화국으로 가기 위한 핵심 과제는 공공성의 회복'이라고 말했다. 이를 위해 현행 헌법을 전면 개혁해야 한다는 입장도 피력했다.

국가 구성 요소들 간 힘의 균형이
민주공화국을 지탱한다

헌법 제1조처럼 대한민국은 민주공화국이 맞는다고 생각하십니까?

민주공화국이라는 건 헌법 정신의 선언이면서 동시에 구체적인 구현 과제입니다. 국가를 구성하는 가장 중요한 원칙이자 과제가 민주공화국이란 것이지요. 그래서 대한민국이 민주공화국이 맞느냐는 질문에는 두 가지 답이 가능하다고 생각합니다. 우선 대한민국은 군주제 국가도, 왕정 국가도, 전제주의 국가도 아니니까 외형상 민주공화국이 맞는다고 할 수 있지요. 그러나 헌법 정신이 추구하는 바의 민주주의와 공화주의에 우리 현실이 부합하느냐 하면 아직도 한참 부족하고 우리나라가 민주공화국이 사실상 아니라고 볼 부분도 상당히 큽니다. 특히 권력 분립이 되지 않고 입법부 우위, 즉 국민 우위의 원칙이 지켜지지 않는 것이 문제입니다. 헌법에서 가장 중요한 게 주권재민의 원칙입니다. 그런데 지금 보면 대통령의 권력과 행정부의 권한이 주권을 압도하고 주권자 위에 올라선 모양새입니다. 이처럼 주권을 위임받아 집행하는 역할에 불과한 행정부가 오히려 주권자인 국민이나 국민의 뜻을 대변하는 입법부보다 우위에 있는 것은 '전도된 민주공화국'에 가깝다고 해야겠지요.

현 시점에서 헌법 제1조의 의미는 무엇일까요?

가장 중요한 것은 대한민국이 어떻게 수립되었고, 어떻게 왔고, 또 어디로 가야 하는가 이렇게 세 가지라고 봅니다. 대한민국이 어떻게 설립됐는가는 헌법 제1조에 담겨 있지요. 그런데 어떻게 왔는가에서는 1조가 증발돼버렸습니다. 그래서 지금 시점에서 헌법 1조는 대한민국이 어떻게 수립됐는가를 성찰하고 반추해서 다시 그 과제를 되새기게 하는 데 가장 중요한 현재적 의미가 있다고 생각합니다. 이 헌법 제1조 때문에 대한민국이 어디로 가야 하느냐를 묻는, 제가 지난 20년 동안 계속 주장해온 헌법 개혁이 의미가 있는 것이죠. 민주공화국의 이상과 실제를 되찾는 것에 우리 국가의 '레종데트르'(존재의 이유)가 있다고 봅니다.

민주공화국을 위협하는 것이 뭐라고 생각하십니까?

대한민국이 이미 민주공화국이라고 전제하는 분들은 당연히 외부 세력을 얘기하겠지요. 그런데 민주공화국을 위협하는 도전으로 외부 요인을 상정하면 할수록 민주공화국의 본질은 위축될 수밖에 없습니다. 외부 위협을 단절한다는 안보의 논리로 접근하게 되기 때문입니다. 그런 식이면 국민 주권은 물론이고 의회의 입법권조차 박탈했던 유신 독재마저도 민주공화국이라는 논리가 성립하게 됩니다. 그런 점에서 민주공화국에 대한 가장 큰 위협과 도전은 역설적이게도 국가 그 자체라고 봅니다.

직립이라는 의미를 갖는 국가는 국가를 구성하는 모든 요소들 사이의 균형과 조화 속에서 성립합니다. 한국을 민주공화국, 즉 민주적 원칙하에 수립된 공화국이라고 하는데 실제 현실을 보면 공화국을 구성하는 요소들 사이의 사회적 권력 관계가 현저하게 파괴돼 있습니다. 균형이 붕괴된 겁니다. 공화국이라면 문자 그대로 공화共和, 즉 모두의 나라가 되어야 합니다. 그게 아니라 부자, 재벌, 시장, 기업, 보수만을 대변하는 나라라면 공화국이라고 할 수 없습니다. 민주공화국은 보수와 진보, 시장과 사회, 기업과 노동 등 대립하는 요소들의 균형 위에 직립하여 존재하는 것입니다. 이 힘의 균형이 깨지면 그때부터 갈등이 심화되고 그럴수록 민주공화국은 유지되기 어렵게 됩니다.

한국처럼 타협이 불가능할 정도로 사회적 갈등이 심화되면 민주공화국의 원칙으로는 문제를 해결하기가 힘듭니다. 특히 한국에는 소수자나 약자, 열패자, 노동자, 실업자, 비정규직 등 소외된 자들이 대표될 수 있는 절차나 제도가 부재합니다. 우리가 선거 개혁, 의회 개혁, 노동 개혁, 사법 개혁을 숱하게 해도 효과가 나타나지 않는 건 애초에 자원을 배분하는 권한과 과정, 절차와 기구를 특정 세력이 원천적으로 과점했기 때문입니다. 이런 권력 구조에서는 자원을 독점한 세력에게 도전할 수 있는 합법적 권한이 부여된 의회가 갈등만 반복하는 게 당연합니다. 의회조차 굴복하면 어떤 제도 내 세력도 민주공화국을 담보할 수 없기 때문입니다. 힘의 균형이 무너진 것이야말로 민주공화국을 위협하는 가장 본질적인 요체입니다.

정책 결정에서 국민과 의회를 배제하는 대한민국, 개인들을 공정하게 대하지 않는 대한민국

한국 사회가 민주공화국의 부재 또는 위기 상태라고 보시는 이유는 무엇입니까?

국가가 시장화·사사화私事化되는 것이 가장 큰 이유입니다. 신자유주의 논리가 사회를 압도하고 있습니다. 물론 시장은 경쟁 논리로 유지되는 게 맞습니다. 문제는 그렇지 않은 공공 영역까지도 경쟁과 효율성, 사사성의 원리가 지배하다 보니까 교육, 법조, 언론, 종교, 금융은 말할 것도 없고 공공성의 표상이자 골간인 국가까지 시장화·사사화돼서, 공화주의 이론에서 지적하는 대로 국가가 이른바 '재산 관리 국가'로 전락한 겁니다. 국가가 이렇게 물적 존재가 되면서 형평성이나 공공성이나 자유나 시민 권리를 보호하는 것이 아니라 더 많은 재산을 가진 사람의 권리를 보장하는 데만 집중하고 있습니다. 국가가 곧 기업처럼 되어버린 거죠.

흔히 한국에서 국가가 강하다고들 하는데 정말 그런가요? 이념, 공안, 검찰, 안보 등 특정 영역에서만 불균형적으로 강한 거지, 실제로 가계-기업-국가의 소득 분포, 공무원 숫자와 비율, 공적 재정 규모, 공공 교육, 복지 역할 등을 보면 OECD 꼴찌 수준입니다. 공공성의 형해화가 이토록 심각한데 강한 국가라고 할 수는 없지요. 이렇게 된 데는 진보의 잘못된 편견 탓도 있습니다. 한국에서 실제로 국가가 강한가요? 김대중·노무현 정부가 강했나요?

보수 세력이 기득권과 결탁할 때나 국가가 강했지 실제 핵심적 국가 역할인 형평과 균형, 복지와 공공성을 추구해야 할 때는 전혀 그렇지 못했습니다.

이런 잘못된 판단에는 진보 언론과 학자들에게 절반의 책임이 있다고 생각합니다. 진보 세력 일부는 김대중·노무현 정부를 비판하면서 한나라당으로 정권이 바뀌어도 민중들의 삶은 변화가 없을 거라고 했습니다. 보수와 진보 두 세력이 주도하는 민주주의도 같을 거라고 주장하기까지 했습니다. 정말 그렇습니까? 최저임금 비율과 숫자를 볼까요? 소득 비중을 볼까요? 공안 기구의 역할을 볼까요? 똑같습니까? 구체적 노동자의 삶도, 소득 비중도, 공안 기구도 정부의 성격에 따라 크게 달랐습니다. 결국 보수 압도의 현실에서 진보의 착시와 오류마저 착종된 결과가 민주공화국의 실종이라는 오늘의 현실을 만들었다고 봅니다. 재벌과 보수, 기업과 시장은 너무 강했고 적절한 역할을 수행해야 할 국가와 대표 기구, 시민 사회와 의회는 너무 약했습니다. 국가의 역할에 따라 실질적인 국민의 삶이 달라질 수 있다는 것을 진보 언론이나 학자들이 간과한 측면이 큽니다.

대한민국이 민주공화국이 아니라는 걸 단적으로 보여주는 사례가 있다면요?

예를 다 들 수 없을 정도로 많죠. 정책 결정 과정의 비민주적 독점이 대표적인데요, 이를테면 고고도미사일방어체계(사드)

배치나 개성공단 폐쇄나 한·일 위안부 졸속 합의, 이런 것들이 당장 떠오릅니다. 이 중요한 일들의 결정 과정을 보면 국민과 의회는 없습니다. 위안부 문제는 3년 정도 비교적 잘 지켜오다가 국민이나 이해 당사자들의 의사를 듣지 않고 마치 군주의 의사 결정처럼 급전환했죠. 사드 배치도 한·중 관계와 남북 관계를 고려해 잘 회피해오다가 밀실 결정으로 급변침하는 식이었고요. 개성공단 역시 전쟁이 난 것도 아닌데 입주 기업들의 권리나 이익을 전혀 고려하지 않고 하루아침에 전면 폐쇄 방침을 발표했습니다. 결정 과정은 전혀 민주적 절차를 따르지 않았고, 국민 이익을 국가가 보장하는 공화주의도 찾아볼 수 없었죠. 이명박 정부 시절의 4대강 사업이나 제2롯데월드 건설 허가도 마찬가집니다. 신자유주의와 기업의 논리가 국가의 논리를 압도한다는 게 그대로 드러납니다. 애국심을 강조하는 공화국에서 군의 의견을 무시하고 국가 안보의 위협을 감수하면서까지 일개 재벌의 이해관계를 관철시킨다는 게 말이 되나요?

공화국은 계층과 영역은 물론 지역별 균형도 포함합니다. 사드만 해도 수도권 방어를 위해 들여온다면서 왜 지방에 배치를 한다 하고, 그걸 반대하면 님비라고 몰아붙입니까? 안보가 중요하고 수도권 사수가 중요하면 수도권에 먼저 사드를 들여와야죠. 원전과 방폐장은 왜 수도권엔 안 들어오나요? 위험 시설과 혐오 시설은 왜 항상 지방이 떠안아야 합니까? 공화국 원리에 비추어보면 수도권이야말로 님비의 주범입니다. 수도권에 있는 언론과 재벌과 상류층이 어떤 피해도 보지 않으려고 혐오 시설을 계속 지방에 떠넘기는 겁니다. 이런 공화국은 없습니다. 그런 점에서 사드 지방 배치는 가장 반공화국적이고 수도권 이기주의의 전형이라 할 만 합니다.

개인의 삶에서도 민주공화국의 부재를 느끼신 적이 있나요?

저도 한 사람의 시민으로서 성찰하고 깨닫는 계기들이 많 지요. 저는 늘 현장을 방문하는 편입니다. 공부를 위해 제주 4·3사 건과 한국전쟁의 현장은 물론 전 세계의 갈등과 학살 현장 역시 자 주 방문합니다. 세월호 참사 후에는 안산과 팽목항도 수차 다녀왔 고요. 지난번에는 강남역 살인 사건 현장에도 다녀왔습니다. 물론 제가 딛고 있는 교육 현장 역시 공화국의 부재를 강하게 느끼게 합

세월호 참사 1년 뒤인 2015년 4월 14일, 전남 진도군 임회면 팽목항의 방파제에 "국가는 어디에 있었습니까?"라고 적힌 노란 현수막이 내걸려 있다. ⓒ경향신문

니다. 신분주의, 시장 논리, 사교육, 사사성이 압도하는 교육 현장에서 공화국 시민은 길러질 수 없습니다. 다만 돈을 위한 직장인을 배출할 뿐입니다. 공화국 붕괴의 압축 현장은 바로 학교, 특히 대학입니다. 많은 대학들은 이미 취업 학원, 직업 학원으로 전락하고 있습니다.

　　이런 현장들에서 항상 느끼는 건 국가가 너무 파당적이고 이념적으로 운영된다는 겁니다. 공정한 국가의 존재를 느낄 수가 없죠. 세월호 유족이나 비정규직 노동자나 여성들이나 우리 사회 약자들, 우는 자들을 국가는 늘 차갑게 외면하잖아요. 고래로 개인 삶, 현장, 촉수, 말단에서 국가를 피부로 느끼는 게 중요한 공화국의 원칙이거든요. 내가 아플 때 국가의 손길이 느껴지고, 내가 위험에 처했을 때 경비정이 와서 구해주고, 내가 실직했을 때 국가가 상당 기간 생계를 보장해주고, 등록금이 없을 때 국가가 계속 학업을 할 수 있도록 도와주고……이렇게 구체적 삶의 현장에서 국가의 현존을 느낄 수 있어야 합니다. 그런데 실제론 어떻습니까? 정상 회담 회의록을 유출하고, 국정원은 국내 정치에 개입하고, 사법 체계와 법조 질서는 철저하게 권력과 자본의 논리에 충실하죠. 이럴 때 국가는 정말 유능하죠. 반면 세월호 참사 때 보았듯이 생명을 구하는 데는 너무 무능하죠. 빈곤과 차별을 시정하는 데도 너무나 무능합니다.

이명박·박근혜 정부를 거치며 민주주의와 공화주의가 더 무너졌다는 지적이 있습니다.

해일처럼 무너지고 있습니다. 공화주의와 공공성의 기둥뿌리가 붕괴되고 최후의 장벽이 무너진다는 표현을 제가 여러 차례 했습니다. 세월호가 빠진 팽목의 현장에서 엄마들의 통절한 절규를 들으며 '이게 과연 나라인가'라고 물었더니, 여러 분들이 이 말은 우리 시대를 관통하는 핵심 물음이 되었다고 말씀하셨습니다. 오늘의 국가 현실에서 저는 아직도 그 물음을 내려놓을 수가 없습니다. 아니, 외려 더 심각하게 묻게 되었습니다. 너무나 이념과 사익과 파당에 치우친 정책 결정으로 민주적 절차와 공화적 가치가 무너지다 보니 이제는 정부가 어떤 결정을 해도 최상의 기득 세력을 빼고는 누구도 찬성을 안 하는 실정입니다. 이런 정부가 한 번만 더 반복되면 우리가 가진 민주공화국의 마지막 원칙, 최소한의 가치조차 붕괴될 거라 봅니다.

한국은 '초대통령제' 국가, 분권을 위한 개헌이 필요하다

지금 민주공화국 논의가 필요한 이유는 무엇일까요?

한국은 종교 갈등이 심한 터키 정도를 제외하면 갈등 지표가 OECD에서 가장 높게 나옵니다. 갈등이 이리도 높다는 것은 현재 우리가 가진 민주공화제가 제대로 작동하지 않는다는 뜻입니다. 우리는 그동안 지속적으로 헌법 개혁을 제외한 모든 분야에서 부분적으로 개혁을 해왔습니다. 선거 개혁, 정당 개혁, 노동 개혁, 사법 개혁, 교육 개혁 등등 수없이 개혁을 실행했지만, 줄기를 고치지 않고 잔가지들만 고쳐서는 효과가 없다는 것이 증명된 겁니다. 몸통인 헌정 체제를 고치지 않으면 안 됩니다. 지금 시점에 이런 논의가 절대적으로 필요합니다. 내년은 1987년 개정된 '민주헌법' 30주년을 맞는 해입니다. 후년은 대한민국 정부 수립과 제헌 70주년입니다. 그다음 해인 2019년은 민주공화국을 처음 도입한 대한민국 임시정부 수립 100주년입니다. 그다음 해 2020년은 무너진 민주공화국을 다시 바로 세우려 싸웠던 4월혁명 60주년이고 광주항쟁 40주년입니다. 숙연한 역사적 매듭들이 연속되는 것입니다.

지금이야말로 시기적으로도 민주공화국에 대한 논의가 우리 사회의 중심 화두가 돼야 합니다. 이게 잘못되면 개헌 방향도 길을 잃고 국가도 길을 잃습니다. 우리네 삶도 마찬가지입니다. 지금 우리 사회에서 고통 받는 한 사람 한 사람……청년, 실업자, 루저들, 아픈 사람들, 여성들, 반실업자들, 학생들, 제 식으로 표현하면 갈 곳 없는 영혼들, 어디에도 의탁할 곳 없는 영혼들이 마지막 기댈 곳이 민주공화국입니다. 지금처럼 자살률 1등, 저출산율 1등, 노인 빈곤율 1등, 남녀 임금 격차 1등……이런 식의 삶이 지속되어서는 아픈 현실을 치유할 길이 없습니다. 지금의 이 헌법, 이 공화국 안에서는 불가능합니다. 헌법 개혁의 필요성이 절실합니다.

개헌은 왜 해야 하고 어떤 방향으로 해야 할까요?

공화는 문자 그대로 모두의 것이란 뜻입니다. 모든 사람들을 위해 국가 자원과 식량을 고르게 나눈다는 뜻입니다. 이전처럼 왕이나 절대 권력자가 국가의 모든 것을 독차지하는 대신 국가 안의 모든 것을 모두가 평등하게 나눈다는 게 공화국과 공화주의의 출발입니다. 개헌이라는 건 그렇게 권력을 나누는 것이 돼야 합니다. 대한민국은 자원 배분의 권한이 지나치게 쏠려 있습니다. 전체 유권자 중 3분의 1이 조금 넘는 정도의 지지만 받고 당선된 대통령이 권한은 100퍼센트 승자 독식하는 건 민주주의와 공화주의 원리에 위배됩니다. 먼저 행정부와 입법부를 나누는 권력 분립의 원칙이 확고해야 합니다. 동시에 행정부에 대한 입법부 우위의 원칙이 분명해야 합니다. 주권자인 국민의 뜻을 대표하는 입법부가 우위에 서지 않으면 공화국이라 할 수 없습니다. 한국은 지금까지 일방적으로 행정부 우위였고, 그중에서도 대통령 우위였습니다. 행정부라는 건 국민, 즉 입법부의 뜻을 따라 정책을 집행해 결과로 드러내는 역할을 해야 합니다. 그런데 한국은 인사, 예산, 정책 결정 심지어 감사권까지 근대 공화국의 주요 권한을 완전히 대통령과 행정부가 독점하고 있습니다. 이런 나라를 초대통령제super-presidency라고 하지요.

저는 개헌이라는 표현 대신 헌법 개혁이라는 말을 씁니다.

현행 헌법은 너무 잘못된 부분이 많아서 조문 수정revision이 아니라 철저한 개혁reform의 대상이라는 뜻입니다. 개헌은 민생과도 직결됩니다. 지금 헌법으로 가장 이득을 보는 게 재벌들입니다. 왜 거의 모든 선진국들이 오래전부터 의회책임제를 하고 있는지 진지하게 생각해봐야 합니다. 대통령제보다 의회책임제, 단순다수대표제보다 비례대표제, 양당제보다 다당제, 중앙 집중보다 지방분권이 민생에 결정적으로 더 낫습니다. 이건 수치로 증명이 됩니다. 공화주의 원칙이 제대로 실현되면 경제적으로 평등한 분배가 가능하다는 걸 각종 지표가 증명합니다. 제가 지금 작업하는 책에도 그런 내용의 자료와 데이터, 사례가 수없이 들어가 있습니다. 헌법 개혁이라는, 국가와 정치의 근본적인 창신을 통해 민생을 챙길 수 있다는 겁니다.

의회 강화, 임금 제도 개선, 투표 의무화
민주공화국의 복원을 위하여

한국 사회에 필요한 공화국의 핵심 요건은 무엇이라고 생각하십니까?

공공성입니다. 7년 전 경향신문에 공화국에 대한 기획 연재를 했을 때도 여러 번 반복해 강조한 내용입니다. 앞으로 한국 사회의 핵심 과제는 공공성이 될 것입니다. 그동안 진보 세력은 왜 공공성의 확보에 실패했을까요? 공공성은 결국 개인성입니다. 그런데 우리 사회의 공공성 논의는 아직도 공적인 정책이나 국가 성격에 대한 담론 수준에 머물러 있습니다. 아까도 최저임금을 예로 들었지만 국가가 공공성을 회복하는 것은 곧 개인의 삶을 풍요롭게 하는 개인성으로 연결됩니다. 즉 모든 이들에게 삶의 기회와 안정성이 고르게 확대 적용되는 것, 그것이 바로 공공성입니다. 유럽을 보면 모든 공공성 논의의 핵심은 결국 개인성으로 귀결됩니다. 공공성에 대한 사회적 합의를 통해 정책으로 나온 결과가 각 개인의 삶을 구체적으로 보듬는 것입니다. 이런 방식으로 민생을 떠받치는 것이 바로 공공성이 이끄는 민주공화국입니다. 물론 쉽게 이뤄지는 것이 아닙니다. 유럽도 이런 결론에 도달하기까지 오랜 세월 논쟁과 사회적 갈등을 겪었습니다.

민주공화국의 복원을 위해 필요한 제도와 정책, 덕목을 각각 꼽는다면 어떤 게 있을까요?

제도적으론 의회의 확대·강화가 첫 번째입니다. 민주공화국을 복원하려면 다수의 의견을 국정에 반영해야 합니다. 그 방법이 의회의 입법권을 제대로 보장하는 것입니다. 그럼 민주공화국의 원칙이 자연히 살아나게 됩니다. 보통 선진국일수록 의회가 강하다고들 하는데, 아닙니다. 반대입니다. 의회가 강해서 선진국이 된 겁니다. 국민의 대표가 다수이고 강하면 선진국으로 가는 최소한의 필요조건은 확보된 것입니다. 잘 보세요. 미국 정도 제외하면 선진국들 대부분 의회책임제 하고 있죠. 행정부가 권력을 독점해

2016년 4월에 치러진 제20대 국회의원선거 때 서울 천연동 주민센터에 마련된 투표소에서 한 어린이가 엄마와 함께 투표함에 투표용지를 넣고 있다. ⓒ경향신문

서는 공화국이 될 수 없으니까 그런 겁니다.

의회 강화에는 크게 세 가지 방법이 있습니다. 일단 국회의원 숫자를 절대적으로 늘려야 합니다. 공화국은 정치가 강해야 합니다. 우리 사회처럼 정치가 조롱당하고 배척당해선 불가능합니다. 언론도 정치를 지금처럼 이렇게 폄하하면 안 됩니다. 이런 식의 정치 혐오 조장은 재벌들 도와주는 것밖에 안 됩니다. 우리는 의원 숫자가 너무 적은데, OECD 평균 정도 가려면 국회의원이 800명은 돼야 합니다. 그리고 의회 권한 강화를 위해 행정부가 가진 인사, 정책, 예산, 감사권 중 최소한 두 개는 국회가 가져와야 합니다. 그 정도는 돼야 대통령을 견제할 수 있습니다. 세 번째는 대통령 권력의 분산입니다. 저는 이걸 4권 분립이라고 표현합니다. 감사원, 검찰, 경찰, 금감원, 선관위, 공정위 등 권력의 구성과 감독·감시와 관련된 것은 전부 대통령과 행정부로부터 독립시켜서, 입법-사법-행정부에 이은 제4부로서 감독부를 설치하자는 겁니다. 그렇게 하면 권력 집중과 부패와 줄서기를 혁명적으로 개혁할 수 있을 것입니다. 한편에선 그렇게 하면 그 조직들이 제대로 작동을 하겠냐는 반론이 나옵니다. 그러나 국가인권위원회나 한국은행을 보세요. 정부로부터 독립적일수록 운영이 잘됩니다.

정책에서 가장 중요한 것은 공공성입니다. 공공성 회복을 위한 대표적 정책이 '반값 등록금'입니다. 돈 안 드는 교육이 왜 중요하냐면요……이건 방대한 데이터를 갖고 경험적으로 말씀드리는 겁니다. 교육의 대가로 돈을 내는 건 시민이 아니라 경제적 인간, 호모 이코노미쿠스를 양성하는 겁니다. 이렇게 되면 내가 내 돈 내고 내 능력으로 좋은 학교 가서 교수 되고 관료 되고 CEO 됐는데 왜 내가 나라에 헌신해야 되냐는 말이 나옵니다. 이래선 시민성이 결코 길러질 수 없습니다. 공화국이라면 첫째도 둘째도 셋째도 시민을 길러내는 교육이 가장 중요합니다. 핵심은 교육비를 국가가 부담하는 겁니다.

두 번째로, 임금 제도 개선이 필요합니다. 한국처럼 직업별·직군별 임금이 다르고 심지어 동일 노동인데도 임금 격차가 큰 나라가 없습니다. 이렇게 되면 인간을 같은 인간으로 안 보고 직업과 임금 수준으로 보기 때문에 차별을 당연시하게 됩니다. 공화국은 신분제 철폐에서 시작하는데, 우린 지금 교육과 임금이 강요하는 신분제로 돌아가고 있는 겁니다. 임금 체계 조정 없이 공화국이 될 수 없습니다. 임금 격차가 작은 선진국들은 우리보다 훨씬 GDP가 높은데도 대학 진학률은 훨씬 낮습니다. 생애 노동과 생애 임금, 생애 여가 시간 등을 비슷하게 만들었기 때문에 그 나라들에서는 어딜 가나 시민들의 삶이 평안하죠.

세 번째로, 투표에 적절한 의무 조항과 강제 조항을 둬야 합니다. 투표는 시민의 권리가 아니라 의무에 가깝습니다. 정당한 사유 없이 투표를 안 하면 벌금을 물리고, 두 번 빠지면 투표권을 박탈하고, 세 번이면 공직 진출 기회를 박탈하는 등 불이익을 줘야 됩니다. 저는 장차 이것을 입법하려고 합니다. 주권을 행사하지 않는 국민에게 피선거 권한과 공무담임 권한을 허용하는 것은 근대 인권과 공화국, 민주주의의 원리에 어긋납니다. 헌법 이론과 민주주의 이론에서 말하듯 권한authority은 주권sovereignty의 절대적인 하위 요소이기 때문입니다. 민주주의에서 국민 의사 표시 행위로서의 투표, 즉 높은 투표율은 공공성 제고와 공화국 유지의 핵심 근간입니다.

덕목에 관해선 무엇보다도 책임성을 들 수 있습니다. 인간들은 규칙과 제도가 요구하지 않는 한 결코 법적·정치적 책임을 스스로 지려 하지 않습니다. 이 점에서 정치는 윤리도덕과는 다른 것입니다. 우리 헌법 구조는 심하게 말하면 대통령 무책임제이고 정당 무책임제입니다. 아무리 실정을 해도 책임을 물을 수 없게 돼 있습니다. 대통령은 퇴임하면 그만이고 정당은 이름을 바꿔버리면 그만이니까요. 그동안 대통령 재임하는 동안 대통령을 배출한 여당은 모두 이름이 바뀌지 않았나요. 극심한 무책임성의 전형입니다. 제가 헌법 개혁을 오랫동안 주장해온 것도 책임성을 갖는 정부를 구성하기 위해서입니다.

또 하나는 시민성입니다. 한국처럼 투표율이 낮은 나라가 없습니다. OECD 꼴찌 수준입니다. 특히 청년 투표율이 심각하게 낮은데, 청년 취업 문제의 일정 부분은 투표하지 않는 청년들에게도 책임이 있는 겁니다. 투표하지 않는 사람들의 의사를 알아서 들어주는 정부와 정당은 없습니다. 모든 정당, 정치인, 정부는 투표를 더 많이 하는 계층과 연령의 말을 들어줄 수밖에 없어요. 투표해도 안 바뀐다고요? 아닙니다. 투표하면 반드시 바뀝니다. 그건 민주주의의 역사가 증명합니다. 투표에 꼭 참여해야 합니다. 살아갈 날이 10~20년밖에 안 남은 세대에게 아직도 삶이 60~70년이나 남은 세대의 운명을 맡겨놓을 수는 없는 것입니다.

인터뷰 | 김형규 기자

여자라서 안 되고, 멀 받고…
남녀, 같은 국민 맞습니까

이주영·김형규·심진용·이유진·허진무 기자

모든 권력은 국민으로부터 나온다고 하는데
그 국민 안에 여성은 한 번도 제대로 들어간 적이 없다.
국민은 항상 '중산층 이성애자 남성'이다.

'남성의 나라'에 산다

여대를 나와 로스쿨에 들어간 정소영 씨(28·가명)는 모든 게 낯설고 불편하다. "여성이란 걸 굳이 의식하지 않아도 되는 곳에 있다가 갑자기 남성이 더 많은 집단에 들어오니 목소리를 마음껏 내지 못한다. 여권이 많이 신장됐다고 해도 소수라고 느낀다"고 했다. 그는 '검사 힘든데 왜 하려고 해?', '변호사 하기 힘들지 않겠냐'는 말을 듣곤 한다.

강은진 씨(24·가명)는 대기업 3년차 직장인이다. 강씨는 일상에서 차별을 느낀다. "여자들에겐 중요한 일을 안 시킨다. 같은 팀 남자 후배가 더 인정받는 느낌이다. 그 후배는 일찍 출근하고 늦게 퇴근한다. 회식 때에도 마지막까지 남는다. 퇴사율은 남자들이 더 높은데도 '여자들은 뭐라고 하면 운다'느니, '그만두면 된다'느니 얘기한다." 직간접적인 성희롱도 흔하다고 했다. 정부는 기업들에 연 1회 60분 이상 성희롱 예방 교육을 의무화하는 법을 뒀다. "교육하는 것을 본 적이 없다. 교육 자료는 성희롱 예방보다는 대처에 집중돼 있다. '짧은 치마 입으면 타깃이 될 수 있다', '남자 상사와 개인적 시간을 갖지 말 것' 같은 어처구니없는 내용이다. 성희롱을 당하면 선배 여직원에게 호소하는 수밖에 없다."

교육 수준이 높아지고 여성의 사회 진출이 늘면서 성차별·불평

2016년 11월 5일 서울 광화문 광장에서 열린 '모이자! 분노하자! 내려와라! 박근혜 2차 범국민 행동' 문화제 때 여고생 2명이 촛불을 밝히고 있다. ⓒ경향신문

등 문제를 개선하려는 노력은 과거보다 많아졌다. 하지만 의식과 무의식에, 문화와 제도 전반에 공고히 박힌 가부장적·성차별적 사고는 여전히 여성들을 소수자, 비주류, 아웃사이더로 내몬다. 이나영 중앙대 교수는 "인터넷이나 각종 재현물에는 여성들을 조롱하고 멸시하며 비하하는 내용이 많다. 그래서 여자들은 늘 위축돼 있고, 눈치 보고, 그들이 나를 어떻게 평가할까 고민한다. 실질적·감정적으로 소수자"라고 말한다.

여성이라서 겪는 문제는 공공과 공정, 공평이라는 공화국 핵심 요건에도 어긋난다. '모든 국민은 법 앞에 평등'하고 '모든 영역에 있어 차별받지 않는다'는 헌법 제11조 속 '국민'의 범주에 여성은 온전히 들어 있지 않다. 여성들에게 '2016년 대한민국'은 위협과 착취, 투쟁의 공간이다.

"권력이 모두에게 동등하지 않다"

2015년 11월 취임한 캐나다 총리 저스틴 트뤼도는 캐나다 역사상 처음으로 남녀가 15명씩 동수인 내각을 출범시켰다. 성별 균형이 화제에 오르자 트뤼도는 "지금은 2015년이니까"라는 말을 남겼다. 프랑스는 4년 전인 2012년에 내각 절반을 여성으로 임명했고, 이탈리아도 2014년 16명의 장관 중 8명을 여성으로 채웠다. 외무, 국방, 경제 개발, 교육, 보건 등 요직에 여성이 포진했다. 스웨덴(43.6 퍼센트), 핀란드(42.5퍼센트), 아이슬란드(41.3퍼센트)도 여성 의원 비율이 절반을 향해 간다. 여성 정치인 비율이 높은 나라는 전반적으로 행복 지수와 청렴도, 사회 복지 수준이 높다.

대한민국 20대 국회의 여성 의원 비율은 17퍼센트(300명 중 51명)다. 17개 부처 장관 중 여성은 2명(문화체육관광부와 여성가족부)이다. 세계경제포럼WEF의 〈세계 성 격차 보고서 2015〉를 보면 한국의 성평등 지수는 145개국 중 115위다. 중국(91위)과 인도(108위)는 물론 가나(63위)보다 낮다. 한국 여성이 남성과 같은 일을 할 때 받는 임금은 남성의 55퍼센트다.

OECD 소속 34개국 조사에서도 한국은 남녀 임금 격차가 36.7 퍼센트(2014년 기준)로 가장 높다. OECD 평균은 15.6퍼센트다. 한국 남성의 하루 평균 가사 노동 시간은 45분(2009년 기준)으로, 조사 대상 OECD 회원국 26곳 중 가장 짧았다. 여성의 가사 노동 시간은 227분으로 남성보다 5배 길다. 남녀는 같은 '국민'인가?

이나영 교수의 얘기다. "헌법 제1조는 대한민국 주권은 국민에게 있고, 모든 권력은 국민으로부터 나온다고 하는데 그 국민 안에 여성은 한 번도 제대로 들어간 적이 없다. 국민은 항상 '중산층 이성애자 남성'이다. 더 좁히면 명문 학교를 나온 특정 집단이다. 여성은 늘 소수자, 약자, 주변인으로 존재했다." 이 교수는 권력관계가 어떻게 차별적 관계를 생산하는지를 고민해야 한다고 했다.

최근 '#문단 내 성폭력' 폭로로 알려진 유명 소설가의 성추행도 권력관계에서 나온 '갑질'이었다. 그가 추행한 여성들은 출판사 직원, 방송 작가 등 업무 관계에서 약자 위치에 놓인 사람들이다. 그는 "다정함을 표현하고 분위기를 즐겁게 하느라"고 그랬다고 항변한다. 성적 위협은 일상에 퍼져 있다. 가해자들의 욕구는 사회적 지위나 학력과도 무관하다. 여러 '명문대' 남학생들이 카카오톡 대화방에서 동료 여학생을 대상화해 성희롱 발언을 주고받은 사실이 알려졌다. 남성 국회의원은 국정 감사장에서 자신의 발언에 웃는 여성 의원에게 "내가 그렇게 좋아?"라는 말을 스스럼없이 던진다.

"여성은 공적 영역에서 어떠한 일을 하든 '어쨌든 생물학적 여자'라는 시선은 이미 여성 혐오 사상에 근거한 성차별주의적 의식이다. 여성은 남성보다 '열등한 존재'이며, 남성을 유혹하는 '위험한 존재'라는 인식에서 출발하는 여성 혐오 사상은 여성 차별로 이어진다. 이러한 여성 혐오나 여성 차별은 노골적인 방식으로만이 아니라 매우 은밀하고 친절하고 부드러운 방식으로도 행사되는 것이다."(강남순 미국 텍사스 크리스천대 브라이트신학대학원 교수의 페이스북 글)

차이와 다름을 인정하는 민주공화국인가

헌법의 민주공화국은 모든 구성원이 동등한 위치에서 차별받지 않고 조화를 이루며 다 같이 행복하게 살자는 뜻을 담고 있다. 차이와 다름을 인정하고 상대를 존중하는 자세를 갖춰야 한다. 차이를 인정하지 않는 순간 서로를 혐오하며 적으로 만들어버리는 악순환에 빠지게 된다.

2016년 5월 17일 오전 1시 20분, 서울 강남역 인근 공용 화장실에서 20대 여성이 30대 남성이 휘두른 흉기에 찔려 숨을 거뒀다. 일면식도 없는 사이였다. 가해자는 "사회생활을 하면서 여성들에게 무시를 당해" 범행을 저질렀다고 했다. 경찰은 가해자가 조현병(정신분열증)으로 입원한 사실을 들어 '묻지마 살인'이라고 규정했다. 사회관계망서비스SNS를 중심으로 '여성 혐오 범죄'라는 지적이 이어졌다. 강남역 일대에 붙은 피해자 추모 포스트잇 중 일부가 남성 혐오 시각을 드러내면서 이 사건은 남녀 간 성대결로 비화됐다. 온라인 게임에 등장하는 성우가 '여성 혐오에 대한 혐오'를 표방한 페미니즘 사이트 '메갈리아'의 티셔츠를 입은 사진으로 항의를 받아 교체된 사건은 혐오 논쟁에 기름을 부었다.

김경희 성신여대 교수의 얘기다. "갈등 해소 방법을 가르치는 게 민주공화국의 핵심이다. 그런데 마음에 안 들면 바로 행동으로 들어간다. 집단행동은 상명하복, 권력 지향적 문화에서 나온다. 나와 다르면 내 말을 듣도록 하겠다며 강제적으로 내 의사를 상대방에게 관철하도록 만드는 것이 권력이다."

최고 지도자가 만든 여성 혐오의 낙수 효과

사상 첫 여성 대통령의 재임 기간에 민주공화국은 더 나락으로 떨어졌고, 페미니즘도 위협받았다. 박근혜 대통령을 향한 비판에는 '수첩 공주', '여왕 패션' 같은 생물학적 성을 부각시키는 표현들이 등장한다. 전임 대통령들을 비판할 때 남성성을 강조하지 않았던 것과 대조적이다. 이런 현상은 '비선 실세' 최순실 씨의 국정 농단 실태가 드러난 후 극대화됐다. 박 대통령이 퍼스트레이디 시절부터 고 최태민 목사에게 의존했고, 정치 입문 후에 최순실 씨의 사실상 꼭두각시 노릇을 해왔다는 사실은 "여성은 주술에 의존하는 나약한 존재", "여성 대통령은 시기상조"라는 말을 거리낌 없이 내뱉어도 되는 분위기를 만들었다. '민주공화국'을 기치 중 하나로 내건 민중 총궐기(2차) 연단에서도 "암탉이 울면 집안이 망한다", "강남 아줌마", "병신년" 같은 말이 나왔다. 한국여성민우회는 트위터에 "왜 최순실, 박근혜는 다른 모든 잘못보다 여성이란 점을 부각해 비난받나. 연단 위 여성·청소년·장애인 비하 발언과 그에 박수 치는 이들을 보며 참담함을 느꼈다"는 남슬아 씨의 발언을 올렸다.

최근 결성한 박하여행(박근혜 하야를 만드는 여성주의자 행동)은 이렇게 말한다. "그동안 과거의 대통령들은 남자라서 독재를 하고, 남자라서 4대강을 판 것입니까? 박근혜 대통령 역시 하야해야 하는 이유는 여자라서가 아니라 국정을 농단하고 민주주의를 짓밟았기 때문입니다." 여성민우회는 2016년 11월 12일 3차 민중 총궐기에 '박근혜 퇴진! 여성 혐오 퇴장!'을 슬로건으로 걸었다. '차별과 혐오 없는 평등 집회'라고 적은 손팻말을 들고 나갔다.

　"박근혜 정부의 비민주성을 비판하면서 젠더적인 왜곡이 일어나고 있다. 박 대통령을 여왕으로 만들어 조롱하고 풍자하는 과정에서 공화국의 내용을 채워야 할 구체적인 내용들은 사라지고 있다. 민주주의와 공화국의 미래에 대한 내용은 사라지고 풍자의 쾌락만 남는 것이다. 여성의 권력화에 대한 기대들은 박 대통령에 의해 다 죽고, 오히려 여성 리더십을 정당하게 조롱할 권리가 생겨버렸다. 여성 혐오의 낙수 효과다."(권명아 동아대 교수)

"민주공화국은
뻔뻔한 사람이
없는 사회"

정희진
여성학자

정희진은 거침없었다. 그의 '민주공화국 이야기'는 17세기
서구의 '근대 국가' 개념부터 페미니즘, '포스트~' 이론을 거
쳐 쇠고기 촛불집회, 사드 배치, 메갈리아 등 한국의 주요 사
건을 종횡무진했다. 인터뷰이가 다다른 결론은 다음과 같다.
"민주공화국은 뻔뻔한 사람이 없는 사회지 뭐 별건가요." 한
마디 한마디가 톡 쏘듯 시원했다. 태양이 머리 위를 따라다
니는 것처럼 더웠던 2016년 7월 29일, 서울 망원동 작업실에
서 정희진을 만났다. '어떤 국가'라는 상을 따라가지 못해 안
달하는 것 자체가 식민지 같은 생각이라고 했다. 일부 권력
층이 소수자들을 배제하고 만든 게 지금 국가의 상, 즉 이미
지다. 왜 한국 사회는, 사람들은 서구의 어떤 나라들을 이상
향으로 삼고 채찍질하며 살아왔을까?

소수자 배제한 채 서구 국가 모델을 추종,
대한민국은 공허한 '민주공화국'

헌법 제1조 1항, '대한민국은 민주공화국이다'에서 출발해보려고 합니다. 임시정부 헌법 때부터 들어가 있던데요.

17세기 베스트팔렌 조약에서 처음으로 '근대 국가'라는 개념에 합의했어요. 각 나라들이 국가 단위를 만들면서 '인터내셔널'이라는 어떤 가상의 체계를 만든 거죠. 국가가 상상의 공동체라면, 국제는 국가들 간의 사회니까 더욱 상상적인 것이죠. 그 전에는 국가라는 단위가 인류에게 없었어요. 그러다가 국제 사회라는 것이 구성되면서 국제 사회에서 구성원들이 지켜야 할 법을 만들어야 할 거 아니에요. 그래서 국제법international law을 만들었고, 그것을 한자로 번역한 게 만국, 그러니까 모든 나라의 공법이죠. 공동의 공公 있잖아요. 그때 한창 민족자결주의니 독립이니 하는 이야기가 있었으니까. 네이션 빌딩nation building(국가 건설)에 대한 얘기도 있었으니까. 서양의 근대화 물결 속에서요. 서구에서는 민주나 공화국 실험을 했죠. 1789년 프랑스 혁명 때부터 시작된, 소위 말하는 근대화의 체계가 잡히면서 여러 가지 실험을 했던 거죠. 근데 우리는 넋 놓고 있다가 강제 개화를 당하고 일제 침략을 당하고 그다음에 분단이 되고 전쟁이 나고 독재화되고 이러면서 한 번도 이 말('민주공화국')에 대해서 고민을 안 해본 거죠. 서구와는 다른 길을 걸은 거예요. 그러니까 한 번도 민주공화국이라는 말을 말뜻 그대로

1648년 베스트팔렌 조약 비준을 묘사한 그림. 이 조약은 최초로 근대적 외교 회의를 거쳐 체결됐고, 국가 주권 개념에 기반을 둔 새로운 질서를 중부 유럽에 세웠다. 1806년까지 이 규정은 신성로마제국 헌법의 일부였다. 프랑스와 에스파냐의 전쟁을 종식한 1659년 피레네 조약 또한 종종 여기에 포함하기도 한다.

사용해본 적이 없는 거죠.

저희가 고민하는 기획 제목에 대한 아이디어 중에 '어쩌다 민주공화국'이 있어요. 프랑스는 왕의 목이라도 자르고 영국은 여성 참정권을 얻기 위해 말에 뛰어들었는데 우린 자고 일어나니까 갑자기 모두가 한 표씩 다 투표해도 되는 세상이 왔죠.

맞아요(웃음). 어쩌다……사실은 느닷없이 그게 들어온 거예요. 제가 공부하는 주제 중 하나가 '네이션 빌딩'인데 우리나라는 식민 후기 나라잖아요. 식민지를 겪은 다음에 새로운 나라를 건설해야 했죠. 제3세계나 비서구 나라들은 언제나 국가 건설의 방법론을 놓고 싸워요. 우리는 NL, PD가 있고 좌파, 우파가 있는데, 사실 그 방법론을 놓고 싸우는 것이죠. '어떠어떠한 국가'라는 것은 남성들의 상상인 거예요. 그렇기 때문에 소수자들은 언제나 정치에서 배제되고. 〔**결정 과정에서도요?**〕 네, 결정 과정에서도요. 그러니까 '이후의 문제'가 되어버리죠. 건국 이후 여성 문제를 해결하겠다고 하고……탈식민주의는 그런 것 자체가 아주 잘못됐다고 주장하는 거고, 저는 그걸 아주 강력하게 주장하는 사람이죠.

　　서구가 세운 국가를 그저 따라가는, 캐치업 디벨로프먼트 catch-up development(추격 발전주의)라는 말이 있는데요, 서구가 하나의 모델이고, 우리가 그보다 뒤처졌고 서구를 똑같이 따라가야 한다는 생각을 바탕에 깔고 있죠. 서구는 사실 그렇지 않았거든요. 나라마다 동일하지도 않았고. 저는 그런 사고방식이 식민주의적이라고 생각해요. 우리 사회, 로컬 나름의, 우리만의 고유의 방법을 찾아서 해야죠. 국가가 정치의 최종 심급은 아니라는 거죠.

　　소수자 중에 제일 많은 게 여성인데, 국가를 만든다는 명분으로 소수자들은 다 탄압을 받잖아요. 인도는 분단이 됐지만 우리처럼 복잡하지 않아요. 쿠르드족은 사는 곳이 여기고 민족은 저기 있고 국가는 없고 엄청 복잡해요. 쿠르드족 여성 운동가들은 '우리가 원하는 건 민주주의지 국가가 아니다'라고 해요. 그게 아주 상징적인 거죠. 민초들한테는. 지배 엘리트들은 국가를 만들어서 자기들이 통치하려고 하지만, 대부분 사람들은……사실 국가가 우리에게 뭘 해주는 게 없잖아요. 대부분 '비국민'이잖아요. 일베 같은 경우 이 비국민을 솎아내는 작업을 하고 있다고 저는 봐요.

그랬는데 최근에 와서 청소년들이나 여성들……지금까지 비국민이라서 국가의 보호를 받는다고 간주됐던 인간들이 정말 글자 그대로 민주공화국을 실현하려고 하는 거예요. 우리는 사실 이중적이잖아요. 예를 들면 자유, 표현의 자유, 평등, 평화, 민주주의라는 말이 있지만 그걸 적용할 때는 다 예외를 두죠. 표현의 자유가 있지만 우리는 북한을 고려해야 하니까 국가보안법이 있어야 한다, 양성 평등을 해야 하지만 우리는 미국과 싸워야 하니까 남자들 기를 좀 살려주기 위해서 여자들이 조용히 해야 한다. 원론이 있지만 예외가 있어서 실제로는 다 못하게 한 거죠. 그러다 '쇠고기 사건'이 터졌어요. 6개월이나 데모를 했죠. 쇠고기 사건은 기존 운동과 크게 두 가지 차이가 있는데요, 사람들이 광장에 모이는 것은 1900년대 독립신문 만들 때에도 있었어요. 현대사를 보면 군부 독재가 시위를 억압했기 때문에 사람들이 모이는 것 자체를 엄청나게 싫어했는데, 사실 개화기와 혼란기에는 사람들이 걸핏하면 모였어요. 시국 토론을 한 거죠. 나라가 어떻게 될지 모르니까. 독립신문이나 옛날 자료를 보면 맨날 횃불 앞에 두고 광장에서 토론하고, 광장 정치가 그때부터 엄청 많았던 거예요. 사람들이 모이는 것 자체가 억압된 것은 일제와 반공 때문이죠.

쇠고기 수입 반대 집회 때는 전통적인 데모 세력이 아닌 주

2008년 6월 21일 서울광장에서 열린 미국산 쇠고기 수입 반대 촛불집회에서 한 어린이가 촛불을 들고 있다. ⓒ경향신문

로 여자와 학생들, 주부들이 모였잖아요. 그때 제가 그들과 인터뷰를 많이 했는데, 그들의 생각은 별게 아니에요. 보통 우리 세대는 에구 무슨 표현의 자유야, 지레 물러나기도 하고 남녀평등 한다고 해도 여자로서 페이를 적게 받고 이런 걸 어느 정도 감수하기도 하잖아요. 근데 그 사람들은 진짜 말 그대로, 말로써 정해진 그대로 해야 한다는 거예요.

시위하는 여성들, 의심 없이 '민주'와 '평등'을 누리려는 새로운 세대

한국은 표현의 자유가 있다고 했으니까 진짜 표현의 자유를 가져야 한다, 이런 식으로요?

그런 거죠. '우리나라는 민주 사회니까 데모하러 나왔다, 표현의 자유 그대로 한다는데 뭐가 문제냐'는 거예요. 메갈리아도 비슷해요. 말 그대로, 내가 티셔츠를 마음대로 사는 게 왜 문제가 되는지 이 친구들은 진짜 이해를 못하고 화가 폭발한 거예요. 우리 세대는 여자들이 죽어지내는 걸 많이 봤고 세상이 이런 거지…… 체념 비슷한 태도를 취하는데, 지금 세대는 '세상이 왜 이래?'라면서 정말 워딩 그대로의 세상을 생각하는 거죠. 사실 말이 안 되잖아요. 티셔츠 한 장 구입했다고 이런 황당한 일이 일어나는 게.

그러니까 그 여성들은 '아니, 이 나라는 집회·시위의 자유가 보장되는 나라고 나는 평화로운 시위를 하고 애까지 데리고 나왔는데 뭐가 문제냐'는 거예요. 왜 그걸 막는지 이해가 안 된다는 거죠. 말 그대로 '민주'라는 걸 의심 없이 받아들이는 거죠.

'네이티브 민주주의' 세대라고 할 수 있을까요?

맞아요. 예를 들면 이런 거예요. 가사 분담을 하기로 했으면 그건 젠더 문제가 아니라는 거죠. 네가 먹은 거 네가 치운다는 거지, 거기에 무슨 가사니 남녀 평등이니 하는 말을 붙이냐는 거죠.

그건 남편이 아니라 룸메이트도 마찬가지고. 그런 식으로 말 그대로를 받아들이는 거예요.

두 번째로, 그 사람들은 국민인 동시에 글로벌 마켓의 소비자예요. 여성들이 살림을 책임지고 있으니까, 국가가 글로벌 마켓에서 좋은 도매상 역할까지 하길 바라진 않더라도, 이명박 대통령 당신은 왜 부시한테 갔을 때 부시가 한국이 안보 문제로 미국의 군사 고철을 사주니까 그에 대한 대가로 너희(한국)한테는 3년 이하 도축된 어린 소를 주겠다고 했는데도 '아니에요, 우리는 뭐든지 다 잘 먹어요. 더러운 거 줘도 돼요'라며 협상에서 미리 숙이고 들어가 좋은 쇠고기를 포기했느냐, 도매상으로서 제 역할을 해라, 이런 거거든요. 그 당시에는 국민으로서의 정체성보다 소비자로서의 정체성이 훨씬 더 강했던 거예요. 이미 사람들은 어떤 부분에서는 국민이라는 정체성보다는 여성이라는 정체성을 더 강하게 발휘하게 된 거예요. 또 어떤 때는 동성애자라는 정체성을 더 강하게 발휘하고요. 어떤 사람들은 젊은이로서의 정체성이 더 크고 이런 거죠. 근데 그건, 국가나 어른들은, 소위 꼰대들은 이걸 다 국민으로서 모으려고 하는데 다른 사람들은 네가 나를 국민이라고 부르지만 국민으로서의 혜택은 네가 다 보고 난 혜택 보는 게 없다, 근데 왜 나를 국민으로 모으려고 하느냐 하면서 서로 소통이 안 되는 상황이라고 저는 생각해요.

서구가 모델이라는 생각은 허상, 주체적으로 '민주공화국'의 그림을 그려보자

이번 기획이 '민주공화국'에서 논의를 시작하는 건데요, 이것조차 닫힌 논의가 될 수 있을까요? 사실 저희가 던지고 싶은 질문은 우리가 지금 어떤 나라에서 살고 있고 우리가 살고 싶은 나라는 어떤 나라인가예요. 근데 방금 말씀하신 그런 특징을 가진 사람들에게 "민주공화국이라고 써놓고 왜 그렇게 안 살아?"라고 말하는 게 의미가 있을까요?

굉장히 좋은 질문이에요. 사실 이게 제 학위 논문 주제였거든요. 우리가 소위 말해서 규범적으로 배운 게 있어요. 역사 교과서나 사회 교과서에 근대 이후, 자본주의 이후의 발전 과정에 대한 설명들이 있잖아요. 소위 정상 국가라고 하죠. 노멀 스테이트norm state. 근데 우리는 정상 국가가 아니라고 하죠. 정상 국가의 조건이 있잖아요. 주권, 국민, 영토 등등. 사실은요, 세계 어느 곳에도 정상 국가는 없어요. 이건 제 말이 아니고 지제크의 말이에요. 웬만한 탈식민주의 포스트모더니즘, 페미니즘 공부하는 사람들은 다 알고 있는 얘기죠. 정상 국가는 없고 각 나라마다 로컬 히스토리local history가 있을 뿐이죠. 강자의 주관성은 보편성이 되고 약자의 주관성은 특수성이 되는 권력 구도가 있잖아요. 정상 국가는 한 번도 실현된 적이 없고, 가장 비정상 국가가 미국인데 우린 미국을 가장 정상 국가라고 생각을 하잖아요. 국가 안보라는 말은 이제 필요가 없게 됐어요. 왜냐하면, 안보란 일단 영토 내에서 자율적으로 우리

영토를 지키는 건데, 일단 안보의 개념도 과학 기술의 발전, 무기에 따라서 굉장히 변하잖아요.

어떤 페미니스트가 그랬어요. 인터넷의 발달보다 세탁기의 발달이 더 사람들의 변화를 가져왔다고. 과학 기술의 발달이 인류 사회 전반의 사회과학 담론을 바꿔놓기도 하잖아요. 상상의 공동체(국가)가 가능한 건 라디오나 인쇄술 같은 기술이 발달해 사람들이 엮이기 시작하면서부터라는 거죠. 그런 것처럼 국가 안보라는 개념에 겁을 먹을 필요가 없는 게, 북한이 쳐들어오고 이런 것 없이 핵폭탄이 터지면 다 죽는 거예요. 옛날에는 전쟁 개념이 어느 나라가 어느 나라의 영토를 쳐들어오는 거였어요. 그런데 지금은 대륙간탄도미사일이 있죠. LA에서 평양까지……미국은 사정거리 1만 2,000킬로미터가 가능한 미사일이 있어요. 그럼 거기서 버튼만 누르면 미국 병사가 인천상륙작전을 안 해도 북한은 끝나는 거예요. 실제로 사람이 가서 할 게 없는 거죠. 지금은 유도미사일이라고 해서, 리모컨으로 제가 여기서 경향신문을 폭격하려면 다른 곳을 안 거치고 그 대상만 폭발시킬 수 있어요. 미국에 아이콰스라는 것도 있죠. 미국만 가지고 절대 팔지 않는 건데, 진짜 영화처럼 미국 핸드폰으로 평양의 표지판이 찍힌다는 거예요. 지금 우리 둘이 얘기하고 있는 것도 다 찍혀요. 그러니까 사실은 이런 시대에는 버튼 하나면……히로시마가 그렇게 된 거잖아요. 기존의 영토 개념이, 대륙간탄도미사일이 생기면서 의미가 없어진 거죠. 북한은 사정거리가 500킬로미터 어쩌고……미사일을 쏘면 동해 바다에 빠지죠. 지금 그것을 가지고 싸우는 게 말이 안 되잖아요. 그래서 제가 맨날 그래요. 500킬로미터를 갖고 있는 나라하고 1만 2,000 킬로미터를 갖고 있는 나라하고 뭘 싸우느냐고.

어쨌든 주권이란 개념도 예전에는 하나였지만 지금은 식량 주권, 검역 주권, 군사 주권, 문화 주권, 심지어 문화재 주권도 있어요. 예를 들면 저는 군사 주권에 대해선 중립적 입장, 검역 주권에 대해선 지켜야 한다는 입장, 주권 자체에 대해선 의미가 없다는 입장이에요. 다 다르거든요. 주권은 국가를 전제로 하는 거니까, 주권 대신 글로벌 시민권이라든가 그래야 하겠죠. 주권이란 개념 때문에 난민을 받아들이지 않거나 주권에서 제외되는 사람들이 있는 거잖아요. 그렇지만 검역 주권은 굉장히 중요하다고 생각해요. 이스라엘은 식량 주권을 지키기 위해서 모래에다 야채를 심잖아요. 그들이 바보라서 그러겠어요? 식량 주권을 빼앗기면 그다음부턴 끝이니까요.

정리하자면 근대가 성립될 때 국가와 자본주의가 동시에 등장했죠. 이때 언설을 만들었어요. 인권선언서와 베스트팔렌 조약, 유엔 등등. 그리고 각 국가가 있어요. 각 나라마다, 프랑스도 하나로 되기까지 오랜 시간이 걸렸고 중국은 인구가 1억이면 소수민족이에요. 인도는 공식 언어만 50개가 넘어요. 영어를 쓰지만 인도의 언어들은 심지어 비슷하지도 않은 다른 언어이고 웬만한 지식인들은 3~4개 언어를 써요. 인도의 세계적인 석학들, 호미 바바나 스피박 등 탈식민적인 학문을 주도하는 사람들은 인도의 벵골 지역 출신이에요. 가장 소득 수준이 높고 영어를 쓰는 인도 민족주의 부자들이 모인 곳이죠. 부자들이 미국에 가서 자기들의 제3세계적 담론과 주류 사회의 지식 담론을 함께 배우면서 세계적인 석학이 된 거죠. 벵골 부르주아지라는 말이 있거든요.

그러니까 이런 규범적인 언설이 사실 지금은 하나도 해석력이 없다는 거죠. 규범이라는 것은 지켜야 될 것이라는 것이지, 현실이 아니잖아요. 〔현실이 안 되니까 더 만들어놓은 거죠.〕 그렇죠. 바로 그거예요. 해석할 수 있는 게 하나도 없고 억지로 규범을 강조하니까 갈등이 생기는 거죠. 탈식민주의나 여성주의는 현실에 맞는 이론을 만들려고 하는 거예요. 근데 이 현실을 보는 각도가 다 다른 건데, 제 입장을 굳이 말로 표현하자면 저는 탈식민주의 페미니스트, 후기 구조주의 페미니스트, 포스트모던 페미니스트라고 할 수 있어요. 근데 이 의미가 다 다르죠. 저는 이렇게 생각하는데, 같은 단어에 대해서 뜻을 다르게 봐요. 예를 들면 '포스트모던이 시기 문제다' 그건 아니거든요. 시기 문제가 아니라 주체의 문제와 공간의 문제예요. 예를 들면 푸코가 자기는 근대의 주체인 줄 알았는데 근대의 주체는 이성애자인 거야. 그럼 동성애자인 자긴 무엇인가? '포스트'라는 말에도 여러 가지 의미가 있잖아요. 이게 프랑스에서 온 말인데, 제가 이걸 알려고 홍세화 선생님한테까지 여쭤봤어요(웃음). 포스트모더니즘의 출발점이 프랑스였기 때문에 일단 프랑스어에서 찾고 그다음에 영어에서 포스트라는 말을 찾아보니까, 비욘드beyond도 있고 애프터after도 있고 그다음에 후기, 나중 등등……'de'(脫) 이런 것도 있어요. 근데 프랑스어의 원래 뜻은 의외로 '지금'이란 뜻이에요. 지금이자 어떤 순간으로 넘어가는 것. 예를 들면 우리가 후기 식민이라고 하면……우리는 일제시대 문제가 완전히 해결이 안 됐잖아요? 정신대 문제도 있고. 어쨌든 후기 식민이라고 하면 알아듣지만 탈식민이라고 하면 식민에서 벗어난 걸로 착각할 수 있어요. 탈식민을 지향한다고 하면 맞지만, 그냥 탈식민이라고 하면 마치 식민에서 완전히 벗어나서 독립을 한 것처럼 여겨지죠.

저는 북한과 쿠바의 사회주의는 그 사회에 맞는 자생주의라고 생각하거든요. 북한과 일본, 남한의 세습도 다 다르다고 생각해요. 북한은 돈을 안 들이는 세습이고 우리는 엄청나게 돈을 들이거나 선거를 통해서 박근혜를 또 찍는 세습이거나……일본 같은 사회의 세습은 우리 상상을 초월하는 세습이에요. 아버지가 가업이라는 말로 포장을 하지만, 관재벌이라고 해서, 집안 전체의 직업이 다 똑같아요. 사실 일본 얘기가 굉장히 중요하다고 생각하는데, 《포스트 모더니즘과 일본》이라는 책이 있어요. 일본이라는 곳이 여러 가지로 지난 100년간의 세계사에서 반례를 제공한 나라예요. 모방인데 원본을 초과한 경우이고, 시공간이 안 맞아요. 공간은 아시아에 있는데 시간적으로는 유럽을 더 앞서갔어요. 일본만 연구해도 국가에 대한 것이 다 나오죠. 어쨌든 일본이 아시아이면서도 자본주의와 군사주의의 가장 선두에 있다는 측면이 이 문제를 거꾸로 설명해준다고 생각해요.

제 결론은 뭐냐 하면……이 기획이 굉장히 좋다고 저는 생각해요. 근데 이렇게 가면 재미가 없죠. (그는 수첩에 표를 그리며 설명했다.) 대한민국은 민주공화국이다 → 이건 좋은 말, 지당하신 말씀이다. 정언명령 같은 것이다 → 근데 우린 그렇지 않다, 후졌다. '개돼지' 소리나 나오고 그렇다 → 그래서 우리는 제대로 되도록 해야 한다……이게 여태껏 경향신문이 계속 해온 말이죠. 가장 쉽게 할 수 있는, 이런 말은 초딩도 해요. 다 옳은 얘기고 다 지당하신 말씀이지만, 아무도 실천할 수 없는 얘기, 현실적으로 안 되고 와 닿지 않는 얘기죠. 그러니까 이런 신문은 안 보죠.

처음부터 그 담론을 의심해보는 게 어떨까요? 서구에 민주공화국이란 말이 있어요. 이것에 비하면 우리는 언제나 야만이고 후진국이야. 늘 쫓아가야 해. 그럴 때 우리는 맨날 뒤질 수밖에 없는 건데, 서구를 따라잡는 방법이 좌파와 우파가 다를 뿐이죠. 좌파는 부국강병으로 하자는 거고 우파는 민주주의의 합리성으로 하자는 건데, 실제로는 극복도 안 되고, 여기서 여성 문제가 제일 먼저 나와요. 그걸 기가 막히게 보여준 게 봉준호 감독의 영화 〈살인의 추억〉이에요. 좌파와 우파가 계속 싸우고 그 사이에서 여성들은 계속 성폭력을 당하잖아요. 좀 다른 얘기지만, 5년 전까지만 해도 제주도에 횡단보도가 거의 없었거든요. 제가 4·3으로 논문을 쓰려고, 잠깐 거기 살기도 했어요. 어쨌든 제주도에서는 횡단보도와 신호등이 거의 없고 자율적으로 왔다 갔다 했었어요. 근데 지금 사람이 15만 명 이상 늘면서 엄청나게 생겼어요. 그 전에는 사고 없이 자발적으로 알아서 했는데, 룰이 생긴 거죠.

　얘기가 샜는데, 아무튼 이 시리즈가 재밌으려면요……이 세상에서 이걸(민주공화국을) 하는 나라는 한 나라도 없어요. 영국이고 프랑스고 민주공화국인 것 같지만, 실제 그들의 역사를 보면 절대 그렇지 않죠. 요즘 다른 식으로 역사를 쓰는 사람들이 있어요. 일상사라든가……구조적 원인 자체를 다른 것으로 보는 것이죠. 예를 들면 아우슈비츠 학살로 600만 명이 죽었다는 것은 그렇게 할 수 있는 근대의 과학 기술과 제노사이드, 이성의 폭력성, 모든 사람을 죽일 수도 있는 어떤 확신 때문이라고 보는데요, 이동기 선생님이라는 분이 있어요. 이분이 독일에서 공부하면서 보니까 실제로는 대량 학살보다 면 대 면 학살이 더 많았다는 거예요. 개인적으로 죽이는 거죠. 뭐하고 같은가 하면……한국전쟁 때도 동네 내 양민 학살이 훨씬 더 많았어요. 그래서 한국전쟁을 연구하는 분들은 마을이라는 개념을 굉장히 중요하게 생각해요. 마을에서의 평소의 원한 관계, 양반과 상민 등등의 원한 관계를 파고들어요. 그리고 동유럽 사회주의가 가능했던 건 사회주의 때문이 아니라 군사주의 때문이죠. 그러니까 여태껏 우리가 당연하게 알아왔던 지식들이 구조적으로 틀린 것인 경우가 많다고 생각해요. 오히려 그런 식의 추적을 하는 게 어떨까요?

　사실은 국가를 건설해온 방식이 전형적이지 않아요. 그런데 다 전형적이라고 생각을 하죠. 거기서 비롯된 대표적인 사고방식이 '서구 문물을 더 일찍 받아들였어야 했다' 뭐 이런 거예요. 사실은 그렇지 않고, 원래 국가 내부는 다 비민주적이에요. 지역감정이 우리나라에만 있는 게 아니에요. 우리는 덜한 편이에요. 우리는 지역 문제만 있지만, 다른 나라는 종교와 종족 문제까지 있잖아요. 어떤 나라의 건국 과정을 봐도 우리가 생각하는 민주공화국을 한 나라는 없어요. 이런 책이 있어요. 《국가에 대항하는 사회》. 국가 중심적 사유보다 사회 중심적 사유를 하는 거죠. 우리나라는 사실 다 국가주의잖아요.

예를 들면 양성 평등 주장이 있는데, 양성 평등을 실현하면 안 되거든요. 〔왜요?〕 왜냐하면 인간은 양성으로 구성돼 있지 않으니까요. 사실 인간은 인터섹스도 많아요. 양성 평등은 미국 초기의 개념을 그대로 가져온 거예요. 그렇게 되기까지 미국에는 나름대로의 자유주의 역사가 있었던 건데 우리는 그걸 빼고 개념만 따오니까 현실과는 거리가 멀죠. 그러니까 하나도 안 맞고. 양성 평등 때문에 대칭적으로 남혐, 여혐이 생겨 이중 대칭 구조가 되는 황당한 상황이 펼쳐지고 있어요. 각 나라마다 국가 건설의 과정이 엄청나게 달라요. 정말 다 다르죠. 〔다른 게 정상이죠.〕 자연스럽죠. 암튼 민주공화국이 돼야 한다고 못 박는 것, 이게 다 남자들이 정치적 전선을 독점하는 방식이잖아요. 제 얘기는 민주공화국의 의미가 각 나라마다 다르게 실현됐으니 거꾸로 케이스별 추적을 하면서 한국의 전망과 비전을 다른 식으로 생각해보자는 것이죠. 민주공화국을 실현할 것인가 새로운 무언가를 모색할 것인가. 실현하자는 건 과제가 주어지는 거잖아요. '대한민국은 민주공화국인가'라는 질문은 '답정너'인 거잖아요······(웃음).

일상의 민주주의와 현실 정치의
간극을 좁히는 것이 민주공화국

1919년 임시정부에서 만든 헌법을 읽으니까 가슴이 뜨거워지던데요.
맞아요. 거기 남녀평등 다 나오잖아요.

나라는 없고 다시 생길지 안 생길지도 모르는데 그런 불가능한 꿈을
꿔보자면서 거기에 생명형(사형) 폐지와 공창제 폐지까지 넣다니······
지금이 더 후퇴했구나 싶었습니다. 한국식 공화주의에 대해서 얘기해
봐야겠다는 생각도 듭니다. 지금 우리에게 맞는 건 뭘까요?
당시에 얼마나 많은 고민을 했겠어요. 당시에도 논쟁이 있
었어요. 민주공화국이다 하는 건 서양식이고, 동양식으로 선언을
하자는 논의도 있었어요. 한국 정치사의 앞부분을 보면 나올 거예
요. 〔헌법 1조의 의미가 우리 일상에 얼마나 중요한 건지도 희미합니다.〕
레퍼런스로 끌어오는 거죠. 근데 끌어와도 사실 크게 의미가 없어
요. 예를 들어 우병우 씨랑 저랑 헌법 담론을 얘기한다고 쳐봐요.
그럼 우병우 씨는 그러겠죠. 나 법대 나왔다, 검사다, 너는 여성학
이 뭐냐 듣보잡이다. 포지션에서부터 의미가 없어지죠.

어떤 대학원생을 만났는데, 식당에서 교수가 대학원생에게 머리를 테이블에 박게 하고 뺨을 때리며 놀리는 장면을 봤대요. 근데 주위 조교들이 놀라지도 않고 아무렇지 않게 주문하고 밥 먹고 하더래요. 2013년에 있었던 일이긴 한데요, 어쨌든 한국에서 최고 대학이라는 곳에 다니는 학생이 그런 일을 당하며 사는 나라가 과연 민주공화국인가, 헌법이 무슨 소용인가 싶었어요. 일상에서 경험하는 무너지는 민주공화국에 대해서 이야기해야 하지 않을까 싶기도 하고요. 그런 경험들을 모아서……과연 앞으로 어떤 나라에서 살 것인가를…….

방금 나온 그런 얘기, 그런 거 하루에 열 건 정도 들어요. 그것도 진보 진영, 페미니즘 한다는 사람들 사이에서. 그러니까 나는 이 사회가 너무 싫고, 남들도 우울해질까 봐 말도 못하겠어요. 정말 인간쓰레기와 말종이 너무 많아요. 그러니까 민주공화국이라는 건 인간쓰레기와 말종이 없어지는 사회예요. 그런 인간 말종이 없어지는 사회가 민주공화국이지, 뭐 별게 민주공화국이겠어요?

현실 정치가 있고 일상 정치가 있어요. 이걸 사람들이 나누죠. 또 공적 영역이 있고 사적 영역이 있어요. 그다음에 거시가 있고 미시가 있어요. 절차상 민주주의가 있고. 이번에 정의당이 메갈리아 티셔츠 문제로 논평을 냈죠. 좋아요. 변명하는 건 좋은데…… 정의당에서 티셔츠를 산 성우를 지지한 첫 번째 논평을 철회한 것이 누구의 도장을 안 받고 논평을 냈다는 이유 때문이었대요. 참 나……아무튼 절차적 민주주의와 일상의 민주주의가 있어요. 사실은 이게 분리되지가 않아요. 분리되지 않는 게 맞는 거죠. 그런

2016년 5월 31일, 서울 지하철 2호선 구의역 스크린도어 사고 현장에 누군가 "그의 죽음은 불의의 사고가 아닙니다"라는 글을 붙여두었다. ⓒ경향신문

데 우리의 경우에는 이 둘이 분리돼 있고 또 위계화되어 있어요. 그리고 성별화·계급화되어 있어요. 현실 정치는 선거 같은 거죠. 일상 정치는 아까 말한 그 교수가 하는 짓 같은 거예요. 그런 얘기가 있잖아요. '개인적인 것이 정치적인 것이다.' 그러니까 일상의 민주주의를 오해하면 '개인화'가 되는데, 일상의 민주주의가 진짜 민주주의고 현실 정치는 일종의 '그림'이에요. 근본적으로 정치의 개념을 달리해야죠. 자원과 권력을 배분하는 장치가 정치예요. 문제는 그 정치가 어떤 기준으로 작동하는가······.

구의역 사건 때는 많이 울었어요. 지금 제 주위에 있는 중산층 좌파의 아이들을 보면 다 스탠퍼드에 가 있고 이런 식이잖아요. 그런데 그 아이는 고3 때 취직 걱정을 하며 불안해했고, 부모님은 너무 책임감 있게 가르친 게 후회가 된다고 하시는데 눈물이 왈칵 나더라고요. 박원순 시장은 그 애한테 무슨 명예 기관사를 준다고 하고……미치겠는 거예요. 너무 짜증이 났어요. (그는 이 부분에서 잠시 말을 잇지 못했다.)

〈내부자들〉이나 〈베테랑〉 같은 영화는 다 현실보다 축소해서 만들어졌어요. 제 생각에는 이것과 이것, 현실과 일상의 간극을 좁히는 것이 민주공화국이라는 거죠. 그런 식으로 접근을 해보는 게 어떨까요. 예를 들면 이명박 같은 사람이 대통령이 되면 일상생활에서도 그런 사람들이 득세를 해요.

그래도 된다고 생각하게 되죠.
리더의 성격이나 생각, 이런 것이 사회에 영향을 미치게 돼요. 어떻게 보면 일상이 더 더러워요.

1997년 이후 민주공화국의 위기 또는 부재를 상징적으로 보여주는 사건 좀 꼽아주세요. 민주공화국이라는 말이 불편하시면……'이 나라 정말 엉망이구나'라고 느꼈던 사건들이요.
100개는 꼽을 수 있을 것 같은데요……김대중·노무현 대통령 당선(이건 나쁜 일이라기보다 그냥 충격)/ 물론, 세월호/ 효순·미선 사건/ 변희재·강용석 같은 악명 셀럽 등장/ 일베 등장/ 오세훈 씨 같은 상식 이하의 단체장 등장/ 황우석 사태/ 노무현 자살/ 청문회마다 만연한 대학 교수 표절/ 한·미FTA 협상 과정의 무능과

굴종/ 성매매방지법을 남성 행복권 침해라고 주장, 헌법 소원한 남성들/ 4대강 사업 추진/ 이라크 파병/ 이명박을 당선시킨 국민들의 부자 동일시 욕망/진보 진영의 타락…….

인터뷰 | 장은교 기자

무능한 정치, 비겁한 판결…
법 위에 군림하는 '피고 대한민국'

장은교 기자

아무것도 막지 못한 입법부,
국민이 할 수 있는
모든 걸 가로막은 '사법 정치'.
피고 대한민국은 말한다.
"삼권 통일의 시대, 난 무죄다."

책임지지 않는 나라

국가를 법정에 세울 수 있을까? 법을 어겼다면 가능하다. '대한민국은 민주공화국이다.' 헌법 제1조 1항은 대한민국이 인치人治가 아닌 법치法治 국가란 뜻이다. 법은 왜 만들었을까? 민주공화국을 위해서다. 질문이 돌고 도는 것 같지만 그게 핵심이다. 실은 다 같은 말이기 때문이다. 다 같이 행복해지려고 '민주공화국'을 선택했고 법을 만들었다. 법은 국가가 '국민 행복'을 위해 지켜야 할 최소한의 의무다. 법을 지키지 않은 국가는 피고가 될 수 있다. 대한민국은 민주공화국인가? '피고 대한민국'에게 묻는다.

2016년 9월 한국수자원공사와 농어촌공사의 내부 자료가 공개됐다. 이 자료에는 4대강 수질 개선에 8,000억 원, 농업 용수 공급에 2조 원을 투입할 것이라는 내용이 담겼다. 2009년 이명박 정부가 '4대강 살리기 사업'에 내세운 명분은 수질 개선이었다. 최소 22조 원을 삼킨 4대강은 괴생물체를 토해내는 폐강이 되어가고 있다. 환경운동연합은 2016년 9월 12일 "금강과 낙동강에 이어 한강 상류에서도 '4급수'에서 서식하는 실지렁이가 발견됐다"고 밝혔다. 한강도 더러운 물이 됐다는 징표다. 금강에선 시궁창 깔따구가 나왔다. 낙동강에서 발견된 죽은 물고기 배 속에 기생충이 득실거렸다. 4대강 사업 이듬해부터 강물에서 '녹조라떼'를 퍼올린 인증

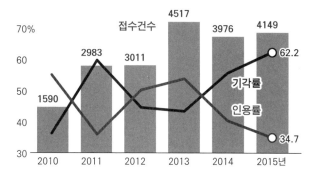

국가 배상 사건 추이

접수건수

2010: 1590
2011: 2983
2012: 3011
2013: 4517
2014: 3976
2015년: 4149

기각률 62.2
인용률 34.7

국가 배상 사건은 국가의 위법 행위에 배상을 청구한 사건
자료 : 법무부

샷이 사회관계망서비스SNS를 달궜다. 올해 4대강 16개 보 운영비는 311억 원, 유지보수 비용은 151억 원이 편성됐다. 4대강 사업을 떠맡은 한국수자원공사는 2015년 5조 6,000억 원, 2016년 1,615억 원의 손실을 떠안았다. 실패한 사업에 앞으로 얼마나 더 많은 비용을 쏟아부어야 할지 추산하기도 힘들다.

4대강 사업에선 썩은 물뿐 아니라 법치의 실종도 목격한다. 나쁜 정책이 무능한 정치와 비겁한 판결을 만나면 어떤 귀결이 나는지 4대강 사업은 잘 보여준다. 이 사업은 크게 4단계의 과정으로 진행됐다. 1단계, 정부는 정책을 강행한다. 2단계, 다수당이던 여당은 찬성, 야당은 막지 못한다. 3단계, 반대하는 국민은 소송을 제기하지만 법원은 판결을 미루거나 정부 손을 든다. 4단계, 결과는 아무도 책임지지 않는다. 이는 반대 여론이 높은 정책과 국가가 피고인 거의 모든 소송에서 반복된다.

정부의 정책 추진을 막을 수 있는 방법은 많지 않다. '민주공화국'다운 방법은 야당이 국회 안에서 설득과 토론으로 정책 추진을 무산시키는 것이다. 야당은 그러지 못했다. 두 번째는 국민투표로 시행 여부를 결정하는 것이다. 대한민국에서 법적으로 국민투표를 발의할 수 있는 사람은 대통령뿐이다. 헌법 제72조는 "대통령은 필요하다고 인정될 때에는 외교·국방·통일 기타 국가 안위에 관한 중요 정책을 국민투표에 붙일 수 있다"라고 명시한다. 반대 여론이 높을 때 대통령이 자신이 추진하고 싶은 정책을 국민투표에 부치는 일은 기대하기 어렵다. 영국은 국민투표로 브렉시트를 선택했지만 한국이라면 국민들은 투표권조차 갖지 못할 가능성이 높다.

그래서 국민들은 소송을 했다. 정부가 법을 어겼기 때문이다. 정부는 국가재정법상 반드시 거쳐야 하는 예비타당성조사를 하지 않았다. 환경영향평가는 부실하게 진행했다. 2009년 11월 10일 영산강에서 4대강 공사가 시작되자 보름 뒤 국민소송인단이 소송을 제기했다. 한강, 낙동강, 금강, 영산강 관할 4개 법원에 '하천공사 시행계획 취소청구소송'을 제기했다. 피고는 한국수자원공사 등 대한민국. 8,945명이 원고로 참여했다.

본안 판단이 나올 때까지 공사를 중지해달라는 가처분 소송도 냈다. 법원은 기각했다. 공사는 소송과 별개로 속도를 내며 진행됐다. 첫 판결은 서울행정법원에서 나왔다. 소송이 시작된 지 1년

후다. 피고 대한민국의 승리였다. 재판부는 "환경영향평가를 제대로 하지 않았다"는 주장에 "일부 부실하지만 그렇다고 하지 않은 정도는 아니다"라고 판단했다. 당시 소송인단을 변론한 김남주 변호사는 "평가가 제대로 됐는지 봐달라고 소송을 냈는데 재판부는 '평가서가 있으니 됐다'는 식이었다"라고 말했다. 이 논리는 다른 3개 법원 1심 판결에서도 거의 인용됐다.

4대강 사업의 법적 문제점을 유일하게 인정한 곳은 2심인 부산 고법이다. 재판부는 "예비타당성조사를 거치지 않은 것은 국가재정법 위반"이라고 인정했다. 그러나 재판부는 "대규모 국책 사업인 이 사업은 대부분의 공정이 90퍼센트 이상 완료돼 이를 원상회복한다는 것은 사실상 불가능한 상태"라며 "뒤늦게 이를 취소한다면 기존에 형성된 법률관계에 엄청난 혼란이 발생할 것"이라고 밝혔다. 법적으로 문제가 있지만 공사가 이미 너무 많이 진행돼 어쩔 수 없다는 뜻이다.

공사가 90퍼센트나 진행될 때까지 판결을 내리지 않은 것도, 판결이 다 나올 때까지 공사를 일단 멈춰달라고 낸 가처분 소송을 기각한 것도 법원이다. 논리적으로 해괴하게 보이는 이 판결은 '사정事情 판결'이라는 이름으로 행해진다. 사정 판결은 원고 주장을 받아들이면서도 다른 사정을 이유로 들어 청구를 기각하는 판결을 말한다. 이 판결을 내린 부장판사는 후에 대법관이 됐다.

대법원이 최종 판결을 내린 것은 공사가 끝난 지 2년 가까이 지난 후였다. '2009구합50909(서울행정법원)'번 사건은 6년이 지난

2015년 12월 10일에야 마무리됐다. 피고 대한민국의 승리다. 단한 줄의 소수 의견도 남기지 않았다. 당시 대법원 내부 사정을 잘아는 한 법조인은 "한 대법관이 이 정도로 중요한 국책 사업에 대한 판단은 전원합의체에 넘겨 소수 의견을 기록해야 한다고 주장했지만 대법원은 그 대법관이 퇴임할 때까지 시간을 끌다가 소부(소재판부)에서 결론을 내렸다"고 전했다. 대법원은 4대강 사업의 정당성 논란에 가장 진한 마침표를 찍은 행위자가 됐다.

대법원이 사건을 뭉개던 2013년 1월 감사원이 "4대강 사업은 총체적 부실"이라고 발표했다. 사업 효과와 경제성이 충분히 검토되지 않았고 사업 이후 수질은 더욱 나빠졌다고 했다. 국민들은 이번엔 형사 소송에 기댔다. 이명박 대통령과 4대강 사업을 추진한 공무원 57명을 배임, 직권 남용 등의 혐의로 형사 고발했다. 검찰은 이 사건을 2년 동안 쥐고 있다가 2015년 11월에야 무혐의 처리했다.

시민들은 나쁜 정책을 막기 위해서 취할 수 있는 모든 수단을 다 동원했지만 막지 못했다. 국회 환경노동위원회 소속 야당 위원들은 2016년 국정 감사에서 4대강 사업의 책임을 묻겠다고 했지만, 최순실 등 '비선 실세'의 경악스러운 행위가 국감 이슈를 집어삼켰다. 환경 단체들은 4대강 청문회를 위한 온라인 서명 운동(www.4river.or.kr)을 벌이고 있다.

사법 정치 시대

정부와 사법부가 손발을 맞춘 '사법 정치'는 지금도 목격할 수 있다. 이명박 정부에 4대강 사업이 있다면, 박근혜 정부에는 역사 교과서 국정화 작업이 있다. 두 정책은 비슷한 길을 가고 있다. 역사 학계와 교육학계의 극렬한 반대에도 정부는 2015년 11월 교육부 장관 명의로 역사 교과서 국정화를 고시했다. 국민의당 안철수 의원은 2016년 14일 교육부 국정 감사에서 "교육부가 2014년 1월 역사교육지원팀을 구성해 매주 수요일 오후 2시마다 청와대 비서관들과 회의했다"며 내부 문건을 공개했다. 집권 2년차부터 역사 교과서 국정화를 준비했다는 뜻이다.

정부는 강행했고 야당은 막지 못했다. 시민들은 다시 법에 기댔다. 헌법 소원과 행정 소송, 가처분 소송을 제기했지만 법원도 헌법재판소도 결정을 내리지 않고 있다. 헌법재판소법은 소 접수 후 180일 안에 사건을 선고하도록 돼 있지만, 헌재는 245일이 지나서야 교육부로부터 답변서를 받았을 뿐이다.

교육부는 2016년 11월 28일 국정 역사 교과서의 현장 검토본을 공개했다. 공개된 교과서는 우려대로 이승만·박정희 시대와 재벌, 시장경제를 미화하고 민주화 과정과 위안부 문제 등 여러 인권 사건을 축소했다는 비판을 받았다. 현직 교사들과 역사학자들은 편향성을 떠나 역사적 사실 관계조차 틀린 부분이 많고, 교과서로서의 수준도 크게 떨어진다고 평가했다.

교육부는 2016년에만 역사 교과서 개발·홍보 비용으로 44억 원의 예비비를 책정했다. 시민과 학계가 반대하는 사업을 추진하다 보니 홍보비로만 25억 원을 지출했다. 국정 역사 교과서 정책은 사실상 폐기될 가능성이 높다. 돈으로 다 환산할 수 없는 혼란은 누가 어떻게 책임질 것인가.

정부 정책의 든든한 조력자가 된 사법부는 국민에겐 위험한 무기이고 대통령에겐 더없이 잘 드는 칼이다. 서울대 법학전문대학원 박은정 교수는 저서《왜 법의 지배인가》에서 "우리나라 법공직자들은 어느 나라의 법관이나 검사들보다도 재량의 범위가 넓다"고 썼다. 박 교수는 "오늘날 사법 개입의 확대는 사회생활의 전 영역에서 일어난다"고 진단했다.

대법원은 2013년 12월 통상임금 범위를 결정하는 판결을 내리면서 '신의칙(신의성실의 원칙)'을 도입했다. 이 판결은 통상임금을 넓게 보아 노동자들의 권리를 넓혀주는 것처럼 보였으나, '기업의 경영상 어려움'을 고려할 수 있다는 조항을 넣어 사실상 사측 재량권을 넓혔다. 대법원 판결 전 박근혜 대통령은 임금 문제에 어려움을 겪는다는 GM 회장에게 "해법을 찾겠다"고 했다. 한 중견 법조인은 "사법부가 판결로 정치를 하고 있다는 자조 섞인 비판이 법조계 내부에서 돈 지 오래됐다"고 말했다. 정부는 정책을 밀어붙이고 사법부는 논리와 시간을 무기로 뒷받침하면서 행정부 역할을 한다는 뜻이다. 한 부장판사는 "정치로 해결해야 할 문제들이 자꾸 법원으로 넘어오는데, 법원에선 정책 타당성이나 결과를 평가하거나 예측할 수 없다. 오직 법적 절차를 지켰느냐만 판단한다"고 말했다. 과연 그럴까. 2010년 국회에서 미디어법이 날치기로 통과됐을 때 헌재는 "투표 절차에 문제가 있었지만 결과를 무효로 할 만큼은 아니다"라고 했다. 그 '결과를 무효로 할 만큼'은 대체 어느 정도일까.

무력화된 삼권 분립

경제 평론가이자 싱크탱크 여시재 기획이사인 이원재 씨는 '민주공화국의 위기'를 보여준 가장 상징적인 사건으로 이건희 삼성전자 회장의 단독 사면을 꼽는다. 2009년 12월 사면심사위는 평창 올림픽 유치를 돕는다는 명분으로 수천억 원대 경제 범죄를 저지른 이 회장에 대한 '원포인트' 사면을 단행했다. 이씨는 이에 대해 "법이 모든 사람에게 똑같이 적용되지 않는다는 것을 너무나 명시적으로 보여준 사건이었다"고 말했다. '원포인트 사면'은 사법 정치 문제와 함께 삼권 분립의 실종을 드러낸다.

한양대 사학과 박찬승 교수는 한국의 삼권 분립이 상당히 취약하다고 진단한다. 박 교수는 "말만 삼권 분립이지 정부의 힘이 제일 막강하고, 대통령이 정당을 통해 국회까지 움직이려고 하지 않느냐"고 말했다.

민주공화국의 핵심 운영 원리는 입법권, 행정권, 사법권 삼권을 철저하게 분리하고 서로 견제토록 하는 것에 있다. 대한민국의 삼권은 분립된 것일까, 통일되어가는 것일까. 한국은 세계에서 드물게 정부도 입법권을 갖고 있는 나라다. 대법원은 국회 법제사법위원회를 통해 입법 로비 활동을 하는 것을 숨기지 않는다. 국회에는 판검사가 '대관 업무'를 위해 공식적으로 상주한다. 대법관에 재직 중이거나 대법관이 안 된 고위 법관들은 국무총리, 감사원장 등 정무직으로 쉽게 자리를 옮긴다. 20대 국회의원 300명 중 49명(16.3퍼센트)이 법조인 출신이다. 법을 사용하던 사람들이 법을 만드는 사람이 되고, 정부 일원이 된다.

서강대 법대 임지봉 교수는 인사권에 주목한다. 임 교수는 "대통령이 대법원장을 임명하고 대법원장이 대법관 13명, 헌법재판관 3명에 대한 제청권을 갖고 있다. 대법원장만 대통령의 의중을 잘 헤아리는 사람으로 앉혀놓으면 전체 사법부가 따라오게 돼 있다. 이런 구조가 사법부의 관료화를 불러왔다"고 말했다.

사법부의 '나라 걱정'은 통계로도 증명된다. 국가의 위법 행위에

2016년 10월 21일 경찰은 '백남기 농민 추모 집회' 참가자들이 서울 광화문 광장에서 청와대 방향으로 가는 것을 막기 위해 방패를 세워 이동로를 차단했다. '공권력'이라 부르는 국가의 행위는 '대한민국은 민주공화국'이라는 헌법 제1조 의미와 곧잘 부딪친다. ⓒ경향신문

배상을 구하는 국가 배상 사건 추이를 보면 2015년 국민이 승소한 비율은 34.7퍼센트에 불과하다. 국민이 패소한 비율은 2010년 36.6퍼센트에서 2015년 62.2퍼센트로 올랐다. 시간과 돈과 노력을 쏟아 '피고 대한민국'을 법정에 세워도 사법부가 스스로 국가의 일부라는 속성을 버리지 않으면 국가와의 싸움이라는 심판을 또 다른 이름의 국가에 맡기는 셈이다.

'원고 대한민국'이 하는 일

추석을 앞둔 2016년 9월 7일 경기도 평택의 쌍용자동차 공장 앞에서 김수경 씨(54)를 만났다. 그는 2009년 쌍용자동차가 발표한 정리 해고자 2,646명 중 한 명이다. 1989년 입사한 김씨는 근속 20년 되던 해에 해고 통보를 받았다. 1억 4,000만 원을 대출받아 아들과 함께 살 아파트를 분양받고 입주한 지 한 달 만에 들은 소식이었다. 매달 81만 6,000원의 이자를 부담해야 하는 그에겐 하늘이 무너지는 일이었다고 했다. 그 후 7년, 김씨는 보험회사와 상조회사 영업 사원, 공사장 일용직, 버섯 농장 일 등 투잡, 스리잡을 거치며 버텼다. 빚은 더 늘었지만, 2015년 11월 노사가 복직안에 합의하면서 살 길이 열린다고 믿었다. 노사는 2017년 상반기까지 해고자 복직을 위해 노력하기로 합의했고, 2016년 2월 18명이 회사로 돌아갔다.

대량 정리 해고, 77일간의 옥쇄 파업과 경찰의 대규모 진압 작전, 스스로 목숨을 끊거나 병사한 해직자 28명⋯⋯. 쌍용차의 상처는 6년 만에 타결된 복직 협상으로 치유되고 있을까. 복직 합의 후 1년이 다 되어가지만, 추가로 복직된 사람은 없다. 148명이 기약 없이 다음 복직을 기다린다. 김씨는 "다들 복직되리라 믿지만 점점 불안해지는 게 사실"이라고 말했다. 노사 합의서엔 "복직시킨 다"가 아니라 "복직을 위해 노력한다"라고 돼 있다.

무급 휴직 후 복직한 ㄱ씨는 "회사에서 두 달 교육받았는데 어떤 간부들도 '고생했다'는 위로 한마디 하지 않았다"며 "남아 있던 사람들이 회사를 여기까지 끌고 왔으니 더 열심히 하라"는 말만 했다고 전했다. ㄱ씨는 "회사가 우리 앞에서 '산 자들' 얘기만 하는 것을 보니 속에서 울분이 터졌다"고 말했다. ㄱ씨가 말하는 '산 자'란 정리 해고를 당하지 않고 살아남은 사람들이다. 산 자와 죽은 자, 쌍용차 사람들은 서로를 그렇게 불렀다. 김수경 씨가 말했다. "직원들이 거의 같은 아파트에 모여 살았는데 한 엘리베이터에서 윗집 아이가 아랫집 아이한테 '너희 아빠 죽었다며(너희 아빠 해고 됐다며)?'라고 말한 거예요." ㄱ씨가 실제 죽은 28명을 떠올리며 이어 말했다. "28명이나 죽은 건 돈 때문이 아니에요. 치유하기 힘든 상처를 받아서…… 마을이 그렇게 초토화가 된 거죠."

국가는 무엇을 했을까. 국가는 소송을 걸었다. 경찰은 노조의 저항으로 헬기와 기중기가 파손된 것을 두고 노조에 손해배상 청구 소송을 제기했다. 2015년 복직 합의를 선언하면서 노사는 상대에게 제기했던 소송을 모두 취하하기로 했지만, 경찰은 소송을 계속하고 있다. '원고 대한민국'은 1·2심에서 이겼다. 이 판결이 확정되면 해직자들은 경찰에 15억 원의 손해배상금을 물어줘야 한다. 지연 이자는 하루하루 61만 8,000원씩 쌓여간다. 김득중 금속노조 쌍용차지부장은 "복직될 날만을 기다리는데, 평생 만져보지도 못할 돈을 경찰이 내놓으라고 하니 답답할 따름"이라고 말했다.

민간 기업의 노사 문제에는 우선 개입하지 않는다는 것이 정부 원칙이다. 그러나 '재산권 보호', '시민 안전' 등을 이유로 국가는 곧잘 노조 시위 현장에 개입한다. 노조 시위를 툭하면 불법 파업으로 매도한다. 파업이 장기화되거나 다른 노조와 연대하면 '외부 세력 개입' 또는 '종북 세력 난입'으로 낙인찍는다. 노사 합의 뒤에도 파업에 따른 배상을 청구한다. 2009년 미국 쇠고기 수입 협상에 반대하는 촛불 시위 후 이명박 대통령은 사과했지만, 경찰은 이후 시위 참가자와 주최 측을 상대로 손해배상을 청구했다. 이것이 '원고 대한민국'이 잊지 않고 하는 일이다.

원고 대한민국의 또 다른 얼굴은 검찰이다. 검찰은 형사 재판에서 피고인을 법정에 세우고 대척점에 서는 당사자다. 검찰은 2014년 탈북 화교 출신인 서울시 공무원 유우성 씨를 간첩 혐의로 기소했다. 항소심 도중 검찰이 재판부에 제출한 증거가 조작된 문서라는 사실이 드러났다. 검찰은 공소를 취하하지 않고 상고했다. 이 사건은 결국 2015년 10월 대법원에서 무죄 판결을 받았다. 검찰의 끈질긴 노력은 여기서 그치지 않았다. 간첩 사건 재판이 진행되는 도중 검찰은 유씨를 불법 대북 송금을 도왔다는 혐의로 기소했다. 검찰은 2010년 같은 사실을 두고 기소 유예 처분을 내렸었다. 혐의가 없는 것은 아니지만 기소할 정도는 아니라고 판단한 것이다. 그랬다가 4년 후 유씨를 기소했다. 누가 보아도 '보복 기소'였다.

2016년 9월 항소심(서울고법) 재판부는 무죄를 선고하며 검찰이 공소권을 남용했다고 지적했다. 재판부는 "검사가 현재 사건을 기소한 것은 통상적이거나 적정한 소추 재량권 행사라고 보기 어려운바, 어떠한 의도가 있다고 보여지므로 공소권을 자의적으로 행사한 것으로 위법하다고 평가함이 상당하다"고 밝혔다. 검찰은 어떻게 했을까. 상고했다. 느닷없이 간첩으로 몰려 구금됐고, 증거가 조작됐다는 사실이 어렵게 밝혀져 겨우 간첩 혐의를 벗은 유우성 씨는 여전히 검찰이 친 거미줄에 얽혀 고통 받는다. 박근혜 대통령은 국군의날 기념식 때 "북한 주민들은 자유로운 남한으로 오라"고 했다. 유우성 씨 사건을 기록한 영화〈자백〉을 본 또 다른 간첩 조작 사건 피해자 홍강철 씨는 "지금도 북한이탈주민보호센터에선 간첩 만들기가 진행 중"이라고 말한다.

헌법 28조는 "형사 피의자 또는 형사 피고인으로서 구금되었던 자가 법률이 정하는 불기소 처분을 받거나 무죄 판결을 받은 때에는 법률이 정하는 바에 의하여 국가에 정당한 보상을 청구할 수 있다"고 규정한다. 무죄 판결을 받은 지 6개월 이내에 형사 보상금을 청구하지 않으면 어떤 보상금도 받을 수 없다. 2015년에만 509억 원의 형사 보상금이 지급됐다. 검찰이 기소를 잘못해 발생한 최소한의 재판 비용이다. 모두 세금이다. 원고 대한민국은 이런 일을 한다.

그때 그 사람들은?

민주공화국의 근간을 의심케 했던 사건의 주인공들은 지금 어떻게 지내고 있을까. 더불어민주당 백재현 의원은 "4대강 사업과 관련해 1,152명이 훈·포상을 받았다"고 밝혔다. 역대 토목 공사 관련 최대 규모다. 4대강 사업의 진짜 목적으로 의심받았던 대형 건설사들의 담합 비리는 사실로 드러났다. 관련자들은 뒤늦게 징역형과 벌금형을 받았다. 건설사들이 이미 이익을 챙긴 뒤다. 이익과 벌 중 어느 것이 더 남는 장사일까?

국정원 대선 개입 사건 수사 과정에서 외압 사실을 밝히고 국정원의 범죄 행위를 찾아내 기소한 수사팀 검사들은 좌천되거나 검찰을 떠났다. 2016년 12월 2일, 국정원 대선 개입 수사팀을 이끈 윤석열 대전고검 검사가 '박근혜-최순실 게이트' 특검 수사팀장으로 임명되었다. 윤 검사는 3년 동안 좌천 인사 조치를 당했다가 수사 현장으로 복귀했다. 반면, 국정원 간첩 조작 사건을 담당한 검사들은 경징계만 받고 여전히 검사로 근무한다. 검사들이 증거를 조작했다면 '범죄자'이고, 조작된 증거라는 것을 모르고 재판부에 제출했다면 '무능한 바보'일 것이다. 검사들은 최소한 후자로 보인다. 대선 개입 사건과 간첩 조작 사건의 중심인 국정원은 개혁안을 발표하겠다고 했지만, 세월호 참사가 터지며 대선 개입 사건이 여론의 관심에서 사라진 뒤 아직까지 아무런 안도 내놓지 않고 있다.

2009년 용산 참사 당시 경찰이 상황 파악을 잘못해 과잉 진압했다는 사실이 뒤늦게 드러났다. 수사 기록을 공개하지도 않고 버틴

검경 누구도 책임지지 않았다. 현장에 특공대를 투입한 김석기 서울경찰청장은 20대 국회의원이 됐다. 쌍용차 파업 당시 진압을 지휘한 김정훈 경기청 정보과장은 신임 서울경찰청장이다. 삼성이 검찰 고위 관료들에게 뇌물을 상납한 사실을 담은 '삼성 X-파일'을 공개·폭로한 노회찬 전 의원은 2013년 불법 녹음 파일을 공개했다는 이유로 자격 정지 1년을 선고받고 정치 활동을 중단해야 했다. 녹음 파일에 등장한 당사자들은 어떤 처벌도 받지 않았다.

세월호 참사 당시 청와대 홍보수석으로서 KBS 보도에 적극 개입한 사실이 드러난 이정현 의원은 여당 대표가 됐다. 총선에서 'VIP의 심기'를 운운하며 공천에 개입한 여당 의원들도 의정 활동을 계속한다. 검찰은 이들에게 무혐의 처분을 내렸다. 법도 정의도 무시당하는 시대, 1퍼센트들의 생존 전략은 '버티는 놈이 이긴다'이다.

냉전 시대 소련 스파이를 변호하게 된 미국 변호사의 실화를 다룬 영화 〈스파이 브릿지〉에서 제임스 도노반 변호사(톰 행크스 분)는 피고인의 정보를 건네라는 정보기관 직원의 협박을 거부하며 이렇게 말한다. "당신은 독일계고 나는 아일랜드계인데 우리가 어떻게 같은 미국인이 될 수 있었을까. 그건 규정 때문이야. 우리가 같은 헌법을 지키기로 합의했기 때문에 같은 미국인으로 살 수 있는 거라고." 박근혜 대통령은 '최순실 패닉'의 한가운데서 개헌을 주장하고 나섰다. 2016년 시민들은 '원고 대한민국', '피고 대한민국'과 같은 헌법을 지키며 살고 있는 것일까.

권력이 그 주인을 억압할 때, 국민은 '헌법 제1조' 떠올렸다

황경상·최민지·허진무·박광연·이유진 기자

시민들이 민주공화국을 떠올리는 때는 언제일까?
2009년부터 7년간 '민주공화국'을
한 번이라도 언급한 트윗을 모아보았다.

최근 7년간의 '민주공화국' 언급 트윗을 분석하다

가끔 그 문장을 꺼내 읽으며 쓰다듬고 싶을 때가 있다. "대한민국
은 민주공화국이다"로 시작하는 헌법 제1조 이야기다. 시민들이
민주공화국을 떠올리는 때는 언제일까? 트위터 사용자가 본격 늘
어난 2009년 4월부터 2016년 8월까지 7년 4개월 사이 '민주공화국'
을 한 번이라도 언급한 트윗을 모두 모았다. 맥락 없이 반복 게재
된 트윗을 제외한 7,639건을 들여다봤다.

> '대한민국은 민주공화국이다', 이 문장이 이렇게나 공허한 문장
>
> 이었나요?

가장 처음 등장한 트윗이다. 2009년 5월 29일, 고 노무현 전 대통
령의 노제가 벌어진 날에 작성되었다. 시민들은 노제가 끝나도 서
울광장을 떠나지 않았다. 경찰은 해산 작전에 돌입했다. 이 트윗은
당시 경찰을 비판하면서 쓴 것으로 추정된다. 한 자릿수에 머물던
'민주공화국' 언급량이 본격적으로 늘어난 것도 1년 뒤인 2010년
5월 노 전 대통령 서거 1주기 즈음이다.

그해 11월, 주요 20개국(G20) 정상 회의 홍보 포스터에 풍자의

최근 7년간의 '민주공화국' 언급 트윗을 분석한 인포그래픽

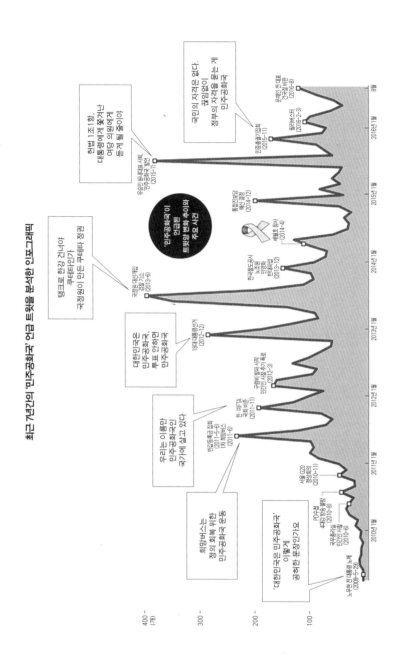

의미로 '쥐 그림'을 그린 박정수 씨에 대한 긴급체포와 구속영장
청구가 알려졌다. 정부는 G20 행사를 앞두고 학생들을 동원했다.
쓰레기 배출까지 자제시켰다. 시민들은 껍데기 민주공화국의 탈
을 쓴 '왕정'을 떠올렸다.

> 세계 각지 정상들이 모이니까 이거 하지 마라. 이해할 수 있어.
> 근데 헌법에 민주공화국이라고 써뒀으면, 제발 미안해하는 척이
> 라도 하라고! 니들 지금 당당한 걸 넘어 아예 명령조잖아!

당시 이명박 대통령 부인 김윤옥 여사의 대우조선해양 비리 연
루 의혹이 제기됐다. "국모가 상처를 받았다." 황영철 한나라당(현
새누리당) 의원의 반응이었다.

민주주의 가치가 훼손될 때 '민주공화국'을 언급

트윗의 성격을 분야별로 나누어보니 '정치'(38.1퍼센트) 분야가 가
장 많았던 것도 비슷한 맥락이다. 2011년 6월 '민주공화국' 언급이
처음으로 한 달에 200건을 넘어섰다. 반값등록금 운동이 확산되고
한진중공업 사태 해결을 위한 희망버스 운동이 전개되던 시기다.
시민들은 안병진 경희사이버대 교수의 칼럼을 인용해 트윗했다.

> 희망버스는 단순히 주변부로 몰린 노동자의 인권을 위한 지원 투
> 쟁이 아니다. 우리 모두의 삶의 뿌리와 정의를 회복하기 위한 민

주공화국의 운동이다.

11월, 한나라당이 한·미 자유무역협정FTA 국회 비준을 날치기로
처리했다. "우리는 이름만 민주공화국인 국가에 살고 있었다"라는
분노가 나왔다. "다수결, 이게 민주공화국인 것"이라며, 비준 과정
에서 국회 본회의장에 최루탄을 터뜨린 민주노동당 김선동 의원의
행위를 비판하면서 비준의 절차적 정당성을 주장하는 시민들도
있었다. 넉 달 뒤인 2012년 3월, 장진수 전 국무총리실 공직윤리지
원관실 주무관의 민간인 사찰 관련 폭로가 나왔다.

> 정권에 비판적이라는 이유 하나만으로 민간인을 감찰했다는 것
> 은 '대한민국은 민주공화국이다'라고 말한 헌법 제1조를 무시하
> 고 국가 근본을 흔들어버린 중대 범죄 행위다.

12월, 18대 대통령 선거 당시 노회찬 진보정의당 공동대표는 문
재인 후보 지지 연설에서 "대한민국은 민주공화국인데, 투표를 안
하면 만주공화국이 된다"라고 말했다. 많은 이들이 인용 트윗을
올렸다. 국정원 여직원 김모 씨의 대선 개입 현장 상황을 조롱하는
"민주공화국 VS 만주공화국 = 잠금 VS 감금"이란 트윗도 나왔다.
똑같은 '민주공화국'으로 박근혜 후보를 지지하는 경우도 있었다.

> 문재인 : 퍼다 주고 평화를 유지하겠다.

원세훈 전 국가정보원장이 2015년 2월 보수 단체 회원들의 호위를 받으며 '국정원 불법 대선 개입 의혹' 사건 항소심 선고 공판에 출석하기 위해 서울고법 청사로 들어서고 있다. ⓒ경향신문

이정희 : 북한이 원하는 대로 통일을 하겠다.

박근혜 : 대한민국은 민주공화국이다.

선거 뒤 국가 기관의 대선 개입 의혹이 불거지면서 '민주공화국'은 '부정 선거'라는 키워드와 함께 꾸준히 거론됐다. 2013년 6월 국정원의 조직적인 대선 개입이 검찰 기소로 기정사실화되면서 '민주공화국' 언급이 한 달 사이 400건에 육박했다. 역대 최고치였다.

꼭 탱크 몰고 한강 다리 건너야 쿠데타인가? 민주공화국, 주권재 민의 가치를 부정하고 권력을 탈취하면 모조리 쿠데타이다. 국 정원이 만든 권력, 당연히 쿠데타 정권이다.

2014년 4월 세월호 참사 후에도 '민주공화국'을 떠올리는 일이 잦아졌다.

> 어떤 민주공화국에서 국민이 대통령에게 무릎을 꿇으며 자신들
> 의 권리를 빌며 얘기한단 말인가.

그해 12월 헌법재판소가 통합진보당 해산을 결정하면서 '민주공화국' 언급량은 200건 가까이 뛰었다.

> 심판대에 선 것은 통합진보당이 아니라 헌재 재판관들이며 민주
> 공화국으로서의 대한민국이다.

그즈음 정윤회 씨의 청와대 비선 실세 의혹 사건, 대한항공 조현아 전 부사장의 '땅콩 회항' 사건이 벌어졌다.

> '십상시', '궁중 암투', '세습'……대한민국은 민주공화국이 아니
> 라 절대 왕정이 통치하는 '중세 신분제 사회'!

2015년 7월에 다시 '민주공화국'을 불러낸 것은 새누리당 유승민 원내대표였다. 그는 박근혜 대통령의 압박으로 물러나면서 "진작 던졌을 원내대표 자리를 끝내 던지지 않았던 것은 대한민국은 민주공화국임을 천명한 우리 헌법의 가치를 지키고 싶었기 때문"

이라고 밝혔다. "헌법 1조 1항을 대통령에 의해 쫓겨난 새누리 국회의원의 입을 통해 듣게 될 줄 상상 못했다"라는 트윗이 붙었다. 11월 경찰의 물대포를 맞고 쓰러진 백남기 농민 사건 등으로도 '민주공화국' 언급량이 늘었다.

> 정치인이나 정부가 국민의 자격을 묻는 것은 잘못된 것이다. 국민의 자격 따위는 없다. 끊임없이 정부의 자격을 묻는 것이 민주공화국이다.

어떤 시민들에게 민주공화국은 다가오지 않은 미래다. 실현해야 할 가치다. 어떤 시민들에게는 지금 대한민국은 당연히 민주공화국이다. "우리는 아직 민주공화국을 완성하지 못했다"는 2016년 8월 문재인 전 더불어민주당 대표의 건국절 주장 비판 발언도 많은 트윗을 불렀다.

사용자 수 차이를 감안해야겠지만 '민주공화국'이 점점 더 많이, 더 넓게 호명되는 것만은 사실이다. 빅데이터 분석가인 유승찬 스토리닷 대표는 민주공화국이라는 가치가 2017년 대선 화두로 계속 떠오를 것이라고 내다봤다. "민주주의의 급속한 후퇴, 사회경제적 불평등의 심화, 사법 정의 실종 등 전방위적 퇴행 속에서 많은 후보들이 헌법적 가치를 박근혜 정부와의 차별화 전략으로 내세울 가능성이 있다."

트윗 7,639개 속 어떤 키워드 있나

경향신문이 취합한 '민주공화국' 언급 7,639개 트윗에는 헌법 제
1조에 나오는 단어들이 가장 많이 등장했다. '대한민국'(1위 : 3,959
회), '국민'(2위 : 2,113회), '권력'(5위 : 1,195회)이 그렇고, '헌법'(4위 :
1,685회) 자체를 언급한 사람들도 많았다. 헌법 제1조의 조문만을
트윗한 시민들도 이어졌다.

> 만우절 0시를 즈음해 헌법을 읽어본다. 대한민국은 민주공화국
> 이다……이 정권 아래선 헌법 조문조차 생구라 같다.

분노가 치밀고 어이가 없을 때는 헌법 조문으로 '이 나라'(40위 :
151회)의 현실을 돌아봤다. 헌법 제1조 속 단어를 제외하고 가장
많이 언급된 단어는 '나라'(3위 : '국가' 포함 2,004회)였다.

> 아니 뭔 나라를 되찾자는 것도 아니고 당연한 권리 찾기도 이리
> 힘들어서야. 이게 민주공화국 맞아?

시민들은 '대통령'(8위 : 828회)의 자격을 물었다. '박근혜 대통
령'(9위 : 652회)도 많이 언급됐고 '왕'(15위 : 504회)이 85차례, '독
재'(17위 : 463회)가 57차례나 '박근혜 대통령'과 함께 쓰였다. 시민
들은 민주공화국의 반대를 '왕정'으로 여겼다.

박근혜 씨는 왕정 국가의 공주로 보면 나름 매력 있는 캐릭터일 수도 있다. 그러나 민주공화국의 대통령 감으로는 전혀 아니다. 외계인이 지구 생태를 책임질 수 없는 것과 같은 이치다.

시민들의 민주공화국은 거창하지 않다. "대한민국은 민주공화국이다. 모든 권력은 (투표하는) 국민에게서 나온다." '선거'(6위 : '투표'·'투표율' 포함 892회)나 '대선'(29위 : 238회)으로 '민주주의'(11위 : 588회)가 잘 작동한다면 민주공화국이다. 따라서 '부정'(12위 : 567회)한 선거, '국정원'(18위 : 408회)의 대선 개입은 민주공화국의 근간을 흔드는 행위였다. 투표로만 공화국을 '인증'하다 보면 이런 주장도 나온다.

2008년 광우병 촛불폭동 때, 종북좌파들이 100일간 수도 서울을 짓밟으며 매일 밤 틀었던 음악이 '대한민국은 민주공화국이다'였다. 민주공화국이 뭔가? 투표로 자신의 신념을 쟁취할 수 있는 권리를 가지고 있음을 뜻한다.

헌법상 기본권을 침해받으면 민주공화국에 의문을 품었다. '집회'(23위 : '시위' 포함 282회)의 자유가 보장되지 않고, '경찰'(30위 : 223회)의 무자비한 진압이 이뤄질 때 절규처럼 민주공화국을 내뱉었다. '재벌'(51위 : 126회), '삼성'(66위 : 103회), '돈'(69위 : 101회) 등 자본도 민주공화국을 위협하는 요소였다. 체념한 시민들에게 민주공화국은 조롱의 대상이 됐다. '북한'(26위 : '북조선'·'조선민주주의인민공화국' 포함 255회)은 좋은 소재였다.

> 사람들이 헷갈리나 본데, 한국은 민주공화국이 아니다. 독재하는 나라들은 다 자기가 민주공화국이라고 한다고. 북한만 봐도 알잖아.

"우리의 삶을
우리가 결정해야
민주공화국"

하승수

비례민주주의연대 공동대표, 변호사

하승수는 '대한민국은 민주공화국인가'라는 물음에 "우리의
삶과 일상이 누구에 의해 어떻게 결정되고 있느냐"고 되물었
다. 그는 대한민국은 자본의 눈치를 보는 나라가 됐다고 진
단했다. 물과 공기, 먹거리, 에너지 문제마저도 자본 권력에
좌지우지되는 것을 수없이 목격했다. 그는 우리가 우리의 삶
을 결정할 수 있는 민주공화국을 만들기 위해선 시민들이 작
은 생활 단위에서부터 결정하고 책임지는 경험을 쌓아나가
야 한다고 강조했다.

국가의 문제를
누가 결정하고 지배하는가

대한민국은 민주공화국이라고 생각하십니까?

대한민국은 민주공화국이 아니라고 생각합니다. 과두정이라고 봐요. 소수가 다수를 지배하는 사회죠. 근본적으로 보면, 재벌, 기득권 정치 세력, 행정·사법 관료, 기득권 언론들이 지배하는 사회라고 할 수 있습니다. 물론 그러는 중에 박근혜 대통령처럼 원시적이고 비민주적으로 통치를 하는 권력이 일시적으로 튀어나올 수 있기도 하고요. 어떤 나라가 민주공화국인가를 분석해볼 수 있는 여러 틀이 있는데, 먼저 '누가 지배하는가'의 관점이 있습니다. 민주공화국은 다수의 국민들이 참여해서 공동체의 문제를 결정하는 것인데 지금 과연 누가 결정하고 누가 지배하고 있죠?

정치 시스템 말고 일상생활에서 한번 생각해보죠. 물이나 공기 등 우리 생활에 중요한 영향을 미치는 것들이 실제로 어떻게 결정되고 있는지, 우리의 의견은 어떻게 반영되고 있는지, 생활 속에서 우리는 주인으로 살고 있는지, 아니면 주어진 대로 먹고살고 있는지요. '소비자 주권'이라는 말도 허상인 게, 결국 자본의 논리 때문에 노동자도 소비자도 다 대상화될 뿐 소외되고 있습니다.

역사적으로 접근해보는 방법도 있습니다. 해방 이전 임시정부에서 꿈꾼 대한민국의 모습이 있죠. 가장 잘 나와 있는 것은 1948년 제헌헌법입니다.

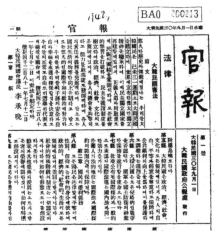

제헌헌법이 실린 대한민국 30년(1948년) 9월 1일자 관보.

제헌헌법 제5조는 "대한민국은 정치, 경제, 사회, 문화의 모든 영역에 있어서 각인의 자유, 평등과 창의를 존중하고 보장하며, 공공복리의 향상을 위해 이를 보호하고 조정하는 의무를 진다"고 명시했습니다. 제18조는 "영리를 목적으로 하는 사기업에 있어서는 근로자는 법률이 정하는 바에 의하여 이익의 분배에 균점할 권리가 있다"고 했습니다.

제87조는 "중요한 운수, 통신, 금융, 보험, 전기, 수리, 수도, 가스 및 공공성을 가진 기업은 국영 또는 공영으로 한다"고 했어요. 사회경제적 민주주의를 강조했던 헌법이었던 거죠. 그런 정신만 잘 실현됐어도 지금 우리 사회가 이렇게 되지 않았을 거라고 생각합니다. 당시 제헌헌법은 이승만 쪽을 빼고 독립운동을 했던 사

람들이 대체로 합의했던 공화국의 모습을 담고 있습니다. 그때 꿈꿨던 공화국의 모습이 어떻게 달라졌고 변질됐습니까?

알 권리의 실태도 보여줬으면 좋겠습니다. 민주주의는 최소한의 정보를 시민들에게 제공해야 하는데 지금 중앙 정부는 최소한의 정보도 제공하지 않고 있습니다. '정보 3.0'을 한다는데 '정보 1.0'도 안 되고 있어요. 시민들이 정보를 찾으려면 얼마나 복잡하고 어렵습니까?

임시정부에서까지 민주공화국을 꿈꿨는데 지금 그렇게 되지 않은 이유가 뭘까요? 저해 요인을 꼽아본다면요?

예전에는 행정부나 사법부가 정치권력의 눈치를 보는 게 문제였다면 지금은 국가 권력이 자본의 영향에 좌지우지됩니다. 중요한 의사 결정을 할 때마다 자본의 영향을 받는 게 심해졌어요. 새만금 토건 사업 문제도 토건 자본의 이익을 위해서 정책이 엉망이 된 거예요. 4대강도 마찬가지죠. 국가 의사 결정이 자본에 좌우된 겁니다. 원전 문제라든지 이명박 정부 때 대량 허가가 난 석탄 화력발전소 등등……자본의 이익에 맞춰 에너지와 먹거리 문제까지 결정됩니다. 유통 마켓도 대형 재벌 회사가 장악하고 있죠. 우리의 일상, 먹는 것과 전기, 마시는 물까지도 이제는 자본에 다 넘어가 버리는 현상이 점점 심해졌어요.

언론의 경우도 많이 바뀌었습니다. 지난 15년 동안 눈에 보이지 않는 권력, 자본과 언론의 힘이 커진 것이 민주공화국을 가로

막는 가장 큰 요인이라고 봅니다. 지금은 자본의 힘이 가장 강하고, 자본의 힘을 견제할 수 있는 것이 정치인데 정치가 제대로 작동하지 않고 있습니다. 유권자와의 거리도 멀잖아요. 거대 정당들을 중심으로 시스템이 굴러가니까 견제하는 것이 불가능하죠.

　'민주주의 지수 평가'라는 게 있는데, 민주주의가 잘되는 나라는 대체로 다당제 정치 구조가 형성되어 있고, 선거 제도로 연동형 비례대표제를 실시한다는 공통점이 있어요. 그런데 우리나라에선 '다당제 시스템을 하면 정치가 불안정해진다'는 이상하게 왜곡된 논리가 퍼져 있어요. 사실은 미국이나 한국처럼 거대 정당의 양당제로 굴러가는 나라가 더 불안하죠. 그러나 소위 전문가라는 사람들도 출처 불명의 논리를 들고 나와 양당 시스템을 정당화하

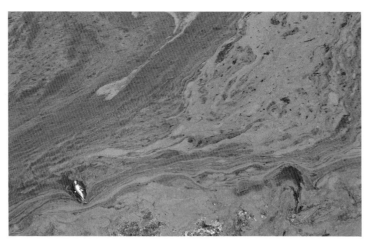

2016년 8월 25일, 경북 고령 낙동강에 발생한 녹조 위로 물고기 한 마리가 떠다니고 있다. ⓒ경향신문

는 이데올로그 역할을 합니다. 이번 기획에서 잘못 알려진 민주주의의 상식, 왜곡된 점들도 짚어주면 좋겠습니다.

선거 제도 개혁으로 대의민주주의를 제대로 작동시켜야

최근 새누리당 유승민 의원, 더불어민주당 김부겸 의원 등이 공화국과 공화주의를 얘기하고 있습니다.

공화주의 얘기를 하는 것은 좋은데, '공화국' 앞에는 반드시 민주라는 말이 붙어야 합니다. 앞서 말한 것처럼 한국은 사실상 민주 국가가 아니라 소수가 지배하는 과두정 상태인데, '공화주의'만 강조하면 자칫 '소수 엘리트가 사회 공공선을 실현하면 되는 것 아니냐'는 식으로 왜곡될 수 있습니다. 무엇이 공동체의 이익이고 가치인지도 시민들이 참여하는 과정을 통해서 가려질 수 있다고 봅니다. 지금은 제대로 된 민주주의를 실현하는 게 중요합니다.

1997년 이후 최근 20년 동안 민주공화국으로서의 위기를 보여준 사건이 무엇이라고 생각하십니까?

무엇보다도 최근에 터진 박근혜-최순실 게이트라고 할 수 있겠지요. 최소한 유권자들이 선출한 사람이 권력을 행사해야 하는데, 엉뚱한 사람들이 국가권력을 휘두르고 국정을 농단하고 있었으니까요. 저는 그동안 시민운동하고 정당 활동도 하면서, 나름 대로 대한민국에 대해 좀 파악하고 있다고 생각했는데, 이번 사태를 보면서는 정말 충격을 많이 받았습니다. 이건 왕조시대 때보다도 더 못한 상황이구나 싶기도 했고요. 광장에 촛불 들고 나온 시민들도 마찬가지였을 겁니다. '이게 나라냐'라는 얘기가 저절로 나올 수밖에 없다고 봅니다.

그리고 지난 20년 동안 민주주의 측면에서 매우 우려되었던 점 중 하나는 바로 한·미FTA 같은 국제조약들이 무분별하게 체결된 것이라고 봅니다. 우리 주권이 양도되는 조약인데 우리 스스로 결정할 수 없게 만들어졌어요. 눈에 잘 보이지 않지만 굉장히 큰 문제예요. FTA는 한번 체결되면 굉장히 큰 영향을 미치는데 체결을 할 것인지 말 것인지의 의사 결정 과정에 국민들의 의견은 반영되지 않습니다.

국정원 대선 불법 개입 사건도 그렇습니다. 국가 권력이라는 것이 최소한 지켜야 할 기준이나 원칙이 있는데 무너졌어요. 정보기관을 포함해 법을 집행하는 기관들의 최소한의 중립성이 무너진 사건입니다.

박근혜-최순실 게이트와 촛불 민심을 보며 느끼신 점을 말씀해주세요.

박근혜-최순실 게이트라고 부르고 있지만, 사실은 재벌 게이트이기도 하고 대한민국 기득권 게이트라고 부르는 것이 맞을 것 같습니다. 박근혜-최순실 같은 사람들을 이용해 자기 이권을 챙긴 재벌들과 기득권 세력들, 그리고 이를 방관한 언론의 책임도 묻지 않을 수 없습니다. 특히 삼성을 비롯한 일부 재벌 총수들은 비선실세에게 돈을 주고 자신들의 이권을 해결했다는 점에서 정말 반反사회적인 세력이라고 봅니다. 삼성물산-제일모직 합병 과정에서 국민연금이 이재용 씨를 비롯한 삼성 일가의 편에서 의결권을 행사한 것이 대표적인 사례지요. 이런 부분에 대해 철저한 수사가 필요하고, 다른 한편으로는 이런 정경유착의 고리를 끊는 것이 필요하다고 생각합니다. 재벌개혁, 검찰개혁, 관료개혁, 언론개혁이 다 필요한데, 그 시작은 정치개혁이 되어야 할 것 같고요. 정치가 바뀌지 않으면 개혁을 위한 법률 하나 통과시킬 수 없는 상황이 계속되니까요. 정치개혁이 지금은 핵심이라고 봅니다.

다른 한편 대한민국이라는 국가의 주춧돌인 시민들은 정말 건강하다는 것도 드러났다고 생각합니다. 230만 명이 넘는 사람들이 모여서 촛불을 들고 목소리를 낸다는 것은 그 어떤 나라에서도 찾아볼 수 없는 풍경입니다. 그만큼 '이게 나라냐'라는 분노도 크고, 이제는 제대로 된 민주공화국을 만들어야 한다는 열망도 크다고 봅니다. 이 열망이 또다시 '죽 쒀서 남 주는' 것으로 끝나지 않으려면, 이번에는 시스템 자체를 뜯어고치는 개혁이 반드시 필요합니다. 사람의 교체만으로 끝나서는 '헬조선'으로 표현되는 대한민국의 현실이 크게 나아지기 어렵다고 생각합니다.

지금은 아니지만, 미래에라도 민주공화국이 되려면 지금부터 어떻게 해야 할까요?

대의민주주의를 할 수밖에 없으니까, 대의민주주의를 제대로 하기 위해서는 선거 제도 개혁이 우선되어야 한다고 봅니다. 한국의 선거 제도는 세계 최악 수준으로 평가받고 있습니다. 그래서 중앙선거관리위원회도 2015년 2월에 독일식에 가까운 '연동형 비례대표제'로 선거 제도를 전면 개편하자는 제안을 냈습니다. 보수적인 공무원들이 보기에도 한국의 선거 제도는 엉망이라는 겁니다. 지금까지 민주주의 역사를 돌아보면, 정당이 얻은 득표율에 따라 의석을 배분하는 '연동형 비례대표제'가 상대적으로 좋은 선거 제도라는 것이 증명되고 있습니다.

또한 지금 단계에선 직접민주주의의 경험과 무대를 넓히는 것이 중요하다고 봐요. 시민들이 작은 생활 단위에서 민주주의를 경험해야 합니다. 시민들이 결정에 참여하는 경험을 해야 하는 겁니다. 시민들 스스로 공동체의 가치를 찾아내야 하는 거죠. 누가 제시해주는 것이 아니라요. 지자체에서 참여 예산 제도 등 여러 가지 변화를 위해 노력하는 부분도 있습니다. 아직까진 턱없이 부족하지만 그런 변화의 현장을 보여주는 것도 좋을 것 같습니다.

개헌 얘기할 때 자꾸 권력 구조만 말하는데, 이제는 지금 하고 있는 대통령제에 대해 근본적으로 성찰해볼 필요가 있습니다. 4년 중임제를 주장하는 분도 있지만, 4년 중임제란 8년 독재를 할 수 있다는 것을 뜻할 수도 있습니다. 미국이 4년 중임제를 하고 있지만 큰 탈 없이 하고 있는 것은 그 제도가 좋아서가 아니라 국회 권한이 우리보다 세고 연방제를 하면서 주정부 권한이 강하기 때문이에요. 대통령이 나라를 완전히 바꿀 수 없기 때문에 독재까지는 못 가는 거죠. 우리나라는 좀 달라요. 굉장히 위험합니다.

개헌에 대해 자꾸 중앙에서 힘 있는 사람들끼리 권력을 어떻게 배분할 것이냐만 가지고 이야기하는데 다른 논의를 해봐야 해요. 우리나라는 국민 발안 제도가 없고, 국민투표도 대통령만 발의할 수 있도록 돼 있잖아요. 예를 들면 원전 문제나 통상 정책 문제도, 안전에 관한 문제도 국민들이 참여해서 결정해야 하는데 국민들은 배제돼 있습니다. 영국에서 브렉시트를 국민투표로 결정했는데 우리나라라면 어떻게 했을까요? 저는 시민들의 참여 기회를 여는 것은 반드시 필요하다고 생각합니다. 국회의원이 잘못하면 국민들이 해임시킬 수 있는 국민소환제도 필요하고요.

인터뷰 | 장은교 기자

"공화국 시민이라면
빈부 격차를 부끄럽게
느껴야"

최갑수

서울대 서양사학과 교수

최갑수는 서양 혁명사를 전공한 대표적인 진보 성향의 역사학자다. 안식년을 맞아 제주도에서 연구 중인 그가 잠시 서울에 들른 2016년 8월 10일 서울대 연구실에서 민주공화국을 주제로 인터뷰를 진행했다. 최갑수는 지금 우리가 지키고 보듬어야 할 가치가 무엇인지에 대한 사회적 합의를 이뤄내고 그것을 바탕으로 새로운 민주공화국의 헌법을 써야 한다고 강조했다. 헌법에는 인간의 기본권과 그것을 실현하기 위한 권력 구조 두 가지만 들어가면 된다는 것이 그의 지론이다. 그는 기본권과 관련해 오늘의 현실을 반영하기 위한 치열한 토론이 필요하다고 역설했다.

지금 우리에게는 사회권과
국회의 힘을 강화하는 입헌 혁명이 필요하다

'대한민국은 민주공화국인가'라는 질문에서 시작하려고 합니다.

우리가 61세를 환갑이라고 하지요. 한 사람의 인생만이 아니라 국가에도 그런 사이클이 있다고 봅니다. 60년쯤 되면 한 번 혁신을 해야 하거든요. 사실 우리 사회가 해방이 되고 60년쯤 됐을 때 점검을 했어야 했어요. 그건 일종의 국민적 합의를 모으는 과정인데요, 18세기 유럽의 계몽주의 사상가들이 말했듯이 새로운 사회 계약을 맺는 겁니다. 그리고 그 과정은 결국 정치사회적 의미에서 최고의 가치를 담는 헌법을 고치는 일이 될 수밖에 없습니다.

헌법에는 크게 보면 딱 두 가지 내용이 들어갑니다. 국가의 존재 이유가 뭐냐 하면 결국 인간의 기본권을 지키는 것이거든요. 그래서 헌법에는 인간의 기본적 가치, 즉 기본권이 무엇이냐에 대한 사회적 합의가 반영됩니다. 그리고 그 기본권을 실현하기 위해 권력이 어떻게 구성돼야 하느냐, 즉 권력 구조에 대한 내용이 포함됩니다.

그런데 시대의 변화에 따라 기본권의 내용도 달라집니다. 아시다시피 미국과 유럽은 견해 차이가 있죠. 미국은 지금도 기본권으로 자유권만 인정합니다. 자유권을 우리가 1세대 인권이라고 하는데요, 2세대 인권은 사회권입니다. 3세대 인권으로 가면 소수자 보호 같은 주제가 등장하고요. 이렇게 세대별로 인권의 내용도

달라집니다.

우리나라에서 기본권은 자유권을 기본으로 하면서 사회권은 굉장히 약하게 돼 있습니다. 그래서 우리가 새로운 사회 계약을 맺어 민주공화국의 가치를 살린다고 하면 기본권 중에서도 사회권이 강조돼야 합니다. 대표적으로 복지 강화 같은 내용이 포함되어야 하겠죠. 그다음에 거기 맞춰서 대통령제가 좋은지 내각책임제가 좋은지 권력 구조를 따져봐야 합니다. 그런데 우리 헌법은 이미 국회를 국민적 정당성의 가장 큰 원천이 되는 기구로 규정하고 있습니다. 실제로 헌법 조문에도 국회가 대통령보다 앞에 나옵니다. 그런데 현실에선 대통령이 국회의 힘을 압도하고 있죠. 대한민국이 진정 민주공화국인가를 묻기 위해선 이런 긴장 관계를 잘 따져볼 필요가 있습니다.

헌법이 왜 중요한가요?

저는 혁명사를 전공한 학자다 보니 그쪽으로 예를 들어 설명하겠습니다. 혁명은 그 효과로 볼 때 크게 입헌 혁명과 사회 혁명으로 나뉩니다. 1917년 러시아 혁명이 일어나기 전에는 기본적으로 모든 혁명이 입헌 혁명이었습니다. 입헌 혁명을 한 중요한 나라들을 보면 17세기의 영국, 18세기의 미국과 프랑스가 있죠. 이세 나라는 혁명하고 나서 최강대국이 됐습니다. 그래서 여기에 뒤처진 독일 같은 나라들에서 '야, 이거 나라가 제대로 되려면 헌법이 있어야 되는 거 아니냐' 이런 얘기가 나옵니다. 그 전까지 유럽은 대부분 입헌군주제도 아니고 절대군주제였으니까요. 그래서 헌법을 갖는다는 게 무슨 의미냐, 이런 걸 논의하게 되는 겁니다.

그런데 프랑스 혁명도 군주제를 청산하기 위해 일어난 혁명은 아닙니다. 처음에는 임금님을 모시고 입헌군주제를 하려고 했습니다. 그럼에도 중요한 건 헌법을 만든 거죠. 프랑스가 군주제를 폐지하고 만든 1793년 헌법은 큰 나라들 중에선 최초의 진짜 민주공화국 헌법이라고 할 수 있습니다. 그 후로 19세기 말이 되면 정치적 근대성의 경로가 두 가지로 나뉘는데요, 영국식 입헌군주제 경로와 프랑스식 민주공화국의 경로가 그것입니다. 이 두 가지가 다 우리나라에 영향을 미쳤습니다. 사실 고종은 입헌군주제를 할 생각이 전혀 없었는데요, 우리는 결국, 고종이 죽고 3·1운동의 여파 속에서 대한민국 임시정부가 민주공화국을 선언하게 됩니다. 이건 세계사적으로도 굉장히 중요한 겁니다.

세계로 눈을 돌리면 19세기 후반에 이미 유럽이 전 지구를 석권하게 되는데, 비유럽 가운데 유럽 중심의 세계 질서에서 당당하게 독립 국가를 유지한 거의 유일

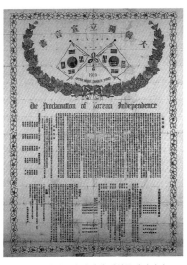

상해 임시정부가 발간한 대한독립선언서.

한 나라가 일본입니다. 일본도 명치유신이라는 입헌 혁명을 했죠. 입헌 혁명이라는 건 기존 국가 권력을 파괴하는 게 아니라 기존의 권력층과 개혁층이 타협을 해서 헌법을 만드는 겁니다. 왜냐? 헌법이 생기면 나라가 강해진다고 생각했거든요. 여기서 흥미로운 게 1차 세계대전 직전까지 유럽의 직접 지배에 떨어지지 않은 나라들은 과거 제국이었던 나라들뿐입니다. 러시아, 이란, 오스만투르크, 중국, 멕시코 이런 나라들이거든요. 그 나라들에서 개혁 세력이 들고일어나서 샤나 차르나 황제나 이런 기존의 권력자들과 함께 헌법 만드는 운동을 합니다. 그걸 입헌 혁명이라고 합니다. 그래서 이 나라들이 일종의 벨트를 형성하게 되죠.

그러다가 1917년 러시아 혁명이 터지고 나서 혁명을 보는 시각이 달라집니다. 이때부턴 사회 혁명입니다. 사회 혁명은 기존의 권력을 타도하고 그 토대 위에서 완전히 새로운 국가를 만드는 겁니다. 그래서 혁명의 전술도 바뀌죠. 그 사회 혁명의 전술은 소련이 해체되는 1991년까지 이어지고요. 이런 혁명사를 재해석해보면, 바로 지금 우리에게 새로운 방식의 입헌 혁명이 필요한 게 아닌가 그런 생각을 하게 됩니다. 기존 정치 질서 내에서 개선을 한다는 점에서 위로부터의 혁명이 필요하다는 것이죠.

개헌에 앞서, 지켜야 할 공통의 권리와
가치에 대한 합의를 이끌어내야 한다

지금 헌법도 그런 혁명적 민주화 과정에서 탄생한 것인데요.

우리 사회가 1987년에 대통령 직선제를 담은 헌법을 새로 만들었는데 그때 충분한 합의를 하지 못했다고 생각합니다. 개헌은 단순히 권력 구조를 바꾸는 게 아닙니다. 그보다 먼저 우리가 지켜야 할 권리와 가치가 뭐냐, 이걸 먼저 치열하게 토론하고 합의를 이뤄내야 합니다. 그리고 거기에 맞춰서 권력 구조를 바꿔나가야 합니다. 물론 당시에는 대통령 직선제에 대한 국민적 열망이 컸고 그것이 가지는 가치가 나름대로 있었죠. 다만 국민이 직접 정치에 참여한다는 것의 호소력이 너무 커서 본질적으로 우리 사회가 어떤 권리와 가치를 보듬을 것인가를 깊게 논의하지 못했습니다. 저는 아직 늦지 않았다고 생각합니다. 최근에도 개헌 논의가 나오고 있는데, 단순히 권력 구조만 논의할 것이 아니라 변화하는 사회 속에서 우리가 어떤 가치를 세우고 그것을 국민의 권리라는 방식으로 어떻게 구체화할지 논의하고 합의를 이끌어내야 합니다. 그런 식으로 위로부터의 입헌 혁명이 필요한 게 아닌가, 이게 요즘 제가 고민하는 주제입니다.

저희의 기획 취지도 그렇게 새로운 사회 계약을 쓰자는 것입니다.

그러려면 국민들이 정치에 참여할 수 있는 기제가 넓어져야 합니다. 청원의 정의도 확대돼야 하고 의회에서의 의원 소환도 훨씬 더 쉽게 이뤄져야 합니다. 물론 이런 바탕에는 우리가 지켜야 할 공통의 가치가 자리 잡아야겠죠. 참여와 소통, 민주주의 같은……또 이것들은 권리와 의무라는 법률적 용어로도 해석이 돼야 합니다. 이런 것들이 헌법에 들어가면 바로 헌법적 가치가 되는 겁니다. 헌법적 가치는 우리 사회가 합의하는 최고의 가치입니다. 개헌 과정에선 이런 원칙과 가치에 대한 논의가 이뤄져야죠. 방식은, 국회가 나서서 위원회 같은 걸 만들어 진행하면 됩니다. 전국적으로 공청회도 열고 포럼도 열고 많은 국민이 자유롭게 참여해 다양한 의견을 나눌 수 있도록 해야 합니다.

제가 72학번인데 제가 대학 다닐 땐 아무도 헌법 책을 보지 않았습니다. 박정희 대통령이 자기를 대통령으로 만든 헌법을 하

1974년 유신헌법에 반대하는 시위를 벌이고 있는 신민당 의원과 당직자들. ⓒ경향신문

루아침에 쓰레기로 만들고 유신헌법이란 걸 만들어 맘대로 독재를 하는데……그런 상황에서는 헌법이 아무것도 아닌 게 되어버리거든요. 헌법적 가치라는 게 아무 의미가 없으니까요. 근데 지금은 다르잖아요. 지금 헌법은……우리 국민들이 1987년 민주화 항쟁을 통해 다시 헌법을 살아 있는 문서로 만들어낸 겁니다. 70여 년 전의 제헌헌법도 제법 잘 만들었습니다. 제헌헌법을 그 정도로 모양 있게 만든 것은 새로운 나라로서 국제적으로 헌법을 보여줄 필요가 있어서 그런 겁니다. 바꿔 말하면, 그 당시의 세계사적 시대정신이 우리 헌법에 반영돼 있는 겁니다. 바로 그런 헌법을 지금 우리가 만들어야 합니다. 우리는 그런 헌법을 한 번도 만들어본 적이 없습니다. 단순히 개헌이 아니라 제2의 제헌에 해당하는, 지금의 시대정신을 담은 그런 헌법을 만들자는 겁니다.

국가는 우리 모두의
공공성의 총합

말씀하신 그런 시대정신과 가치에는 어떤 것들이 포함되어야 할까요?

우리가 인권이나 기본권이란 말을 흔히 쓰지만 간단한 개념이 아닙니다. 1948년 UN에서 세계인권선언을 채택하는데 그때 인권의 핵심 내용을 놓고 자본주의 세력과 사회주의 세력 간에 견해가 엇갈렸습니다. 미국을 위시한 자본주의 세력은 자유권을 강조했는데, 이들은 자유를 '강제의 부재'로 해석합니다. 소극적 자유라고도 하죠. 재밌는 건, 자본주의에선 자유권에 소유권을 집어넣습니다. 이걸 당연하게 생각할 수도 있지만 사실 굉장한 논쟁거리인데요, 소유권이 절대화되면 평등을 저해하기 때문입니다.

사회주의는 소유권을 상대화하자는 건데 이게 바로 사회권입니다. 사회권은 예를 들어 모든 사람에게 노동의 권리를 인정하는 겁니다. 만약 일자리 제공이 안 되면 당연히 실업 수당이 제공돼야겠죠. 이걸 2세대 인권이라고도 합니다. 아시다시피 국제인권규약은 A와 B 두 가지가 있는데 전자가 사회권에 관한 것이고 후자는 자유권에 관한 것입니다. 미국은 아직도 A 회원국이 아니고, 우리나라는 A에 들어가긴 했지만 유보 단서를 달았습니다. 우리는 아직 제대로 된 사회권을 인정하지 않는 나라인 겁니다. 이것도 뜨거운 쟁점이 될 수 있겠죠.

3세대 인권은 환경권이 대표적입니다. 4세대 인권은 인간의 유적 정체성을 유지하는 문제를 다룹니다. 유전자 조작 문제가 대표적이고요. 최근 화제가 된 인공지능AI도 여기에 관련된 문제입니다. 이런 가치관에 관한 문제들은 곧 우리 생활 곳곳에 영향을 미치게 됩니다. 나중에 헌법재판소나 대법원의 판례도 줄줄이 바뀔 수 있습니다. 이런 부분들까지 논의가 돼야 합니다.

물론 이런 논의를 모두가 처음부터 같이 할 수는 없고, 전문가 집단이 쟁점을 정리하면 국민들이 결정을 해야 합니다. 이 결정을 사법 기관이 하게 해서는 안 됩니다. 국회가 결정한 걸 어떻게 헌법재판소가 뒤집습니까? 국회는 국민의 신임을 받은 대의 기관이지만 헌재는 그렇지 않잖아요. 헌재가 그런 식으로 작동하면 정치의 사법화가 됩니다. 해서, 전문가 집단이 치밀한 논의를 거쳐 보고서를 내면 인간이 어떤 존재이고 어떤 가치가 존중받아야 하는지를 새롭게 규정하고 결정해야 합니다.

그리고 거기에 맞춰서 어떤 권력 구조가 적절한가를 따져 결정하면 됩니다. 이건 국회가 논의를 주도해서 4년 정도면 충분히 가능하다고 봅니다. 물론 논쟁의 여지가 많은 주제들이고 상당 부분 타협이 필요할 겁니다. 한국의 보수 세력들은 지금 자유권조차 제대로 반영을 못하는 것이 현실이니까요. 만약 헌법을 만드는 게 힘이 든다면, 그 유명한 프랑스 인권선언처럼 추상적이더라도 어떤 원칙 정도는 만들 수 있다고 봅니다. 프랑스 인권선언은 헌법의 전문前文인데, 정식 명칭이 '인간과 시민의 권리에 관한 선언'입니다. 그런 형태로 새로운 기본권과 권력 구조에 대한 내용을 담는 것도 가능하다고 봅니다.

가장 중요한 것은 국가의 존재 이유가 기본권을 보장하는 데 있다는 것을 명확히 하는 것입니다. 대통령은 국가가 아닙니다. 대통령과 행정부는 그 시점의 국가를 대표할 뿐입니다. 국가는 엄밀히 말하면 우리 모두의 공공성의 총합입니다. 이게 국가입니다. 그래서 결국 우리가 바로 국가인 겁니다. 군림하는 대통령한테는, 우리가 국가고 너는 우리의 대리인이고 하수인일 뿐이라고 말해 줘야 합니다. 옛날식으로 표현하면 우리 스스로가 나라님이라는 것, 이게 민주공화국의 핵심 원리가 돼야 합니다.

국민의 생명과 안전을 지키기 위해 국가가 존재하는 것

대한민국이 민주공화국이 아님을 보여주는 최근의 사건을 꼽는다면 어떤 게 있을까요?

저는 외교에서 많이 느낍니다. 외국에 나가보면 거기 있는 우리나라 대사관이 자국민을 보호하지 않습니다. 최근에 프랑스 니스 테러 때도 그래서 한바탕 문제가 됐죠. 파리 외곽에 '시테 앵테르나시오날'이란 게 있습니다. 영어로 인터내셔널 시티, 국제도시란 뜻인데 실제 도시는 아니고 대학교 기숙사입니다. 프랑스는 대학이 다 국가 소유니까 학생들 기숙사를 파리 근교에 한데 모아놓은 겁니다. 그 안에는 국제적 친선을 도모하는 차원에서 유학생 출신국을 고려해 미국관, 영국관, 독일관……이렇게 꾸며놓고 절반씩은 타국 학생들이 섞여서 지내게 돼 있고, 도서관은 24시간 돌아가는 그런 근사한 체제입니다. 1980년대 초반에 삼성이 돈을 대서 여기에 한국관을 짓기로 했는데 정부에서 막았습니다. 왜냐? 학생들이 모여서 데모할까 봐 그랬습니다. 이런 게 단적으로 보여주는 겁니다. 당시 외교관들은 외국 나가면 교민 감시하는 역할을 했습니다. 그런 행태가 아직도 안 바뀌고 그대롭니다. 우리가 민주공화국이 아니라는 거는 외국에 나가보면 바로 알 수 있습니다. 외교관의 가장 중요한 업무가 자국민 보호인데 제대로 안 하는 거죠. 오히려 짜증을 부리고 고압적으로 나오는 행태가 요즘도 그대로지 않습니까?

제가 인권선언 분석을 한 적이 있습니다. 인권선언은 공식 문건만 4개인데 그중 기본권에 관한 20~30개 조항에서 빠지지 않고 등장하는 게 자유와 안전, 그리고 소유권입니다. 이건 인간의 기본권이 무엇이냐에 대한 그 당시의 사회적 합의를 그대로 보여주는 겁니다. 프랑스 대혁명부터 모든 혁명의 인권선언에는 전부 안전에 대한 내용이 들어가 있습니다. 국민의 생명과 안전을 지키기 위해 나라가 있고 국가가 존재하는 겁니다. 안전은 개인이 책임질 문제가 아닙니다. 그렇게 보면 세월호 참사도 그렇고 가습기 살균제 문제도 그렇고 우리는 국가가 완전히 임무를 방기하고 있는 거죠. 그러니까 묻게 되는 겁니다. 우리 헌법을 보면 국민의 권리와 의무가 죽 나열돼 있습니다. 인간의 존엄과 평등과 자유……그런데 우리 사회에 양심의 자유가 진짜 있습니까? 양심에 따른 병역 거부가 여전히 처벌받고 대체 복무가 안 되고 있잖아요. 문제가 심각합니다. 헌법 조문에는 들어가 있어도 실제 지켜지지 않는 게 태반이고 또 헌법적 권리가 실현되게끔 권력 구조가 되어 있지 않은 경우도 많습니다.

그러니까 이런 논의를 할수록 결국 새로운 사회 계약에 대한 논의로 갈 수밖에 없습니다. 우리가 보듬어야 할 중요한 가치

와 덕목이 무엇인지에 대한 합
의를 만들어야 합니다. 그리고
그 중요한 정치적 덕목의 총
체가 사실은 민주주의가 되는
겁니다. 예전처럼 왕권신수설
이라든가 귀족의 피는 다르다
든가 이건 아니잖아요. 인민의
의지 외에는 권력의 정당성을
구할 수가 없는 겁니다. 이런
경우 국가가 곧 민주주의고 공
화국이 되는 겁니다. 다른 게
될 수가 없습니다.

유죄 판결이 내려지기 전 법정에서 재판관들을
기다리는 양심적 병역 거부자들. ⓒ경향신문

　　물론 실제로 우리 시스템이 그렇게 돼 있나 하면 그건 별개
의 문제겠지요. 아니라면 그렇게 갈 수 있도록 국민적 합의를 만들
어내는 과정을 의식적으로 준비해야 합니다. 그 작업은 국회의 몫
입니다. 국회가 주도해서, 정당만이 아니라 시민 단체들까지 다 모
여서 연석회의 형태로 논의를 이어가야 합니다. 다 같이 하는 게
힘들면 대표자 뽑아서 전문위원 지정하고 문건 만들고 토론하고
합의 만들어내고……그 토대 위에서 권력 구조를 어떻게 가져갈
건가 고민해야 합니다. 다음 대선에서도 대권 주자들이 이걸 공약
으로 내걸고 치열하게 토론해야 합니다. 그래서 자기 임기 안에 국
민의 뜻을 모아 제2의 제헌에 준하는 새로운 형태의 헌법을 만들

겠다는 각오로, 정부 재조직이 아니라 국가 재조직을 해야 합니다.

이명박·박근혜 정부를 거치며 민주주의와 공화주의가 더 무너졌다는 지적이 있습니다.

동의합니다. 헌법이 바뀐 건 아니지만 그 정신은 엄청 후퇴했다고 봅니다. 특히 이번 정부는 전임 이명박 정부보다 더한 것 같습니다. 분명히 민주공화국의 대통령인데 지금 하는 것을 보면 꼭 군주제 같습니다. 대통령 자신이 민주공화국이 뭔지를 모르는 사람 같고……총선에 그렇게 참패하고도 정신을 못 차리고 일방통행 하는 게 이해가 안 갑니다. 권력의 속성이 원래 그런 것인가 싶기도 하고요.

국가는 공공재고 우리 모두의 것이다, 이것이 공화국의 핵심

공화국이 뭔지 쉽게 와 닿지 않는다는 사람들도 많습니다.

공화국의 핵심은 국가가 공공재고 우리 모두의 것이라는 겁니다. 그래서 공화국의 시민이라면 나만 혼자 너무 부자로 잘살면 부담을 느끼고 심지어 부끄러워해야 합니다. 공화주의 원리에 따르면 그렇습니다. 소수만 너무 잘살면 공화국의 수치가 되는 겁니다. 이게 핵심입니다.

프랑스 혁명 당시 산악파의 인권선언을 보면 노동과 인격을 언급하는 내용이 나옵니다. 이게 자본주의와 민주주의라는 근대 세계의 지배 원리를 밝힌 것인데, 요약하면 먹고살기 위해 한쪽은 고용하고 한쪽은 노동력을 파는 것이 당연해도 자신의 인격까지 팔 수는 없다는 그런 내용입니다. 대신, 그러려면 빈부의 격차가 커서는 안 됩니다. 실제로 당시 프랑스는 빈부 격차가 그렇게 크지 않았습니다. 그게 루소가 꿈꿨던 이상 사회의 모습이고 민주공화국의 정신이죠. 이것이 유지되려면 자기 몸의 주인은 자신이 돼서 필요에 따라 노동력을 팔 수 있고 그러면서도 남의 머슴은 되지 않아야 합니다. 사적인 영역에선 자본주의, 공적인 영역에선 민주주의 원리가 지배하는 거죠. 그런데 생각해보세요. 누가 연봉으로 5,000만 원을 준다고 하면 내 노동력을 팔아 돈을 버는 계약 관계라고 생각하겠지만, 10억 원을 주고 100억 원을 준다면 어떨까요? 그때도 과연 자신의 노동력과 시간만 파는 거라고 생각할까요? 나 자신이 돈을 주는 사람의 것이라고 생각하게 되지 않을까요? 실제로 요즘 재벌들이 '너희는 다 내 머슴들 아니야' 이렇게 나오잖아요. 그래서 민주공화국이 건강하게 돌아가기 위해선 빈부 격차를 줄이는 게 가장 중요합니다. 또 그러기 위해선 사회권이 적극적으로 보장돼야 합니다.

인터뷰 | 김형규 기자

붕괴된 공동체,
'각자도생'의 시대

이주영 · 장은교 · 김형규 · 박광연 · 최민지 기자

비정규직인 나와 부자인 그에게
나라는 공평하지 않다…
'가진 자'만을 떠받드는 국가

값싼 노동력에 의지한 압축 성장과 외환위기

1993년 세계은행은 "동아시아의 기적"이라는 제목의 보고서를 내, 시장주의 경제로서 대단한 성공을 거둔 한국 경제에 찬사를 보냈다. 고도성장과 상대적으로 평등한 소득 분배를 동시에 이룬 국가라고 세계은행은 한국을 평가했다. 박정희 정부 시절 경제 성장률은 연 10퍼센트에 육박했다. 전두환-노태우-김영삼 정부 때에도 매년 7~8퍼센트대의 성장세를 유지했다. 전쟁 후 불모지나 다름없던 한국에서 자원도, 기술도 없이 출발한 산업화는 오로지 노동력에 기댔다. 경제가 성장하자 국민소득도 늘어났다. 1961년에 100달러도 안 됐던 1인당 국민소득은 50여 년간 300배 이상 불어났다. 높은 성장률은 고용 증가와 임금 상승의 원동력이 됐다. 특별한 분배 정책이 없어도 초스피드 성장 자체가 어느 정도의 분배를 보장해줬다.

"엄청나게 밀려오는 수출 물량을 감당하기 위해서는 세계 최장의 노동 시간과 3교대도 모자라 부근의 공장 노동자까지 웃돈을 주고 데려올 판이었다. 수출이 한창 고조에 오르던 1970년대에는 조금이라도 공장 경험이 있는 사람은 턱없이 모자랐고, 고향에서 친구들을 데려오도록 추석 귀향길에 버스를 대절하고 격려금까지 주어서 보냈다. 세계 시장에서 경쟁자보다 비할 수 없이 싼 임금은 와이셔츠 한 장을 1달러에 팔아도 높은 수익률을 보장했고, 이 가운데 몇 퍼센트의 임금 상승 압력은 자본 축적에 관건이 되지 못할 정도였다. 소위 '낙수 효과'가 있었다면 이런 시기에 해당할 것이다."(장하성 고려대 교수의《왜 분노해야 하는가》중)

하지만 압축 성장에 대한 경고음이 나온 것은 '동아시아의 기적'이라고 평가받던 바로 이 무렵이다. 노벨 경제학상 수상자인 폴 크루그먼 미국 뉴욕시립대 교수는 1994년 "아시아 국가의 경제 성장은 기술 진보 없이 값싼 노동력과 정부 주도의 자본 투입으로만 이뤄졌기 때문에 한계가 분명하며 조만간 위기를 맞을 수 있다"고 분석했다. 3년 뒤 한국은 외환위기를 맞았다.

노인 빈곤

폭염이 한창이던 2016년 8월, 대전에서 하루 새에 홀로 사는 노인 세 명이 잇따라 숨진 채 발견됐다. 시신은 하나같이 심각하게 부패되거나 잘 먹지 못해 마른 상태였다. 두 달 전 강원도에선 아내가 숨지자 거동을 못하는 70대 남편이 아사 직전에 구조되는 일이 벌어졌다.

한국에서 특권층·중산층이 아니라면 노인으로 산다는 건 징벌에 가깝다. 2015년에 무연고 노인 사망자가 1,245명이었다. 한국은 OECD(경제협력개발기구) 국가 중 노인 자살과 노인 빈곤율 모두 1위이다. 한국의 노인 빈곤율은 49.6퍼센트(2013년 기준)로, 노인 절반이 빈곤의 나락에 떨어져 있다.

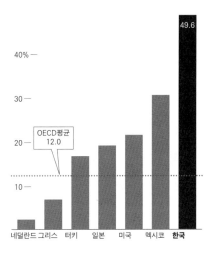

OECD 국가들의 상대적 노인 빈곤율(자료 : OECD)

높은 노인 빈곤율은 낮은 수준의 공적 연금과 관련이 깊다. OECD 국가의 노인 가구는 평균적으로 소득의 59퍼센트를 공적 연금에서 얻는다. 한국 노인의 소득 대비 공적 연금 비중은 16.3퍼 센트다. 공적 연금만 받아선 생활이 안 되니 고령자도 일을 놓을 수 없다. 한국 노인의 경제 활동 참가율은 31.4퍼센트(2013년 기준) 로, OECD에서 두 번째로 높다.

양극화, 민주공화국의 위기

1990년대 말의 외환위기는 고도성장이 빚어낸 샴페인 잔을 일거 에 깨뜨렸다. 외형적 확장 외에는 거의 아무런 제도적 정비 없이 달려온 고속 성장의 민낯은 거칠었다. 성장률은 절반 이하로 떨어졌고 임금 상승률도 급락했다. 성장률 하락은 분배 악화로 이어졌다. 노동 시장도 분절됐다. 1980년대 후반까지는 중소기업에 다니다 대기업으로 옮기는 것도, 돈 모아 집을 사는 것도 제법 가능했다. 그러나 외환위기 이후 이런 일은 힘들어졌고 소득 격차가 벌어져 양극화가 심화됐다. 중산층은 와해됐다. 모든 것을 시장에 맡기고 정부가 뒤로 물러선 신자유주의가 초래한 결과다. 민주공화국의 위기는 양극화에서 시작됐다.

"우리는 속도에 익숙하다. 50년 전에 비해 GDP(국내총생산)가 300배 성장했다. 인류 역사상 이런 경험을 한 세대가 거의 없을 것이다. 빠른 성장은 거품을 갖고 있다. 한국인의 자산은 대부분 부동산이다. 이 때문에 거품이 꺼지길 원치 않는다. 정책과 제도가 공동의 문제를 같이 풀기보다는 각자 자기 살 길 찾기를 권장한다."(장덕진 서울대 교수)

"김대중·노무현 정부가 정치적 측면에서는 민주공화국의 틀을 만드는 데 기여했지만 사회·경제적 측면에서는 계층 분화나 양극화가 심화됐다. 특히 외환위기 이후 신자유주의로 가면서 계층 이동이 굉장히 어려워졌고 이미 기득권을 가진 사람들은 강하게 굳힐 기회가 됐다. 우리는 신분제 사회로 가고 있다."(박찬승 한양대 교수)

청년 실업

정부는 청년 일자리 예산으로 매년 2조 원 이상을 쏟아붓지만 청년 실업률은 역대 최고치를 갈아치우기 바쁘다. 통계청에 따르면 2016년 9월 청년 실업률은 9.4퍼센트를 기록했다. 9월 기준으로 사상 최고치다. 통계에 잡히지 않는 잠재적 실업자를 고려하면 체감 실업률은 2~3배 더 높다. 장관, 국회의원, 법조인 자녀들이 '부모 스펙'을 이용해 취업 특혜를 받았다는 소식은 청년들을 절망케 한다.

"헬조선이라는 말과 수저계급론이 등장한 것은 우리로 하여금 한국이 민주공화국인가 하는 질문을 던지게 한 사회 현상이다. 나라의 미래를 담당해야 할 젊은이들이 사회를 지옥이라고 규정지은 것이다. 현대 사회를 살아가고 있음에도 전근대적인 신분주의가 깊게 뿌리내렸다는 현실 인식은 민주공화국의 가치를 근본적으로 돌아보게 하는 현상이다."(김호기 연세대 교수)

심화되는 소득 불평등

불평등을 보여주는 통계는 차고 넘친다. 김낙년 동국대 교수의 〈한국의 개인소득 분포 : 소득세 자료에 의한 접근〉이라는 논문을 보면 2010년 20세 이상 성인 인구 3,797만 명 중 상위 10퍼센트(10분위)가 전체 소득의 48.05퍼센트를 가져갔다. 이들의 평균 소득은 8,085만 1,000원으로, 전체 소득자의 평균 소득(1,682만 5,000원)보다 4.81배 많다. 하위 70퍼센트(1~7분위)가 갖는 소득은 전체 소득의 18.87퍼센트다. 이들이 버는 돈을 다 합쳐도 상위 10퍼센트가 버는 돈의 절반도 안 된다.

소득이 한쪽으로 쏠리는 속도도 빠르다. 국회 입법조사처 분석에 따르면 한국의 상위 10퍼센트 소득 집중도는 44.9퍼센트(2012년 기준)로 OECD 회원국 중 미국(47.8퍼센트) 다음으로 높다. 1995~2012년 소득 집중도 상승폭도 15.7퍼센트포인트에 달해 비교 대상 국가 중 가장 높다. 이 속도라면 2020년쯤 한국은 미국을 제치고 OECD에서 소득이 가장 불평등한 나라가 될 수 있다. 상용 노동자 중 저임금 노동자(중위 임금 소득의 3분의 2 미만을 받는 노동자)의 비율도 한국은 OECD 회원국 가운데 미국 다음으로 높다.

고통 받는 비정규직

비정규직은 정규직과 비슷한 일을 하면서도 보수는 절반밖에 받지 못한다. 삭발식을 치르고서야 언론의 조명을 받은 김포공항 청소 노동자들은 30년간 일해도 시간당 6,030원밖에 받지 못했다. 그뿐 아니라 낙하산 인사로 내려온 이들에게 갖은 횡포와 성추행을 당했다. 비정규직이라서, 하청 업체 직원이라서 겪은 차별이자 모욕이다. 뇌병변 2급 장애를 앓는 여덟 살 아들을 맡길 데가 없어 화물차에 태우고 다니며 키우다 교통사고로 함께 숨진 일용직 노동자의 소식은 민주공화국에 사는 가난한 자의 삶과 죽음을 비극적으로 보여준다. 사고 차량에서는 어린이용 카 시트도 발견되지 않았다.

"비정규직에 대한 사회적 이해가 너무 없다. 아무리 얘기를 해도 (해결책 없이 그대로) 메아리가 되어 돌아오는 것 같아 기운이 빠진다. 일을 하면 금전적으로 돌아오는 게 있어야 하는데 그렇지 않으니 점점 의욕이 사라지는 것 같다. 내년 계약에 대한 두려움이 벌써부터 밀려온다."(비정규직 방과후 교사 정모 씨)

《민주공화국 대한민국의 탄생》을 쓴 역사 교사 김육훈 씨는 "외환위기를 수습하는 과정에서 노동자들을 대거 계약직으로 채용할 수 있도록 시스템을 바꾼 것은 국가가 해서는 안 되는 일이었다"며 "국가는 국민 모두의 안전과 자유와 행복을 위해 존재하는 것인데, 그때의 조치들은 국가가 견지해야 할 공공성을 크게 무너뜨렸다"고 말했다.

저임금을 줄이고 노동자 처우를 개선하려고 도입한 최저임금제는 제대로 작동하지 않는다. 2017년도의 법정 최저임금은 시간당 6,470원으로 2016년보다 440원(7.3퍼센트) 인상됐다. 한 달 임금으로 환산하면 135만 2,230원. 1인 가구의 월평균 생계비(167만 3,803원)에도 못 미친다. 이마저도 잘 지켜지지 않는다. 한국에서 최저임금도 못 받는 근로자 비율은 11.8퍼센트(2013년 기준)다. OECD 26개국 중 세 번째로 높다.

노동의 가치가 땅값보다 못해

서울 강남구 신사역 인근의 ㄱ감자탕집은 24시간 영업을 한다. 80석 식당의 한 달 매출은 평균 1,700만 원 정도 되지만 월세 440만 원(보증금 5,000만 원)에 인건비 등을 제하면 주인 부부 손에 쥐어지는 돈은 월 300만~400만 원 남짓이다. 주인 ㄴ씨의 얘기다. "강남이라 다른 동네보다 임대료가 높다. 월세 내고 인건비 주면 수입이 안 나오니 손님 한 명이라도 더 받으려고 24시간 한다. 새벽 시간대 손님이 많을 때는 5~6팀, 적을 때에는 1~2팀이다. 안 하는 것보다는 나으니까." 지난 추석 대기업 계열 대형 마트들은 '추석 당일 정상 영업'을 했다. 명절 당일 영업하는 게 '정상'인 나라, 새벽에도 식당 문을 못 닫는 나라. 노동의 가치가 땅값보다도 못해 벌어지는 일이다.

땀 흘려 노력해도 부의 축적이나 계층 이동이 어려워진 시대엔 부동산 투자가 모든 사람의 로망이 됐다. KB금융연구소의 〈부자 보고서〉에 따르면 2015년 금융 자산 10억 원 이상을 보유한 '큰손'들의 재산 절반(52.4퍼센트)은 부동산이었다. 은퇴를 앞둔 중장년층이 주로 찾았던 부동산 경매 학원은 20대 대학생, 30대 직장인들로 붐빈다. 초등학생들에게 장래 희망을 물으면 '건물주'라는 답이 나온다.

'조물주 위에 건물주'라는 말이 풍자하듯이 세입자들의 입지는 취약하다. 저금리가 장기화되면서 집주인들이 전세를 월세로 전환하는 건 대세가 됐다. 노무현 정부 때 1.66퍼센트였던 전셋값 상승률은 박근혜 정부 들어 18.16퍼센트로 10배 이상 높아졌다. 전세 비율은 1995년 29.7퍼센트에서 2014년 19.6퍼센트로 내려간 반면, 월세 비율은 같은 기간 11.9퍼센트에서 21.8퍼센트로 높아졌다. 이는 정부가 정책적으로 의도한 방향이다. '최경환 경제팀'은 2014년 8월 부동산 대출 규제를 대폭 풀었고, 한국은행도 기준

금리를 내리며 손발을 맞췄다. 업자들도 "전세는 세계적으로 희귀한 제도"라며 전세 씨 말리기에 힘을 보탰다. 이들에게 매달 임대료 대느라 허덕이는 서민들은 안중에 없었다.

임대 소득은 대표적인 불로 소득이다. 그런데 이에 대한 세금을 제대로 걷지 않는다. 현행법상 모든 주택 임대 소득은 원칙적으로 과세 대상이지만 예외 조항이 너무 많다. 1주택 소유자는 주택 기준 시가가 9억 원을 넘지 않으면 아무리 월세를 많이 받아도 과세 대상이 아니다. 연간 2,000만 원까지의 주택 임대 소득에 대한 과세는 정부가 비과세 특례 기한을 2년 더 연장하면서 내년에도 물 건너갔다. 전세 임대인의 경우 3주택 이상 소유자이고 전세 보증금 총액이 3억 원 이상인 경우에만 과세 대상이 된다. 미국·일본 등에서 주택 수나 가격에 상관없이 임대로 발생한 소득에 모두 과세하는 것과는 대조적이다. 정부는 매년 세법 개정안을 발표하면서도, 이 같은 불균형을 시정하는 데에는 손을 놓고 있다.

"세계에서 제일 비싼 부동산은 그 자체로 부의 불평등 문제와 더불어 높은 자본 소득(낮은 노동 소득)의 문제를 제기한다. 높은 부동산 가격은 두고두고 한국 경제의 발목을 잡는 족쇄가 될 것이다. 그리고 소득 불평등을 더욱 압박할 것이다."(이정우 경북대 교수)

친재벌 정책

경제 활동으로 만들어낸 국가 소득은 가계, 기업, 정부에 분배된다. 1997년 외환위기 전까지는 가계와 기업에 분배된 소득 비중에

서울 도심 속 대표적 달동네인 종로구 창신동에서 2016년 10월 14일 오후에 한 주민이 옥상에서 키우는 채소에 물을 주러 가고 있다. 뒤쪽엔 고층 아파트촌이 자리하고 있다. ⓒ경향신문

큰 변화가 없었다. 그러나 외환위기를 기점으로 가계 소득의 몫이 지속적으로 줄어든다. 한국은행 통계를 보면 1990년부터 2014년 까지 국민소득 중 가계 소득 비율은 70.1퍼센트에서 61.9퍼센트로 8.2퍼센트포인트 감소한다. 이 기간 기업 소득의 비율은 17.0퍼센트에서 25.1퍼센트로 8.1퍼센트포인트 증가했다. 임금·이자·배당과 같이 가계 소득으로 분배돼야 할 몫이 줄어들고 기업 몫이 늘어났다는 의미다.

'7·4·7' 공약(성장률 7퍼센트, 국민소득 4만 달러, 7대 경제 강국)을 내걸고 집권한 이명박 정부는 대기업 주도 성장의 과실이 국민 전체로 확산된다는 '낙수 효과'를 믿었다. 이명박 정부는 법인세 최고 세율을 25퍼센트에서 22퍼센트로 낮추고, 노무현 정부 때 도입

한 종합부동산세도 부과 기준을 올리고 세율을 낮춰 사실상 무력화했다. 기업과 자산가들에 대한 감세 조치였다.

선거 때 재벌 개혁과 양극화 해소를 강조한 정치 세력들은 집권 후 친재벌로 돌아섰다. 대통령마다 대기업 총수들을 청와대로 불러 밥을 먹으며 투자와 고용을 당부하는 장면은 익숙하다. 경제 민주화와 복지 국가 공약을 내걸고 당선된 박근혜 대통령 역시 "규제는 암 덩어리"라며 규제 완화를 통한 경제 활성화를 강조했다. 기업 이윤은 국가의 유일무이한 목적이 됐다.

"예전에는 행정부나 사법부가 정치권력의 눈치를 보는 게 문제였다면 지금은 국가 권력이 자본의 영향에 좌지우지된다. 자본의 힘을 견제할 수 있는 것이 정치인데 정치가 제대로 작동하지 않고 있다."(하승수 변호사)

대통령 사면권은 법원 판결을 없던 일로 해버리는 예외적 권한이다. 역대 정부는 때마다 재벌 총수들을 풀어줬다. 명분은 민생·경제 살리기였다. 효과는 없었다. 투자나 고용을 늘리더라도 반짝 이벤트에 그쳤다. 이명박 전 대통령은 2009년 12월 이건희 삼성전자 회장 한 명을 위한 '원 포인트' 특사도 단행했다. 이 회장이 국제올림픽위원회 위원을 맡고 있는 만큼 평창 동계올림픽 유치를 위해서는 불가피한 조치라는 이유에서였다. 당시 법무장관은 "국익을 최우선으로 고려하자"고 말했다.

낙수 효과는 실종됐지만 친재벌 정책은 그대로다. 롯데가 김영삼 정부 때부터 추진한 제2롯데월드 신축은 군 항공기 안전 문제로 장기간 표류했으나 이명박 정부는 공항의 활주로 각도를 변경하고 롯데가 비용을 부담하는 조건으로 허가를 내줬다. 복지 재정 확충을 위해 증세가 필요하다는 지적이 끊이지 않지만 정부는 '증세 불가' 도그마에 갇혀 있다. 기업들은 수백조 원의 유보금을 쌓아두고도 투자나 임금 인상에는 인색하다.

경제력 집중은 심화된다. 경제개혁연구소에 따르면 삼성·현대차·SK·LG 4대 재벌에 속한 기업 24곳이 생산한 부가가치는 2011년 94조 1,000억 원에서 2013년 119조 원으로 늘었다. 삼성그룹 소속 9개사는 2013년 총 62조 8,000억 원의 부가가치를 생산해 50대 기업이 생산한 부가가치의 37.1퍼센트를 차지했다. 범4대 그룹의 GDP 대비 자산 비중은 2000년 45.8퍼센트에서 2012년 말 69.7퍼센트로 약 1.5배 늘었다. 매출액 상위 10대 기업이 각국 GDP에서 차지하는 비중은 미국 15.1퍼센트, 일본 22퍼센트, 프랑스 29.4퍼센트, 독일 30.1퍼센트이지만 한국은 47.1퍼센트에 이른다.

'재산 관리 국가'로의 전락

노동자나 소비자가 희생양이 된 사건에서 개입·조정 책임을 진 정부는 방관자로 전락했다. 정부는 생명이 걸린 문제도 외면할 때가 많았다. 2007년 3월 삼성전자 반도체 부문 기흥 공장에서 2년간 일하던 황유미 씨가 급성백혈병으로 스물셋 나이에 세상을 떠났다. 그해 11월 '반도체 노동자의 건강과 인권 지킴이'(반올림)가 결성됐다. 여기에 제보된 반도체 직업병 피해자는 223명, 사망자는

76명에 달한다. 하지만 정부와 사법부가 난치병과 삼성반도체 근무 사이의 인과 관계를 인정해 업무상 재해로 판단한 것은 14명의 사례에 불과하다. 유미 씨의 아버지 황상기 씨가 그해 6월 근로복지공단에 산재 신청을 한 뒤 백혈병이 직업병이었음을 인정받기까지 7년 3개월이 걸렸다. 정부 집계로도 사망자가 100명이 넘고 피해자가 수천 명에 이르는 가습기 살균제 참사는 위해성이 명백해질 때까지 제조·유통 업체에 대한 제재나 피해자 구제가 이뤄지지 않았다.

"분명한 가해자가 존재함에도 책임을 지지 않는다. 정부는 국민들이 마지막으로 기댈 수 있는 곳인데, 삼성 백혈병 사태처럼 국가는 명백히 드러난 산재도 인정하지 않는다. 기댈 곳이 없다. 삼성반도체 화학 물질을 공개하라고 정보 공개 청구를 해도 정부는 기업의 영업 비밀이라며 공개하지 않는다. 노동자들에게는 절망적인 법과 정부다. 노동자들에게 대한민국이 민주공화국이라고 하는 건 정말 몹쓸 얘기다."(이종란 노무사)

유엔 인권위원회는 2016년 9월 정기 회의에서 채택한 〈유해 물질 및 폐기물 처리 관련 유엔 인권 특별보고관의 한국 방문 보고서〉에서 "산재보험 체계와는 별도로, 피해를 구제받아야 할 노동자·피해자들의 권리를 존중하고 보호해야 할 1차적 책임 주체인 정부가 수행한 대책의 수준이 놀랄 만큼 낮다"며 "산재 보상 청구인에게 부과된 과도한 입증 책임 때문에 보상을 받기 어려워지는 점을 우려한다"고 적었다.

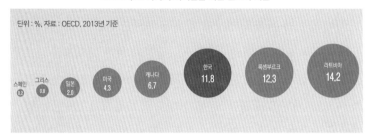

OECD 주요 국가의 최저임금 미만 근로자 비율

단위 : %, 자료 : OECD, 2013년 기준

스페인 0.2 그리스 0.8 일본 2.0 미국 4.3 캐나다 6.7 한국 11.8 룩셈부르크 12.3 라트비아 14.2

"공공성의 표상이자 골간인 국가까지 시장화돼서 국가가 '재산 관리 국가'로 전락했다. 국가가 형평이나 공공성, 자유, 시민 권리를 보호하는 것이 아니라 더 많은 재산을 가진 사람의 권리를 보장하는 데만 집중하고 있다."(박명림 연세대 교수)

신 계급 사회

헌법 제1조는 대한민국이 민주공화국임을 명시한다. 고대 로마처럼 신분제를 바탕으로 하는 귀족공화국도, 중국처럼 권력이 내각이나 당에 집중된 '인민공화국'도 아니다. 민주공화국은 삼권 분립과 인권과 평등이 보장되는 나라다. 조선 왕조 500년, 식민 통치 35년이 끝난 뒤 들어선 '민주공화국'의 시민들은 마침내 공공 가치를 공유하고 균등한 권리를 누리며 자신들이 주체가 되는 사회가 이루어질 거라고 믿었다.

2016년 대한민국은 다시 봉건 사회다. 학벌, 재산, 직업에 따라 지배하는 자와 지배받는 자가 구분된다. 교육부 고위 관료는 "구의역에서 죽은 아이가 어떻게 내 아이처럼 생각되나. 그렇게 말하는 건 위선"이라고, 계급과 신분을 구분 짓는 엘리트층의 의식 체계를 가감 없이 드러냈다.

"자기 자식은 이미 평등의 고원 위로 올라가 있다는 거다. 구의역 노동자의 죽음에 감정이입을 할 필요 없다고 생각하는 것은 그 아이(구의역 노동자)는 평등의 고원에 올라온 애가 아니라는 거다. 그들이 받는 부당한 대우를 부정의라고 생각하는 게 아니라 불행하거나 능력이 없어서라고 생각하는 것이다."(이택광 경희대 교수)

20대 국회의원 300명 중 139명(46.3퍼센트)은 교수·법조인·관료 출신이다. 81명(27퍼센트)이 서울대를 나왔고, 141명(47퍼센트)이 '스카이'(서울대·고려대·연세대) 출신이다. 이른바 명문대를 나오고 사회 주류로 살아온 사람들이다. 국회에서는 몇 년 전까지만 해도 소수자를 대변했던 농민, 환경미화원 출신이 자취를 감췄다. 20대 국회 신규 재산 등록 의원(154명)의 재산은 평균 34억 2,200여만 원이고, 이들 4명 중 1명은 재산이 20억 원이 넘는다.

퇴직한 '전관'들에게 노후 걱정은 딴 세상 일이다. 최근 5년간 공정위에서 4급 이상 고위직을 지내다 퇴직한 뒤 재취업한 사람 가운데 85퍼센트가 대기업이나 로펌행을 택했다(더불어민주당 김해영 의원). 검사장 출신 홍만표 변호사는 공직에서 쌓은 다양한 특별 수사 노하우를 '거물들' 변호에 재활용하며 연간 100억 원 가까운 소득을 거뒀다. 대기업이나 로펌이 고액 연봉을 주고 고문, 자문위원 등으로 전관들을 영입하는 건 이들의 '힘'이 로비 과정에서

통한다는 것을 뜻한다.

"공공성에서 가장 중요한 부분 중 하나가 정의다. 그런데 돈 많이 벌고 성공하면 당장 욕을 먹더라도 시간이 지나면 괜찮아지는 게 성공한 사람들이 보여준 모습이다. 절차를 무시하고 부패하더라도 돈 많은 것이 존중받는다."(이지문 한국청렴운동본부 본부장)

계층 이동의 사다리를 치우다

과거 계층 이동의 사다리 역할을 했던 교육은 계층 굳히기의 수단이 됐다. 김희삼 광주과학기술원 교수의 〈세대 간 계층 이동성과 교육의 역할〉이라는 보고서에 따르면 최하위 25퍼센트 임금을 받는 아버지로부터 최상위 25퍼센트 임금을 받는 아들이 나오는 비율은 18퍼센트이지만, 최상위 임금을 받는 아버지로부터 최상위 임금을 받는 아들이 나오는 비율은 36퍼센트로 두 배 높다. 과거엔 집안이 가난해도 열심히 공부하면 성공할 수 있다는 믿음이 있었다. 지금은 부모의 경제력에 따른 교육 격차가 커지면서 계층 간 대물림이 공고화된다. 고시 제도의 배타성을 보완하려고 도입됐지만 '금수저'를 위한 제도가 되어버린 로스쿨이 대표적인 예다. 로스쿨의 1년 등록금은 1,600만~1,800만 원. 고위층 자녀가 로스쿨 졸업 후 취업 과정에서 부모 스펙의 도움을 받는 건 공공연한 비밀이다.

교육 여건이 열악한 지역 학생들에게 기회를 주기 위해 서울대가 2005년 도입한 '지역균형선발' 전형은 오히려 서울 학생들에게 유리하다. 2016년 지역균형선발 전형으로 서울대에 입학한 서울 출신 학생은 4명 중 1명꼴이다(더민주 오영훈 의원). 기초생활수급 대상자 등 사회적 배려자를 위한 전형인 '기회균형선발'로 입학한 학생은 2012년 5.8퍼센트(195명)에서 2016년 2.9퍼센트(163명)로 줄었다.

"공화라는 말은 세습 귀족이나 왕이 없고 모든 사람이 동등한 조건에 처해 있다는 의미다. 그런데 실질적으로 우리 사회에서는 흙수저론이 나올 정도로 불평등이 심각하다. 교육, 복지, 노동의 권리가 동등하게 주어져 있다고 하지만 실질적으로는 특정 계층에 편중된 부분이 있다. 경제적 불평등만이 아니라 제도적으로도 정치에서 (민중을) 배제하기 위한 장치들로 가득 차 있다."(김동춘 성공회대 교수)

지배할 뿐 책임지지 않는 권력,
여기 시민의 자리는 없다

심진용·장은교·김형규 기자

국민을 지켜야 할 국가의 부재.
시민이 누릴 '최소한'의 권리도 못 지키는 나라,
권력자 향한 '최소한'의 신뢰도 없다.

"봉건 시대에도 있을 수 없는 일"이 벌어지는 지금 대한민국

'비선 실세'가 대통령 연설문을 건드렸다. 공직 인사와 국정 전반에 관여했다. 대통령 비서실장이 "봉건 시대에도 있을 수 없는 일"이라던 그 일이 벌어졌다. 대한민국이 민주공화국인가. 지금 이 질문은 사치스럽게 들린다. 그럼에도 '민주공화국'을 말하는 것은 중요하다. 폐허 위에서 민주공화국이라는 집을 새로 지어야 한다면, 지금이야말로 가장 근본적·원초적 물음을 던져야 할 때다. 홍세화씨(장발장은행장)는 "이번 사태같이 전근대적인 '국가의 사유화'가 가능했던 원인과 배경을 살펴야 한다"며 "정부·국회·사법부·검찰·경찰·국정원 등 국가 공적 기관이 사적 이익을 추구하는 발판으로 기능했다는 점을 놓치면 안 될 것"이라고 짚었다. '공적인 것res publica'에서 출발하는 민주공화국의 모토와 기반 자체가 무너졌다는 이야기다. 김경희 성신여대 교수는 "민주공화국의 핵심 가치라할 수 있는 법치와 공적 질서는 완전히 부정됐다"며 "한국 사회가 껍데기만 민주공화국일 뿐 실제로는 전혀 그렇지 않았다는 것이 드러난 지금이야말로 민주공화국에 대한 물음이 필요하다"고 말했다.

나라는 어디에 있는가

2016년 5월, 고등학교를 갓 졸업한 열아홉 살 김모 군이 지하철 스크린도어를 고치다 열차에 치여 죽었다. 비정규직 청년의 외롭고 궁한 죽음이었다. 그의 곁에 나라는 없었다. 위험마저 외주화하는 사회에서 사고는 예견된 것이었다. 사람들은 슬퍼하고 분노했다. 서울 지하철 2호선 구의역 9-4 승강장엔 그의 죽음을 추모하는 포스트잇이 빼곡히 달렸다.

"누가 포스트잇에 '너의 잘못이 아니야'라고 썼지요. 영화 〈굿 윌 헌팅〉의 한 장면이 떠오르더군요. 천재 소년 헌팅(맷 데이먼 분)이 삐뚤게 나갈 때 숀 맥과이어(로빈 윌리엄스 분)가 몇 번이고 '네 잘못이 아니야It's not your fault'라고 말하죠. 다들 알아요. 개인 잘못이 아니라 사회 구조 문제라는 걸요. 뭐가 문제인지 다 아는데 어떤 대안도, 해결책도 찾지 못하는 게 지금 상황입니다. 밥 먹을 시간도 없는 열악한 노동 환경에 열아홉 살짜리 아이를 몰아넣고도, 그 상황을 탈출할 길이 도무지 보이지 않는다는 걸 드러냈죠." 김상조 한성대 교수는 민주공화국의 붕괴를 보여주는 상징적인 사건으로 구의역 청년 노동자의 죽음을 꼽았다.

국민을 '개·돼지'라 부른 교육부 고위 관료는 김군의 죽음이 내 자식 죽음처럼 가슴 아프다는 말에 공감하지 못했다. "정말 그렇게 생각이 되나"라고 반문했고, "내 자식처럼 가슴 아프다는 얘기는 위선"이라고도 했다. 민주공화국을 위협하는 가장 큰 도전으로 '경제 불평등'을 꼽은 이택광 경희대 교수는 '평등의 고원'이란 개

구의역 사고 현장에 '민주공화국'은 없었다. 사람들은 어쩌다 이런 나라에 살게 되었는가를 묻는다. 민주화 이후 30년, 민주공화국에 대한 신뢰는 무너졌다. 지금, 어떤 나라를 만들어야 할지 다시 생각할 때라는 지적이 나온다. ⓒ경향신문

넘을 꺼냈다. "자기 자식은 이미 평등의 고원 위로 올라갔다는 겁니다. 고원 위에 있는 자기들 고위 공무원 사이에서 불평등은 문제가 될 수 있어도, 고원 아래 '개·돼지'들과의 평등을 고민할 필요는 없다는 겁니다. 한국 사회 단면을 보여주는 사례죠." 박찬승 한양대 교수도 "'한국 사회가 일종의 신분제 사회로 변한 지 오래 아니냐. 그게 현실인데 뭐가 문제냐'는 인식이 사람들 머릿속에 들어와 있다는 얘기"라고 짚었다.

비정규직 임금은 2015년 기준 정규직 임금의 43퍼센트다. 300인 미만 중소 규모 사업체에서 일하는 노동자와 300인 이상 대규모 사업체 노동자의 임금 차이는 월 250만 원 이상이다. 돈이 신

분이다. 박명림 연세대 교수는 "동일 노동인데도 직군별로 그렇게 임금 격차가 큰 나라는 한국 말고 없다"며 "인간을 직군과 직업으로 보는 세상에서 차별도 당연시하게 된다"고 말했다. 최장집 고려대 명예교수는 "지금은 가진 사람이 오만하게 될 수밖에 없는 시대"라며, "아이들까지 무슨 집에 사느냐로 사람을 차등화하고, 인간을 위계로 이해한다"고 했다.

경제 불평등과 양극화 국면에서 국가는 제 역할을 방기했다. 무한 경쟁을 부추겼다. 그 결과로 나온 불평등을 정당화했다. 장덕진 서울대 교수는 그 연원을 1972년에서 찾는다. 박정희 정권이 유신헌법을 내놓은 해다. "정치적으로는 유신, 경제적으로는 중화학공업 정책이 시작됐죠. 조세·복지에서는 소득세·법인세를 줄이고 간접세에 의존하는 저부담·저복지 정책이 도입됐죠. (유신, 중화학공업, 저부담·저복지) 세 가지 요소의 조합이 만들어진 시기죠. 세금 줄여줄 테니 월급 조금 더 받아서 당신 힘으로 먹고살라는 거였죠. 사람들에게 공화나 공생공영 가치를 부정하는 것에 대해 인센티브를 주는 시스템이 이 시기에 만들어졌다고 봅니다."

이택광 교수는 "민주공화국의 핵심은 공론이며, 공론은 곧 시민의 목소리를 말한다"고 규정했다. 그러나 이 나라는 당신 이야기를 듣지 않는다. 대통령을 비롯한 권력 가진 몇몇이 정책 결정 과정을 독점한다. 여론은 수렴하지 않는다. 결과에 책임지지도 않는다. 최장집 교수는 '책임성의 실종'을 지적했다. "산업은행 몇 명이 밀실에 둘러앉아 수백조 원 규모의 조선 산업을 평가하고, 결과에는 아무도 책임지지 않는다. 권위주의 시절의 일이 지금도 계속되고 있다. 이걸 민주주의라고 할 수 있을까." 최 교수는 "권력의 선출은 민주적이었을지라도, 운영 방식은 민주주의가 아니었다"며 "그 핵심은 '책임지지 않는 것'"이라고 했다.

사드 배치, 개성공단 철수, 위안부 합의가 그랬다. 세월호 참사 이후 특조위 활동이나 이전 정권 시절의 4대강 사업도 다르지 않다. 권력자의 결정만 있었고, 소통과 책임은 없었다. 박명림 교수는 2015년 한·일 위안부 합의를 두고 "군주의 의사 결정처럼 방향을 급전환했다"고 했다. 김서중 성공회대 교수는 사드 배치를 가리켜 "민주주의의 본질을 부정하는 사례"라고 했다. 비선 실세 파문에 덮인 현실에서 사람들은 선출된 자의 권력 남용뿐 아니라 선출되지 않은 자의 국정 농단까지 견뎌야 하느냐고 묻는다.

분노 조절 장애 사회, 집단 화병의 나라

민주공화국은 시민들의 참여와 헌신을 필요로 한다. 달리 말해, 한 나라가 민주공화국이려면 먼저 시민들에게 그것을 요구할 자격을 갖춰야 한다. 세월호와 구의역, 최순실을 목격한 시민들에게 한국은 무엇으로 그걸 요구할 수 있을까.

이제껏 나라는 역사와 민족·혈연에 기대어 시민을 동원했다. 곽준혁 중국 중산대 교수는 우리나라가 "민족을 하나의 '신화적 운명 공동체'로 강조하고 이를 바탕으로 공동체에 맹목적 헌신을 요구해왔다"고 말했다. 그는 "2,000년 전 로마는 달랐다"며 "시민 각자가 로마 공화정이라는 정치 체제를 통해 자신의 시민적 자유가 이뤄질 수 있다는 경험적·구체적 확신을 가졌기에 로마를 위해 헌신했다"고 덧붙였다. 공화주의에서 애국심은 '민족, 혈연, 한 핏줄'이 아니라 '지금 우리가 사는 나라에 대해 자신감을 가질 수 있느냐'에 달려 있다. 민족과 혈연에 기댄 호소에 젊은이들은 '헬조선', '이생망'(이번 생은 망했어)으로 답하고 있다. 김경희 교수는 "유구한 역사에 단군의 후예가 뭐 어쨌다는 거냐. 공화주의 측면에서 애국심이라고 할 때 한 핏줄 같은 건 중요하지 않다"며 "지금 우리가 사는 나라에 대해 자신감을 가질 수 있느냐가 중요하다"고 진단했다.

곽준혁 교수는 "공동체에서 시민 각자가 자기 목소리를 낼 수 있고, 자기 자유가 지켜지고, 최소한의 인간적 삶을 보장받는 것을 확신할 수 있다면, 시민들이 그 공동체를 사랑하지 않을 수 없다"고 했다. 공화국에 대한 신뢰가 '아모레 델라 파트리아amore della patria', 곧 '나라를 사랑하는 것'의 기반이 된다는 것이다. 지금 한국은 어떤가. 나라는 시민이 누려야 할 최소한의 삶을 책임지지 않는다. 안전을 보장하지도 않는다. 시민의 목소리는 수렴되지 않은 채 그저 흩어질 뿐이다. 권력자에 대한 최소한의 신뢰 또한 무너졌다. 곽 교수는 "로마 공화정 시민들은 명예를 차지해선 안 될 사람이 명예를 차지하고, 능력 없는 이가 자신들을 다스릴 때 불쾌해했다"고 전했다. 지금 한국 시민들도 불쾌하다. 불만스럽다. 절망과 분노가 사회 전반에 감돈다.

'분노 조절 장애 사회', '집단 화병 사태', '원한 사회'. 경향신문이 기획을 준비하며 만난 이들에게서 나온 표현들이다. 윤평중 한신대 교수는 한국 사회를 가리켜 거대한 '르상티망resentiment'의 사회라고 했다. "시기, 질투, 원한 이런 부정적인 감정의 집합을 가리켜 르상티망이라고 하는데, 지금 한국 사회는 그런 억울함이라든가 분노, 불만이 임계점까지 치솟은 것 같다"는 것이다.

어쩌다 이런 나라에 살게 되었나

'대한민국은 민주공화국'이라지만, 그 의미가 무엇인지 고민하지 않았다. 나라와 사회가 공통으로 지향할 가치를 숙의·합의하는 과정도 없었다. 그래서 헌법 제1조는 수사에 그칠 뿐이다. 산업화·근대화 목표 아래 경제 성장 외에 다른 가치는 없었다. "정부 수립 이후 70년 역사를 돌이켜보면, 잘 먹고 잘 사는 것, 소위 '먹고사니즘' 말고 다른 가치가 있었는지 의문입니다. 그런 점에서 정치 공동체란 게 무색해질 수밖에 없죠. 지배 집단이 사익이나 사적 목적을 가지고 정치 공동체를 사유화하기에 딱 좋은 환경입니다."(진태원 고려대 민족문화연구원 교수)

진 교수는 1987년 민주화의 한계도 지적했다. 박찬승 교수도 "1987년 이전까지는 민주공화국이라 말하기도 부끄러운 수준이었다"며 "1987년 이후로도 민주공화국이라고 자신 있게 이야기할 수 있는지는 의문"이라고 했다. 단 한 번도 민주공화국인 적이 없었다는 말이다. 최갑수 서울대 교수는 "(1987년에) 단순히 권력 구조를 바꾸는 데서 그칠 것이 아니라 우리가 지켜야 할 권리와 가치가 무엇인지, 이걸 먼저 합의했어야 한다"고 했다.

　민주화 이후 30년이 지난 지금, 민주공화국에 대한 신뢰는 사실상 무너졌다. 김상조 교수는 "민주공화국의 내용과 형식을 새로 만들기 위한 논의가 필요한 때"라고 말했다. 1987년의 한계를 인정한다면, 지금 한국 사회의 논의는 그때와는 달라져야 한다. 경향신문이 만난 이들은 지향점과 제도를 궁리하는 과정이 몇몇 정치인이나 엘리트의 전유물이 되어서는 안 된다는 데 생각을 같이했다. 우려는 남는다. 시민들이 새로운 나라를 건설할 역량을 갖추고 있는가에 대한 의문이다.

　나라를 만드는 것은 시민 각 개인의 몫이다. 개인이 각자 가치를 이야기하고 토론·합의하는 과정에서 민주공화국의 방향을 찾을 수 있다. 이병천 강원대 교수는 "한국은 개인성이 약하다. 개인의 자유나 존엄에 대한 전통이 없는 나라"라며 "우리는 사상적으로든 역사적으로든 단 한 번도 개인 자율의 존엄함을 다룬 적이 없다"고 말했다. 개인이 약하니 소통도 제대로 되지 않는다. 진영 논리가 득세한다. '나와 생각이 다르면 적'이라는 인식이 강하다. 류동민 충남대 교수는 "공화는 결국 서로 모여서 조화롭게 간다는 뜻 아니냐. 그런 게 전혀 안 된다. 상대 얘기는 안 듣고 자기 말만 하는 경향이 강하다"며 "세월호 참사나 국정원 댓글 사건 같은 경우 진보·보수를 떠나서 국가 기능·역할에 문제 제기를 해야 하는데, 어느 순간 진영 문제로 치환되고 말았다"고 말했다. 여론에 편승하는 경향도 엿보인다. 박경신 고려대 교수는 "한국 사회를 보면 대화나 담론이 다수나 평균의 생각에 맞춰 형성돼야 한다는 강박이 있는 것 같다"고 풀이했다.

한국엔 선거 때마다 메시아가 등장한다. 약한 개인은 늘 영웅만 찾는다. "각자도생하다 힘센 영웅이 나타나 상황을 정리해주길 바라는"(이병천 교수) 이들이 민주공화국을 만들 수는 없다. 민주공화국은 각자도생도 아니고, 영웅의 카리스마를 기다리는 것도 아니다. 이 교수는 "구성원 각자가 자유로운 존재로 삶을 살면서 그 속에서 새로운 것을 만들어야 한다"고 말했다.

민주공화국은 시민으로부터

시민 없이는 민주공화국도 없다. "토머스 제퍼슨 말처럼 정치하는 사람들이 백날 공화주의 얘기해도 시민 사이에 공화주의 기반이 없으면 그저 신기루일 뿐"이라고 안병진 경희사이버대 교수는 지적한다.

여러 지식인들이 '국가의 부재'뿐 아니라 '시민의 부재'까지 아울러 살펴야 한다고 했다. 장덕진 교수는 "민주공화국을 이야기하면서 보통 정치권과 정부에 책임을 묻는데, 과연 시민들은 민주·공화적 가치를 얼마나 가지고 있는지 따져봐야 한다"고 했다. 윤평중 교수는 "직접적인 권력을 가진 이들이 국가 운영에 가장 큰 책임을 지는 것이 맞지만, 일반 시민들도 분명히 책임이 있다"고 했다. "국가뿐 아니라 개인 차원에서도 민주 시민으로, 공화국 국민으로 요구되는 태도와 책임을 내면화하는 것이 중요하다"는 김호기 연세대 교수의 지적도 같은 맥락이다.

시민은 만들어진다. '문제는 결국 교육'이라는 말이 나오는 것도 이 때문이다. 안병진 교수는 "유치원부터 고교에 이르기까지 철저하게 민주공화적 훈련을 시키지 않는다면 민주공화국을 만들 수 없다"며 "민주공화국이 무엇인가를 두고 끊임없이 비판하고 질문하도록 하는 프로그램을 만들어야 한다"고 말했다.

김경희 교수는 민주공화국의 기본 요건을 '말할 수 있는 능력'에서 찾는다. 소통할 수 있는 능력이다.

"말할 수 있다는 건 사회 전반에 수평적인 문화가 형성돼 있다는 이야기고, 이건 어릴 때부터 가정이나 학교에서 배우고 체화하지 않으면 안 되는 문제"라는 것이다.

교육 내용과 제도도 변해야 한다. 박명림 교수는 "공공성을 회복하고 민주공화국이 되려면 '반값 등록금' 같은 정책을 실현해야 한다"고 말했다. '돈 안 드는 교육'이 필요하다는 얘기다. 왜 그런가. 박 교수는 "시민을 길러내려면 먼저 내가 공화국에서 교육받았다는 사실이 전제돼야 한다"고 말했다. "내가 내 돈 내고 좋은 학교 나와서 교수도 되고 관료도 되고 CEO도 됐는데, 왜 내가 나라에 헌신해야 하느냐는 말이 나온다면 시민성도 길러질 수 없다"는 것이고, "국가가 아닌 개인의 돈으로 교육하는 건 시민이 아니라 돈 버는 사람, 다시 말해 '호모 에코노미쿠스'(경제적 인간)를 양성하는 것밖에 안 된다"는 것이다. 박 교수는 "민주공화국의 첫째도, 둘째도, 셋째도 교육"이라며 "그 핵심은 국가가 교육비를 부담하는 것"이라고 말했다.

비선 실세 게이트가 터지면서 나라 전체가 '패닉' 상태다. 허탈과 절망, 분노와 함께 '이대로는 안 된다'는 위기의식이 팽배해 있다. 일거에 모든 문제를 해결하고 민주공화국을 세울 수 있는 방법은 없다. 애초 민주공화국의 완성이라는 개념 자체가 있을 수 없다고 학자들은 말한다. 박명림 교수는 '민주공화국은 헌법 정신의 선언인 동시에 구체적인 구현 과제'라고 했고, 김경희 교수는 '대한민국은 민주공화국이라고 하는 헌법 조항 또한 늘 현실을 살피고 느슨한 부분이 보이면 조이고 발전시켜나가는 개념'이라고 짚었다. 지금 우리는 어떤 나라에 살고 있나, 어쩌다 이런 나라에 살게 되었나, 이제 어떤 나라를 만들어가야 할 것인가. 위기의 시대, 민주공화국을 살아가는 모두에게 주어진 물음이다.

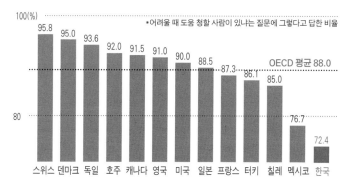

OECD 주요국의 사회적 지원망 수준

*어려울 때 도움 청할 사람이 있냐는 질문에 그렇다고 답한 비율

100(%)
스위스 95.8
덴마크 95.0
독일 93.6
호주 92.0
캐나다 91.5
영국 91.0
미국 90.0
일본 88.5
OECD 평균 88.0
프랑스 87.3
터키 86.1
칠레 85.0
80
멕시코 76.7
한국 72.4

자료 : 국회 입법조사처 'OECD 사회통합지표 분석 및 시사점' 보고서

'각자도생' 대한민국

"한국 사회 생존 원리는 각자도생이다."(장덕진 서울대 교수). "한국인들이 유지할 수 있는 공동체가 없다 보니 각자도생만 생각하게 된다."(박찬승 한양대 교수). 여러 지식인들이 민주공화국을 내건 한국 사회의 위기를 표현하는 말로 '제각기 살 길을 도모한다'는 뜻의 각자도생各自圖生을 꼽았다. 각자도생은 타인의 아픔에 대한 공감 능력 상실과 공동체 붕괴로 이어진다. 대표적 사례는 세월호 참사다. 300명이 넘게 죽은 참사를 두고 사고의 진상이 밝혀지지 않았는데도 '지겹다', '그만하라'는 말이 나왔다. 한 여행객은 심장 발작으로 기절한 택시 기사를 버려둔 채 골프 여행길을 재촉했다. 민주공화국을 표방한 나라에서, 보수 세력이 정부 수립 70년 중 60년을 집권한 나라에서 각자도생이 만연하고 공동체 유지라는 보수 가치는 땅에 떨어졌다.

민주공화국의 척박하고 형해화된 현실은 구체적 수치로도 나온다. 서울대 사회발전연구소가 2014년 발표한 〈이중위험사회의 재난과 공공성〉 보고서를 보면 한국의 공공성은 OECD 주요 회원국 중에서 꼴찌다.

보고서는 공공성을 민주주의와 공화주의로 나눠 살폈다. 공화주의는 공익성(사회·교육·의료 지출 현황과 시민의 공익 활동)과 공정성(임금 격차와 성별 고용률, 세금의 소득 재분배 효과), 민주주의는 공민성(선거 절차와 투표율, 법치)과 공개성(언론 자유, 정보 접근성)으로 구분해 점수를 매겼다. OECD와 유엔, 각국 통계청 자료로 분석한 보고서에서 한국은 칠레를 제외한 33개 OECD 회원국 가운데 공화주의(공익성·공정성) 지표가 33위로 꼴찌다. 민주주의 지표에선 공민성 31위, 공개성 29위로 최하위권이다. 4개 항목을 합산한 공공성 지표 평가도 맨 끝에 위치해 있다.

'국가별 가치관 특성' 분석에서도 한국은 강한 물질주의 성향과 차이에 대한 낮은 관용도를 보였다. 통상 교육 수준이 높거나 소득 수준이 올라갈수록 탈물질주의 성향과 사회적 관용도가 상승하는 대다수 '선진국'들과 반대다. 한국은 고소득, 고등 교육 수혜 계층에서 물질주의 추구가 더 강했다.

국회 입법조사처의 〈OECD 사회통합지표 분석 및 시사점〉 보고서는 각자도생의 현실을 더 적나라하게 보여준다. 한국은 2015년 OECD 사회통합지표 중 '사회적 관계'(사회적 지원망) 부문에서 10점에 0.2점을 받았다.

"곤경에 처했을 때 도움을 청하거나 기댈 사람이 있느냐"는 질문에 '그렇다'고 대답한 사람이 전체의 72.4퍼센트로, 조사 대상 36개국(OECD 회원국 + 브라질·러시아) 중 가장 낮았다. 전체 평균은 88퍼센트다.

"국제통화기금IMF 경제 위기가 한국 사회의 가장 중요한 사회적 전환점이 됐잖아요. 돈과 내 가족 말고는 날 지켜주는 게 없구나 생각하게 됐죠. '부자 되세요'가 모두의 인사말이 됐어요. 공화주의나 민주주의가 들어설 자리가 있겠어요."(이지문 한국청렴운동본부 본부장)

"최순실 게이트는 대한민국이
사적 소유물이라는 점을
오롯이 드러낸다"

홍세화

장발장은행장, 작가

홍세화가 '대한민국은 민주공화국인가'에 관한 여러 질문을
두고 인터뷰 내 여러 차례 강조한 건 '공적인 것', '공공', '공
익'이다. 그는 "한국은 민주공화국이었던 적이 없다. 그러니
공화국을 건설해야 한다"라면서 "민주주의의 내용을 채우려
는 차원에서도 공화주의의 의미가 있어야 하고, 그 핵심은
공공성"이라고 했다. '공적인 것'이 붕괴하고 부재하는 한국
상황에서 홍세화는 알베르 카뮈가 공화국 시민을 두고 표현
한 "우리는 사회 불의보다 차라리 무질서를 택한다"라는 말
도 인용했다. 그리고 유약한 야권의 문제도 지적했다. 홍세화
를 만난 건 폭염이 기승을 부리던 2016년 7월 22일이다. 당
시 그는 민주공화국의 요건을 설명하며 우병우 청와대 수석
문제 등에 관해서도 언급했다. 박근혜 대통령 '비선 실세' 최
순실 씨의 '게이트'가 불거진 후 그것에 관한 생각을 추가로
들어 전한다.

공공성을 상실한 대한민국, 전근대적
국가 사유화 사례인 '최순실 게이트'를 낳다

이른바 최순실 게이트에서 드러난 여러 문제는 '민주공화국'과도 직결되는 듯합니다. 이 사태를 어떻게 보시는지요?

공화국의 어원이 '공적인 것res publica'임을 강조한 바 있는데요, 이른바 '최순실 게이트'는 대한민국이 '사적 소유물'이라는 점을 오롯이 드러냈다고 하겠습니다. 다만 근대 국가에서 '국가의 사유화'는 박정희 독재 체제가 그렇듯이 국가의 물리력과 국민 다수의 동의가 결합되어 이뤄지는데, 이번 사태는 전근대적인 신정 국가의 양상이 담겨 있다는 특이점이 있습니다. 민주화가 이뤄진 만큼 국가의 물리력과 국민 다수의 동의에 의한 국가의 사유화는 어려워졌는데, 민주화로 약해졌거나 빈 자리를 신정 국가의 요소로 채웠다고나 할까요. 그런데 이렇게 전근대적인 '국가의 사유화'에서 정부, 국회, 사법부, 검경찰, 국정원 등 국가의 '공적' 기관들이 거의 모두 사적 이익 추구의 발판으로 기능한다는 점을 놓치면 안 될 것입니다.

가령 세월호 참사가 일어나기까지, 또 그 이후의 과정에서도 국가 공공성에 의한 견제나 통제가 제대로 이뤄지지 않은 배경을 공당이라기보다 사당에 가까운 새누리당을 비롯한 강력한 사익 추구 집단의 당파성을 빼놓고 설명할 수 없듯이, 이번 '최순실 건'이 오늘 불거지기까지 견제와 통제가 전혀 이뤄지지 않은 것도 '국

2016년 10월 26일 경향신문에 실린 〈김용민의 그림마당〉.

가 공공성 부재'라는 마찬가지의 원인 때문이라는 것입니다. 다시 말해, 앞으로도 국가의 공적 기관들(그래서 국민이 위탁한 권력을 갖고 있는)이 공공성을 담보하지 못하는 그만큼, 양태는 다르게 나타날 수 있겠지만, 국가의 사유화는 계속 상수로 남을 것입니다. 비판 의식과 주체적 의식을 가진 시민들에 의한 민주주의의 성숙만이 그들에게 공공성을 갖게 한다는 점은 두말할 필요가 없겠지요.

민주공화국의 핵심 요소가 무엇이라고 보시는지요?

사회 구성원들이 민주공화국의 내용을 어떻게 같이 담아내느냐가 중요합니다. 민주공화국은 민주주의와 공화주의의 대립 개념이 아니에요. 공화주의는 민주주의를 충실히 하려는 것입니다. 공화주의란 구성원들이 공공의 가치를 공유한다는 내용을 담은 것인데, 어떤 점에서 민주주의보다 구체적이라고 생각합니다.

'리퍼블릭republic'은 로마 공화정에서 나온 말인데, 그것의 어원인 라틴어 '레스 푸블리카res publica'의 뜻이 '공적인 것들public things'입니다. 로마 공화정 시기에 국가의 가장 중요한 소명이 공공성에 있었다고 말할 수 있습니다. 고대 로마 시대에 공공의 측면에서 대단히 중요한 게 물 공급이었어요. 로마 시대의 유적 중에는 곳곳에 수도교가 남아 있는데, 먼 산에서 맑은 물을 끌어와 시민들에게 공급해야 했기 때문이었지요. 제 기억이 맞는다면 그 물은 세 통로로 가게 되는데, 각각 로마 인민, 귀족, 대중목욕탕 쪽으로 갔죠. 가뭄이 오면 제일 먼저 귀족한테 가는 물을 끊었다고 합니다. 이런 의미가 리퍼블릭에 담겨 있어요. 공 개념을 핵심 출발점으로 볼 수 있다는 거죠.

민주공화국 기획을 준비하다 보니 공화국 개념이 다양하던데요.

유럽에 있는 동안, 학자들마다 공화국이나 근대 공화국 개념을 어떻게 규정하나 살펴본 적이 있어요. 학자마다 다르게 이야기하지만 보편적인 게 있어요. 첫째, 근대 공화국의 주체는 자유로운 시민들이라는 거고요, 둘째는, 목표가 있어야 하는데 애매하지만 공익을 목표로 한다는 거죠. 그리고 수단과 관련해서는, 바로 법의 권위가 지배하는 국가라는 거예요. 이게 근대 공화국에 대한 보편적 개념 규정이죠.

한국 사회의 주류는
오로지 사익을 추구하는 집단

한국은 어떻습니까? 헌법 제1조 1항에 그런 보편적 개념·규정이 얼마
나 들어 있는지요?

한국의 헌법에는 "대한민국은 민주공화국이다"라고 되어
있지만 대부분의 국민들의 의식 속에는 '왕 대신 대통령을 뽑는 제
도'라는 것밖에 없습니다. 이게 현실이죠. 자유로운 시민들이라는
주체 개념도 비어 있고, 공익이라는 목표도 실종됐고요. 그렇다고
'법의 권위가 지배하는' 것도 아니죠. 한국은 그야말로 크로포트킨
의 "법은 힘센 자의 권리다"라는 말이 그대로 적용되는 국가 아닌
가요? 전쟁과 분단 때문에 일제 부역 세력을 청산하지 못한 후과
가 지금까지 지속되는 겁니다. 첫 단추를 잘못 끼운 정도가 아니라
옷을 뒤집어 입은 꼴이죠. 일제 부역 세력을 일컬어 '사적인 안위
와 영달을 위해 민족을 배반한 세력'이라고 부를 수 있다면 그것은
'레스 프리바타res privata' 즉 사적인 것들이 '레스 푸블리카' 즉 공
적인 것들을 배반했다는 뜻인데, 그런 배반 세력이 이른바 민주공
화국의 실제 지배 세력으로 자리 잡은 겁니다. 공공성, 공익의 가
치가 설 자리가 애당초 없었던 것이지요. 사회의 모든 부문에서 그
들이 헤게모니를 장악했고 그 뒤 계속하여 '악화가 양화를 구축'하
게 됩니다.

저는 한국의 이른바 메인스트림(주류)을 관통하는 보편적

성질을 '오로지 사익 추구'라고 봅니다. 행정부 관료들이나 법조계가 그렇듯이, 국방 부문도 일제 만주군이든 일본군이든 일제에 부역한 자들이 국군 장성의 절대적 다수를 차지하게 되었죠. 재벌도, 언론도 마찬가지입니다. 조선일보, 동아일보가 주름잡고 있죠. 사학, 종교계 등 다른 부문도 마찬가지입니다. 일제 부역 세력이 기득권을 계속 창출하고 확대 재생산하는 구조입니다. 이런 양상이 (제헌헌법에서) 민주공화국을 선언한 지 70년 이후에도 지속됩니다. 공화국과 전혀 어울리지 않죠.

이런 현실에선 민주공화국에 무엇을 품어야 할지요?

제일 중요한 건 공공성이죠. 유럽의 무상 의료, 무상 교육 같은 것은 사회 안전망과 연결되지만, 애당초 공화주의라는 가치와 무관하지 않았죠. 공공성을 강조해야 합니다. 공화주의 틀 속에서 어떤 구체적, 공공적 가치를 구현할 것인가를 고민하고 실천해야 합니다. 신자유주의가 몰려올 때 유럽에서도 '작은 정부론'이 떠올랐어요. 그 핵심과 목적은 공공적인 가치를 공격하려는 거였습니다. 자본이 교육, 사회 복지, 건강, 철도 등의 공적 부분을 '사적인 것으로 만들려고(사유화하려고)' '정부를 축소하라'는 논리·주장을 폈죠. 한국의 경우는 공공 부분이 워낙 취약합니다. 교육 부분을 보면 금방 알 수 있어요. 이미 레스 푸블리카도 지극히 취약한데 그마저 레스 프리바타로 만들려는 겁니다. 민영화란 말을 많이들 쓰죠. 하지만 민영화는 지배 이념이 담긴 언어입니다. '공기업'의 반대말이 '민기업'이 아니지 않습니까? 사영화, 사유화라고 말해야 옳아요. 인천공항도, KTX도 사유화하고 싶어 하잖아요. 공유, 공공적인 것, 공공성, 공익은 그 개념 자체가 애매한 점이 없지 않지만, 한국에선 그 토대 자체가 비어 있는 상황이라고 할 수 있습니다.

일제 부역 세력 말씀하시면서 언론 문제도 지적하셨는데요.

언론은 공기公器입니다. 공익과 진실을 담아야 하죠. 그런데 철저히 기득권의 무기가 되어버렸어요. 기득권 세력들이 사적 이익을 확대 창출하려는 무기로 만든 겁니다. 그들의 이익을 극대화할 수 있는 정치경제사회 환경을 만들려고 무기화한 거죠. 가령 한국의 조중동 신문을 유럽에서 볼 수 있을까요? 우파 신문이라고 하는 '르 피가로'도 그렇지는 않습니다. 왜 그럴까요? 유럽에선 공공성·공익 개념에 의거해 좌우가 그것을 공유하고 있어요. 공익이라는 부분을 공유하기에 토론도 하곤 하죠. 한국은 완전히 찢어져서 토론도 안 돼요. 한쪽은 철저히 사익을 추구하고, 한쪽은 공익을 담으려고 하죠. 이 사이에 공유 지점, 겹치는 지점이 없어요. 족벌 언론은 공기, 즉 공적 그릇이라는 탈을 쓴 철저한 사익 추구 집단입니다. 공적 그릇인 신문을 그들이 사적으로 누리는 언론 권력과 족벌 자본을 극대화하기 위한 무기로 사용하는 집단이에요. 언론이라는 공기가 한국의 주류 언론에겐 철저하게 사적인 그릇이 된 것입니다. 사학도, 종교도 국방도 마찬가지입니다. 국가 공동체의 핵심 고갱이로서 공익을 같이 보듬고 할 게 애당초 없는 상황이죠.

공교육의 일차적 소명은 민주공화국의
주체적 시민을 양성하는 것

시민 사회 부문은 어떻게 보시는지요?

결국은 시민의 부재, 시민성의 부재가 문제의 핵심이 아닐까 하는 생각이 들어요. 대중 쪽을 바라보면, 사유思惟하지 않는 교육 문제가 크죠. 주체성·비판성도 부재하죠. 사유하지 않는 교육은 평등과 연결되지 않습니다. 악순환이 벌어집니다. 존재를 배반한 의식이 계속 형성되는 것이어서요. 프랑스에선 공화국이나 공화주의를 강조하는 이야기가 많아요. 예컨대, 알베르 카뮈는 정통 좌파와는 거리가 있습니다. 그가 공화국 시민을 두고 표현한 말이 있어요. "우리는 사회 불의보다 차라리 무질서를 택한다"인데요, 프랑스의 고등학생과 대학생, 노동자, 농민의 거친 시위를 일정 부분 이해할 수 있는 말입니다. 그 말의 연원은 두말할 것도 없이 프랑스 대혁명이죠. 프랑스에서 근대 공화국이 선 게 1792년입니다. 제1공화국 성립 의미로 부각되는 게, 앙시앵 레짐이란 신분 질서를 무너뜨린 자유와 평등 이념이고요. 자유와 평등이 질서의 가치 위에 있다는 걸 강조하는 거죠. 또 사회 정의가 질서 이념보다 우선해야 한다는 명제는 논리적 정합성도 갖고 있습니다. 사회 정의가 이루어진 곳에서는 기존 질서에 도전할 이유가 없기 때문입니다.

카뮈의 말은 한국에도 대입할 수 있을 듯한데요.

그렇죠. 사회 불의를 극복하려는 약자들의 요구를 법질서의 이름으로 억압하죠. 프랑스에서 이야기하는 무질서를 택한다는 게 한국에선 뒤집어져 있습니다. 근대 공화국의 시민성이라는 측면에서 보면, 자유와 평등 이념으로 인간에게 강요된 가장 무서운 신분 질서를 무너뜨리고 태어난 게 근대 공화국입니다. 당연히 질서에 비해서 사회 정의가 우선되어야 한다는 거죠. 어원적 의미도 중요합니다. 중세 신분 질서에선 왕, 귀족, 노예가 뱃속부터 규정됐어요. 이러한 질서에 복종시키려면, 당연히 누구도 부정할 수 없는 지배 이념이 있어야 하죠. 그게 바로 '신의 명령'이라는 이념이었어요. 영어로 '오더order'라는 게 명령이면서 또 질서라는 뜻도 됩니다. 프랑스어도 마찬가지예요. 사물의 질서이면서 명령이란

장 피에르 위엘, 〈시민들에게 공격받는 바스티유〉. 홍세화는 "우리는 사회 불의보다 차라리 무질서를 택한다"라는 말의 연원은 두말할 것도 없이 프랑스 대혁명이라고 말한다.

뜻입니다. 중세의 신분 질서는 신의 명령에 따라 규정됐다는 거죠. 이게 무너지면서 근대 공화국이 탄생한 겁니다. 근대 공화국이라면 자유·평등과 사회 정의가 질서에 우선되어야 합니다.

한국은 분단 상황 등 현실적 이유를 대겠지만, 법질서가 심할 정도로 시민의 자유와 평등의 가치보다 우위에 있어요. 안타까운 건 학교 교육을 통해서도 공공성의 가치와 마찬가지로 자유, 평등, 사회 정의 이념이 시민들의 의식 속에서 공유되지 못한다는 점입니다. 우리가 학교 다녔을 때를 돌아보면 알 수 있듯이, 우리가 학교에서 주로 강조받은 것은 공공성, 자유, 평등, 사회 정의가 아니라 안보, 질서, 국가 경쟁력 이념입니다. '한 사회를 지배하는 이념은 지배 계급의 이념이다.' 마르크스의 말이 그대로 적용되지 않습니까? 대한민국이 민주공화국이라면 대한민국 공교육의 일차적 소명은 대한민국 국민을 민주공화국의 주체적 시민으로 형성하는 데 있습니다. 이 점에서 한국의 학교는 지금까지 민주공화국의 학교인 적이 없습니다.

사익을 추구하는 수구 세력에 점령된 여권, 유약하고 야성이 없는 야권

한국 정치권에서 공화국 이야기가 자주 나옵니다. 유승민 의원이 민주공화국을 강조하기도 했고요.

유승민 씨가 말뿐이라도 민주공화국에 관한 질문을 제기하는 건 긍정적으로 봅니다. 정치권의 공화국 담론은 우선 한국의 보수가 보수인가라는 질문이 가능하게 하죠. 한국의 보수는 보수를 참칭하며 사익을 추구하는 집단·세력이 주류입니다. 그나마 보수의 가치를 인식하는, 보수에 근접한 유승민 같은 이들조차 사익 추구 집단에 같이 어울려 있어요. 그들의 입장, 포지션이 다 연결되죠. 극우적 수구 세력 속에 소수의 보수가 끼어 있는 상황이라고나 할까요. 사익 추구 집단과 보수가 분리되어야 하는데, 분단 상황이나 진보 세력의 취약함 같은 문제 때문에 분리가 잘 안 됩니다. 친박이니 진박이니 하는 허접한 현실 자체가 새누리당이 애당초 보수하곤 인연이 없다는 걸 스스로 드러내고 있지요.

유럽의 보수 세력을 보면 그 뿌리는 프랑스에서 보듯이 공화주의자입니다. 그걸 놓치면 안 됩니다. 이들이 신분제를 무너뜨린 세력이니까요. 시민 계급이고요. 프롤레타리아를 견인하고 연합해 앙시앵 레짐을 무너뜨렸죠. 결국 부르주아 민주주의 형태로 프롤레타리아를 배반했지만 오늘의 드골주의도 그들의 공화주의 전통과 직접 연결됩니다. 보수 세력이라면 보수할 가치가 있어야 해요. 민족·국가·가족·전통이 보수 세력이 보수하겠다고 하는 가치인데요, 한국의 보수를 참칭하는 세력은 철저한 사익 추구 세력이라 내세우는 가치에 대해서도 어떠한 논리도 없어요. 미국을 등에 업어 힘도 막강하죠. 유승민 같은 사람이 공화국에 관해 발언하는 건 반가운 일인데, 왜 그 품속에서 하고 있나요? 그들의 힘을 이용하면서요. 결국 그 품에서 일종의 숙주 노릇을 하고 있는 것 아닌가 하는 생각도 들어요. 그나마 그런 이야기를 하는 것이⋯⋯(웃음).

한국 정치 이야기를 꺼내셨는데, 야권은 어떻게 보시는지요?

유시민 씨도 강조했지만 야성이 없습니다. 사드 배치에서도 그렇고, 세월호 참사에서도 그렇고요. 지금 엉망 아닌가요? 말도 아닌 상황인데, 도대체 싸우는 모습은 안 보이고⋯⋯이게 뭔가, 이들이 여당 아닌가 싶을 정도예요. 왜 이렇게 유약할까? 유약함이 내면화되어버린 게 아닐까 싶을 정도죠. 야성이 보이지 않는 게 일상 세계의 함정에 갇혀서인지, 서로 끼리끼리 만나 허허하는 상황 때문인 건지⋯⋯총선에서 더민주와 국민의당이 쪼개졌다 해도 다수가 야3당인데, 우병우 등 어지러울 정도로 나라가 정말 형편없는데도 '이게 아니다' 하고 총대 메고 제대로 뭔가 하는 걸 보여주지 못합니다. 그들 역시 기득권 세력에서 크게 벗어나지 않죠. 그만큼 한국 민중들이 겪는 고통에 대한 공감 의식도 없습니다. 김대중·노무현 정권 지나면서, 여당을 경험해본 뒤에 굉장히 물러져버린 듯해요. 민중의 현실이 어떤지에 대한 절박함 같은 걸 그들에게서 발견할 수가 없습니다. 몇몇 사람을 빼면⋯⋯의원 간에 엄청난 비대칭성이 있습니다. 그 비대칭은 민중의 구체적 현실과 정치 현실 사이의 비대칭이기도 하죠. 적어도 자본 권력이 국가 권력과 평행했던 3김 시절이나 국가 권력이 우위에 있던 시절에 김대중·김영삼이 보여줬던 야성과 비교되죠. 지금은 그때보다 자본 권력은 엄청 더 커졌고, 그런 자본 권력에 야권도 깊숙이 포섭된 게 아닌가 싶습니다.

국가는 권력 위탁자인
국민 개개인의 생명과 안전을 보호하라

민중의 고통, 절박한 현실을 드러내는 사건을 꼽으신다면요?

가령 용산 참사를 볼까요. 축출과 배제의 정치잖아요. IMF 이후 일방통행밖에 없었죠. 약자들을 몰아내기만 했어요. '축출자본주의'라는 말도 있는데, 축출시켜놓고 계산에 넣지 않는 거죠. 일방적인 현실이 문제입니다. 당연히 노동 문제이기도 하고요. 그런데 노동 현장의 실상은 잘 보이지도 않아요. 이미 축출되어버린 거지요. 노동자들의 구체적 현실에 비추어보면, 이들의 이해를 대변하는 건 민주노총인데, 이들조차도 대기업, 남성 중심이란 한계가 있어요. 재정이 주로 거기서 나오니까⋯⋯취약합니다. 앞으로 더욱 취약해질 위험이 있고요.

세월호 참사는 또 어떤가요. 근대 국가를 낳은 사회계약론이라는 게 가령 토머스 홉스의 '만인은 만인의 이리'의 관계에서 서로 불안을 느끼니까 국가에 권력을 위탁하고 그 국가로부터 생명과 안전을 보호받는다는 것 아닙니까. 세월호는 참사 그 자체부터 특조위 등 그 이후의 대응에 이르기까지 한국의 강력한 사익 추

용산 참사는 민중의 고통, 절박한 현실을 드러내는 사건이다. 축출과 배제의 정치가 작동했다. 사진은 2014년 서울 한강로2가 용산 참사 현장 담벼락에 꽂힌 희생자 추모 국화꽃. ⓒ경향신문

구 집단의 당파성이 근대 국가 성립 정신을 부정하는 현실을 여실히 보여줍니다.

최근 프랑스에선 난민 사태를 두고 '공화주의' 논쟁이 다시 나왔습니다.

유럽 전반의 문제인데요, 프랑스는 공화주의 가치 속에 이민자들을 통합시키려 해왔습니다. 지금 이민자나 난민 문제는 이것이 실패하고 있다는 걸 보여줘요. 공화주의의 가치는 공교육을 중심으로, 같이 교육받으면서 공공적 가치를 공유하는 거예요. 지금 유럽의 이민자 2·3세 문제는 공화주의적 가치를 토대에 둔 사회 통합에 실패했다는 걸 보여줍니다. 왜 실패했냐? 저도 동의하는 지점인데, 이민자나 사회 하층의 정치적 이해관계를 대변해야 하는 좌파 정당들이 우경화한 걸 가장 중요한 이유로 꼽아요. 사회 중하

층 노동자 계급이 좌파 정당이 아닌 극우 정당에 표를 주는 건 자신들이 정치적으로 버림받았거나 배반당했다고 보기 때문입니다.

지금 프랑스 사회당은 중하급 노동자들보다 대기업의 이해관계를 대변하는 상황이죠. 신자유주의의 영향이기도 하고요. 현실 사회주의권이 무너지면서 유럽의 전통적인 좌파 정당들이 우경화하는 현상이 나타났습니다. 현실 사회주의권이 있을 때는 이념적으로나 현실적으로나 왼쪽으로 끌어당기는 힘이 있었지요. 현실 사회주의권이 무너지면서 각 나라 좌파 정당은 집권 전략상 오른쪽으로 갔는데, 그래야 표밭이 늘어나니까요. 이런 흐름을 거슬러 이념적으로도 현실적으로도 왼쪽으로 견인할 힘이 없었습니다. 영국 노동당이 '제3의 길'이니 '신노동당'이니 하는 노선을 취했고, 독일의 사민당도 신중도로 우경화되었고, 프랑스 사회당도 마찬가지였습니다. 모두 집권은 했으나 과거의 좌파 정당은 이미 아니었지요.

유럽의 다른 나라들도 거의 비슷합니다. 이런 상황에서 공교육 예산이 줄어들고, 이민자 2·3세의 사회적 통합을 시도한 각 지역 활동이나 도서관 같은 이민자 청소년들이 함께 어울리는 공적 장소를 위한 예산이 삭감됩니다. 아이들이 버려지는 상황이었죠. 이는 전반적으로 유럽 극우 세력의 준동과 궤를 같이합니다. 좌파 정당들이 자기 노선을 지키지 않고 집권 전략에 따라 우경화한 결과죠. 좌파 정당의 전망 부재, 이념 토대 부재 문제도 있고요.

한국의 모순과 갈등을 극복하기 위해서는
겸손한 인식과 공부가 필요하다

한국 좌파도 세가 많이 준 듯합니다.

새로 시작해야죠. 정치적으로 보면 2004년 민주노동당이
득표율 13퍼센트로 10석을 얻었고, 그 뒤로 계속 지리멸렬해가는
과정이에요. 제가 볼 때, 가장 치명적 문제는 지적·윤리적 우월감
에 의한 공부 부족입니다. 한국 진보·좌파 세력은 자신의 계급적
처지로 진보·좌파가 되는 경우가 거의 없어요. 선배를 잘못 만나
거기로 들어가는데요(웃음), 자기가 진보다, 좌파다 하는 지적 우
월감에다 '내가 노동이나 진보 정치 진영의 열악한 조건에서도 희
생적으로 운동하고 참여한다, 자본주의 사회에 포섭되지 않는다'
는 윤리적 우월감까지 갖고 있어요. 오만한 사람에게는 회의가 없
고, 회의가 없으면 성숙하지 않지요. 사람 되는 공부를 멈추니까
요. 사람 공부도 멈춘데다 지적 우월감 때문에 세상 공부도 안 해
요. 그게 핵심 문제입니다. 사람 되는 공부도, 세상 공부도 멈춘 진
보……자기모순, 자기 배반이지요. 한국이 처한 모순이 얼마나 복
잡한가요? 세계에서 유례를 볼 수 없는 모순의 덩어리죠. 분단·민
족·젠더·계급·생태·지역 모순 다 있어요. 다른 나라에서 볼 수 없
는 영남패권주의 문제도 있죠. 이걸 총체적으로 인식하려면 겸손
하지 않으면 안 됩니다. 자신의 활동 영역과 전공이 이 모순의 중
심이란 생각을 버려야 합니다. 그런데 자신의 분야가 모든 모순의

정점이고, 이것만 해결하면 다른 게 해결된다는 아전인수가 심해요. 아전인수이다 보니 어떤 경우 근본주의자가 되죠. 예를 들어 사드 배치가 문제가 되면, 민족 모순을 중심으로 하는 사람은 모든 게 미국 문제라고 하고, 어떤 사람은 모든 게 재벌 문제다, 또 어떤 사람은 영남패권주의 때문이다 주장하죠. 겸손하지 않아요. 진보가 겸손할 줄 모르니까 지금 이렇게 된 게 아닌가 싶어요.

영남패권주의 주장을 지지하는 입장에서 글도 쓰셨는데요.

그 칼럼 쓰고 저자 김욱 씨한테 또 비판받았네요(웃음). 각자가 자기 성채 쌓고 있고 소통이 이뤄지지 않는 현실이 답답합니다.

좀 전에 말씀하신 '사람 되는 공부'란 무엇인지요?

'사람 된다'는 것은 자기 전공이나 활동 분야만이 중심이 아니라는 걸 받아들이는 것부터 출발해야 할 것 같아요. 그게 없으면 각자 만들어낸 성채를, 진영을 만들어낸 성채를 허물 수 없습니다. 진보·좌파가 얼마 안 되는데 다 찢어져 있는 것도 자기 전공·활동이 중심이라고 여긴 데서 비롯된 거죠. 보수는 이권이 있으면 모입니다. 진보는 이념으로 모이고요. 경향신문도 한겨레도 어려움 많잖아요. 조중동 보는 사람은 '나 이제 안 봐!' 하는 사람 거의 없어요. 경향과 한겨레를 구독하는 사람은 소수인데, 이들은 신문을 통해서 자기 생각을 확인하는 즐거움 때문에 봅니다. 그런데 10개 꼭지 중 1~2개만 자기 생각과 안 맞아도 '나 안 봐!' 이러는 거예요.

창간 주주 중 한겨레 보는 사람 많지 않습니다. 신문 논조가 자신의 생각과 60퍼센트 정도만 맞아도 계속 구독해야 하는데 그렇지 않지요. 시민성이 성숙하지 못한 면도 있고요. 진보적이라면 이념에는 투철해도 사람들에게는 유연해야 하는데, 이게 반대로 되어 있어요. '가까우니까 부딪친다'는 말이 있지요. 우리는 먼 사람은 일상에서 만날 일이 없고 실제로 만나지 않습니다. 일상에서 부딪칠 일도 없고요. 그래서인지 가까운 사람들에게 더 거칠고 날카로운 대립각을 세워요. 극복 대상보다 경쟁 대상에게 더 적대성을 보이고 있는 게 진보의 자화상 아닌가요?

공공성을 담보하는 정책과 제도를 통해 진정한 민주공화국으로

정리 차원에서 다시 묻자면 대한민국은 민주공화국인가요?

워낙 막강하죠. 검찰, 경찰, 사법부, 언론, 국방, 종교, 사학까지. 다 반민주공화국적이죠. 반공공적이고요. 이 세력들이 철저하게 사익 추구를 위해 막강한 힘을 발휘합니다. 정치적 지형 자체가 변화하지 않으면 너무 힘들 것 같아요. 제가 볼 때, 정치 지형이 바뀌려면 일단 변혁적 국면이 필요합니다. 에밀 뒤르켐이 이야기한 소위 변혁적 국면이 필요하지 않나 그런 생각이 드는 겁니다. 그런 국면이 빨리 오면 좋겠네요. 야당엔 야성이 없고 진보 진영이

지리멸렬한 상태에서 민중의 힘을 기대할 수밖에 없는 상황이죠. 그렇다고 마냥 기다릴 수만은 없고 저마다 각자의 자리에서 가능한 실천을 해나가야겠지요.

필요한 구체적인 정책과 제도는 무엇일까요?

너무 많죠. 예컨대 독일식 비례대표제부터요. 그리고 기본소득제가 실현되길 바랍니다. 제가 특히 강조하고 싶은 건 교육 문제예요. 생각하는 교육, 사유하는 교육을 해야 합니다. 한국 사회 구성원들을 민주공화국의 시민이 아닌 신민으로 옭아매고 있는 핵심이 주입식 암기 교육에 있습니다. 생각하는 교육을 하지 않으면 안 돼요. 그러려면 두말할 것도 없이 대학 평준화를 해야 하고요. 하나 더 꼽자면 검찰총장 추천 선출제. 한국은 민주공화국인 적이 없었어요. 그러니 공화국을 건설해야 합니다. 공화주의는 민주주의와 길항 관계가 아닙니다. 민주주의의 내용을 채우려는 차원에서도 공화주의의 의미가 있어야 하고요. 그 핵심은 '공공성'입니다.

인터뷰 | 김종목 기자

"국정화는 한 해 먼저 터진
국정 농단 사건"

김육훈

고교 교사, 역사교육연구소장

김육훈은 역사 교과서 국정화 추진을 두고 "한 해 먼저 터진 최순실 국정 농단 사건"이라고 진단했다. 2015년 9월부터 두 달 이상 전국은 역사 교과서 국정화 문제로 들끓었다. 진보·보수 할 것 없이 반대 여론이 거셌고 시국 선언이 이어졌지만 정부는 무리하게 국정화를 강행했다. 그렇게 된 배경에 무엇이 있었는지는 1년이 지나서야 윤곽이 드러나고 있다.

김육훈은 "대다수 상식적인 국민의 뜻을 억눌러가면서 한 사람의 꿈을 이루기 위해 정부와 여당이 한 일들을 생각하면 고통스럽기까지 하다"라고 말했다. 그리고 박근혜 대통령과 최순실 씨에 대해 "대한민국은 민주공화국이라는 개념 자체가 없는 사람들이란 생각이 든다"라고 말했다. 그는 정부에서든 여당에서든 이제라도 국정 교과서 폐기 목소리가 나오길 기대한다고 밝혔다.

이명박·박근혜 정권,
민주적으로 선출된 이들이 민주주의를 허물다

민주공화국으로서의 위기를 상징할 만한 사건을 좀 꼽아주시죠.

몇 개만 꼽아달라고 하니 대답하기 참 어렵네요(웃음). 이명박·박근혜 대통령의 당선 자체가 민주공화국의 관점에선 큰 사건이 아닐까요? 저는 이명박 정부 때부터 작정하고 민주주의, 공화주의 이론이나 헌법을 공부했습니다. 그리고 민주공화국으로서 대한민국이 탄생되는 과정을 역사적으로 살펴보기 시작하였습니다. 대통령을 비롯해서 그때 집권층을 보면서 여러 차례 충격을 받았거든요. 그 사람들은 국가를 개인의 이익을 챙기는 도구쯤으로 여기는 듯했어요. 민주적 절차에 따라 선출된 이들이 아래로부터 민주주의를 허무는 모습을 고통스럽게 지켜보았지요.

최근엔 상상도 하기 힘들었던 일들이 사실로 확인되고 있습니다.

그렇습니다. '박근혜-최순실 게이트'를 보면서 많은 분들께서 "이게 나라냐"라며 탄식하셨는데, 2016년을 가장 상징적으로 보여주는 손팻말이 아닌가 합니다. 박근혜·최순실 두 사람이 한 일을 뉴스로 보면서, 이 사람들은 기본적으로 공사 구별이 안 되는구나, 국가를 마치 제 소유물처럼 여기는구나 하는 생각이 들었습니다. 그들에게는 '대한민국은 민주공화국이다'라는 관념 자체가 아예 없다는 거지요.

그런 점에서 11월의 밤을 수놓은 촛불은 '국민이 국가다'라는 민주공화국의 기본적인 원리를 분명히 보여준 또 하나의 혁명적 사건이라 생각합니다. 민주공화국을 바로잡으려는 촛불 속에 앉아 있다 보면 그래도 그동안 우리가 함께 이룬 것이 조금은 있구나 싶어 다행스럽지만 아직도 이런 일로 촛불을 든다는 데 생각이 미치면 참 가슴 아픕니다. 이제 통탄스러운 역사는 여기쯤에서 끝내야 하겠지요.

국정 단일 교과서란 그 자체로
민주공화국의 가치에 반하는 것

박근혜·최순실 패닉 상황에서도 예정대로 역사 교과서 국정화 일정을 강행하겠다는 교육부에 대해 어떻게 생각하십니까?

이제 돌아보니, 국정화 결정 과정은 한 해 먼저 터진 최순실 국정 농단 사건이 아닐까 싶습니다. 대체 대통령 말고 누가 국정화를 공공연하게 주장했습니까? 여당도 소극적이었고, 교육부도 속으로는 하지 않기를 절실하게 원했던 것으로 압니다. 이 일은 사실 보수의 어젠다가 되기에도 함량 미달입니다.

세계사적으로 봐도 정말 몰상식한 일이잖아요. 대다수 상식적인 국민의 뜻을 억눌러가면서, 한 사람의 꿈을 이루기 위해 정부 여당이 한 일들을 생각하면 고통스럽기까지 합니다. 국정화 시

이준식 사회부총리 겸 교육부장관이 2016년 11월 7일 사회관계장관 회의를 주재하고 있다. 이 부총리는 역사 교과서 국정화 추진 작업을 예정대로 진행하겠다고 밝혔다.

도 초기에만 해도 저는 교육부 사람들 참 안됐다고 생각했어요. 개인의 양심과 어긋나는 일을 강요받고 있다고 생각했으니까요. 그런데 시간이 흐르면서 그런 마음이 점차 사라졌습니다. 잘못된 시스템에 기계적으로 영합하는 데 그치지 않고 조금씩 자신의 일을 정당화하더니 아예 상식적인 반대자들을 매도하고 공공연하게 국정화 반대 진영을 공격하는 모습도 보였거든요. 수많은 아이히만 중에 하나가 아니라 적극적인 행위자로 바뀌더라는 겁니다.

바로 그 때문에 또 기대하는 바도 있습니다. 가능성이 낮지만, 그분들 중에서 누군가 국정 교과서는 여기쯤에서 폐기하는 것이 옳다고 주장하고 나설 것을 말입니다. 돌아보면 국정화 과정은 민주공화국의 가치에 반하여 진행되었으며, 내용이 어떻든 국정

단일 교과서란 이유만으로 민주공화국의 가치에 반합니다. 때문에 국정 교과서는 시간이 조금만 흐르면 어처구니없는 국정 농단이 가져온 비극적 에피소드였다는 것이 분명해지리라 봅니다.

개념적 정의보다는 어떤 역사적 과정을 거쳐 민주공화국이 현실화되었는지가 중요하다

경향신문 창간 70주년 기획 주제로 '대한민국은 민주공화국인가'를 연재하고 있습니다.

70주년 기념으로 주제를 잘 정했다고 생각합니다. 개인적으로는 '2019년을 어떤 방식으로 기억할까' 하는 주제로 비슷한 생각을 해본 적 있어요.

대한민국 임시정부 수립 100년을 말씀하시는 건가요?

그렇습니다. 2019년은 민주공화제 100년이 되는 해지요. 이때 즈음해 '대한민국은 민주공화국인가'라는 질문을 던지고 대답을 찾아가는 과정을 국민과 함께하면 좋겠다고 생각한 적이 있지요. 이 기획에서 민주공화국의 가치를 다양한 영역에 투영해보면 좋겠어요. '대한민국이 정말 민주공화국인가'에 대한 진지한 학술적 탐색도 이루어지고요.

1919년부터 1948년을 거쳐 1987년……그리고 현재까지 사람들이 민주공화국에 대해 갖고 있는 이상이 조금씩 다른 게 아닌가 싶은데요.

민주와 공화는 매우 상식적인 단어들이다 보니 두 단어를 이해하는 스펙트럼이 사람마다 많이 다르죠. 저는 역사를 공부하는 사람으로서 민주주의나 공화주의를 개념적으로 정의하려 하기보다는 '대한민국은 민주공화국이다'라는 헌법 제1조가 어떤 역사적 맥락에서 탄생한 것인지 생각합니다. 역사적 접근이 중요하다고 생각해요. 아니 역사적 접근을 하지 않으면 무의미하다고도 생각해요.

역사적 관점에서 생각해야 한다는 건 어떤 의미인가요?

'한국 사람들은 해방 이후 미국을 통해 민주공화국이란 단어를 처음 알게 되었다'라는 인식이 국민들 사이에 널리 자리 잡고 있어요. 그런데 사실이 아니잖아요. 한국 사람들이 미국을 통해서 민주주의를 배웠다는 건 말이 안 됩니다. 그럴 리가 있겠어요? 프랑스는 1848년에 남성 보통 선거를 통해 대통령을 선출했습니다. 아편전쟁 이후 유럽과 아시아의 교류가 크게 확대되었고, 그 무렵에는 많은 프랑스 선교사들이 조선에서 활동한 일도 있어요. 당시 사람들이 서양과 그들의 정치 제도를 이해한 결과는 이미 1850년대에 나온 최한기의 책에 잘 나와 있습니다. 더욱이 1880대 이후에는 서울에도 많은 외국인이 상주했고, 교류의 폭도 크게 넓어졌어요. 그런데도 1945년까지 한국 사람들이 민주주의나 공화주의란 단어를 몰랐겠어요? 한국의 지식 사회가 가진 통념 중 상당 부분은 식민지 시기 일본을 통해서, 혹은 해방 이후 미국을 통해서 형성되었어요. 그렇다 보니 이런 오해도 생겼다고 생각해요.

한국 민주공화제를 그저 서구에서 이식된 것으로 생각해서는 안 되겠지요. 국가의 근본과 관련된 것인데, 어느 날 하루아침에 뿌리내릴 수 있는 무엇이 아니잖아요. 민주공화국은 무엇인가 하는 질문은 그것이 한국에서 현실화되는 역사적 과정 속에서 비로소 제대로 의미 부여가 된다고 봐요.

선생님의 관심은 헌법을 역사적 맥락에서 이해하는 것에서 출발하는 거군요.

그렇지요. 국가는 역사적으로 구성되는 것이니까요. 국가가 무엇이냐 하는 선험적 질문을 던지기에 앞서 헌법이라는 국민의 계약이 어떤 과정에서 무엇을 지향하며 이루어졌는지를 살피는 것이 필요하다고 봅니다.

저는 오래전 제헌헌법 제18조(근로자의 단결, 단체교섭과 단체행동의 자유는 법률의 범위 내에서 보장된다. 영리를 목적으로 하는 사기업에서는 근로자는 법률이 정하는 바에 의하여 이익의 분배에 균점할 권리가 있다)를 보면서 헌법을 다시 생각하게 되었어요. 노동자들의 이익균점권을 천명한 조항인데요, 쇼킹했습니다. 그래서 다른 헌법 조항을 자세히 살펴봤죠. 정말 낯선 이야기가 많더라고요. 그래서 대체 이런 헌법이 어떻게 만들어질 수 있었을까 공부하기 시작했습니다. 벌써 제법 세월이 흘렀네요.

'대한민국이 민주공화국이다'라는 말의 의미를 생각할 때, 독립운동가들의 국가 건설 구상을 살피는 일이 중요합니다. 많은 부분 굴절·왜곡됐지만, 계승되어 헌법에 자리 잡은 내용도 적지 않거든요. 이 헌법은 결국 가장 우파적인 사람들도 인정하였던, 민주공화국에 대한 그 당시의 최소한의 합의였던 셈이지요.

1970년대에 역사학자 강만길 선생은 "독립운동의 역사는 '누가 어떻게 싸웠다'의 역사이면서 '싸우면서 우리 후손들과 함께 살아갈 국가의 구상이 어때야 하는가' 치열하게 토론하는 과정이었다" 하셨어요. 국가란 무엇인가, 민주공화국은 어때야 하는가는 정말 오랜 세월 동안 수많은 사람이 치열하게 토론한 주제였습니다.

민주공화제는 역사 속에서 여러 번의
변혁을 거치며 확립되는 것

한국적 의미의 공화주의를 어떻게 다룰 수 있을까요? 만민공동회나 3·1운동부터 어떻게 민주공화정을 논의할 수 있었는지 궁금합니다. 그게 어떻게 87년을 거쳐 지금까지 살아남았는지 놀랍기도 하고요.

저는 공화주의보다 민주주의가 더 중요하다고 생각해요. 그리고 민주주의를 하나의 정치 형태로 보기보다 '인민의 지배'가

관철되고 '인간의 권리가 제도화'된 사회라고 이해합니다. 이렇게 이해하면, 우리 역사에서 민주공화제의 역사를 보는 방식도 조금 달라진다고 봐요.

영국이나 일본은 왕이 있습니다. 그래도 그 나라들은 훌륭한 민주주의 국가라고 저는 생각해요. 공화주의가 아니어도 된단 말이죠. 주권자인 인민의 자기 성장 과정, 인민에 의한 통치가 현실화되어가는 과정……이런 과정을 거치면서 오늘의 민주공화제가 자리 잡았다고 생각합니다.

어떤 나라의 역사에서도 한 번의 변혁을 통해 민주공화제가 확립되지는 않았지요. 프랑스 혁명이 얼마 만에 성취되었는지를 돌아보면 잘 알 수 있지요. 우리 역사도 마찬가지지요. 한편에서는 외국의 입헌 정치에 대한 이해가 깊어지고, 또 다른 한편에서는 민중의 정치 운동이 활발해졌어요. 두 흐름이 경계를 넘나들면서 서로 흡수되고 경합하기도 했지요.

1894년에는 전봉준이 농민 권력을 수립하여 집강소를 운영했어요. 그런데 거의 비슷한 시기에 군국기무처에선 향회 조례를 만들어요. 지방 의회를 만들겠다는 것이지요. 갑오개혁이 원만하게 진행되었다면, 두 운동이 합류하면서 민주공화제의 역사에서 획기적인 전환을 이루었겠지요.

그래서 저는 한국 민주공화제의 역사를 탐구할 때 만민공동회보다 집강소가 더 중요하다고 봅니다. 턱도 없는 가정이지만, 그때 전봉준이 서울로 밀고 올라가서 미국 공사도 만나고 프랑스 공

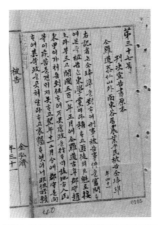

동학 농민 운동 지도자 전봉준의 재판 기록.

사도 만났다면……세계 유수의 국가가 공화국이란 사실을 몸으로
체험하였다면 어떻게 되었을까요? 지금 우리는 그 상황을 황당하
게 여기지만, 적어도 그때는 그런 상상이 가능했던 시기였습니다.

선생님이 정의하는 민주공화국이란 어떤 나라인가요?

글쎄요(웃음). 그걸 한마디로 어떻게 얘기할 수 있을까요.
저는 1948년에 만들어진 제헌헌법을 주목하자고 말씀 드리고 싶
어요. 그 헌법은 당시로서는 가장 우파적인 정치 세력이라 할 한민
당이 추천한 유진오가 기초하였지요. 특별히 진보적인 헌법이 아
니라 우파들도 합의할 수 있었던 일종의 최소합의라 할 만한데도
참 인상적입니다.

이 헌법을 심의할 때 국회의원들이 유진오에게 '민주공화

국이란 말이 무슨 뜻이냐'고 묻습니다. 속기록으로 확인할 수 있는 국회 본회의 때 이야기입니다. 그때 그는 이렇게 말합니다. "정치적 민주주의와 경제적·사회적 민주주의의 조화를 꾀하려는 것이 민주공화국이라는 말에 담겼다."

유진오가 만든 헌법 초안에서는 1조에 '대한민국은 민주공화국이다'라고 명시했어요. 2조는 '주권은 인민에게 있다'고 했죠. 나중에 초안의 인민이란 단어가 국민으로 바뀌었는데, 국민과 인민이 뜻하는 바는 조금 다르겠지요. 그가 인민이란 단어를 사용할 때는, '모든 인민은 자연권적인 존재다'라는……권리의 주체로서의 개인이라는 의미를 담고 있어요. 민주공화국의 가치는 인민주권 혹은 국민주권의 확장에서 자연스럽게 도달하게 되는 것인데, 유진오는 그것을 '자유롭고 평등한 사회' 곧 균등 사회로 인식했어요. 임시정부의 건국 강령의 큰 줄기이고, 제헌헌법의 기본 정신이기도 하지요.

빙 돌아왔지만, 민주공화국이란 어떤 나라인가란 당초 질문에 대한 제 답은 이래요. 그걸 복잡하고 학술적인 논의로 할 것 없이, 독립운동가들이 꿈꿨던 국가는 어떤 것이었는지, 임시정부 건국 강령에 나와 있는 국가상은 어떤 것이었는지, 해방 이후 남과 북에서 꿈꿨던 공화국은 무엇이었는지, 2016년 현재 우리 국민들이 대한민국이 어떤 국가이길 원하는지 확인하는 데서 출발하면 좋겠어요.

우리 헌법 전문에는 대한민국이란 국가는 국민의 안전과

자유와 행복을 위해 존재한다고 돼 있어요. 그것은 국제 평화와 국민 생활의 균등한 향상을 통해 가능한데, 이를 위해서는 남과 북이 싸우지 않고 단결해야 하며 민주적 개혁이 필요하다고 했습니다. 대한민국이 진짜 이럴 수 있기를 바랍니다.

인권으로서의 사회권을
보다 적극적으로 의식해야

박근혜–최순실 게이트 외에 1997년 이후 20여 년 동안 민주공화국으로서의 위기를 상징적으로 보여준 다른 사건을 꼽는다면 무엇이 있을까요?

외환위기를 수습하면서 있었던 일이 가장 먼저 떠오릅니다. 한국 현대사를 이 일의 전과 후로 나누어도 좋을 정도로 이 때 일어난 일은 중요하다고 생각해요. 많은 일이 있었지만, 그중에서도 정리 해고가 가능해지고 비정규직 노동이 제도화된 일이 가장 심각하다고 생각합니다. 노동자들을 대거 계약직으로 채용할 수 있도록 시스템을 바꾼 것은 국가가 해서는 안 되는 일이었어요. 국가는 국민 모두의 안전과 자유와 행복을 위해 존재하는 것인데, 그때의 조치들은 과연 국가가 모두를 위해 존재하는가 하는 근본적 회의를 갖도록 하였지요.

민주공화국의 가치를 생각할 때, 인권의 여러 항목 가운데서 사회적 권리 부분에 주목하고 싶어요. 그 내용은 이미 70여 년 전 제헌헌법부터 충실히 담겼는데요, 아직도 이 권리가 국민이 당연히 누릴 수 있는 인권의 차원에서 적극적으로 인식되지 못하는 현실은 안타깝습니다. 사회적 권리에 대한 국민적 공감이 없으니, 권력을 잡은 이들이 이를 이용하여, 결국 사적인 이익을 챙기는 대통령도 나오고, 아예 공사 구분이 없는 대통령까지 나오는 것이 아닌가 합니다.

일제의 침략에 맞서 싸우면서 형성된 민주공화국의 가치, 그 핵심이라 할 균등 사회 실현이란 이상이 많은 사람들의 입에 자주 오르내릴 수 있기를 바랍니다.

인터뷰 | 장은교 기자

"공화국은
사유물이 아니다"

김종철
녹색평론 발행인

김종철은 울산에 다녀왔다고 했다. 그는 현대중공업을 포함해 제조업체가 밀집해 있는 울산의 분위기부터 전했다. 구조 조정 때문에 노동자와 가족들이 불안해한다고 했다. "구조 조정 이전으로 돌아가는 건 꿈도 못 꾼다. 피해를 최소화하는 게 문제다. 구조 조정이 사회 전방에 영향을 끼칠 것이다"라고 했다. 2016년 7월 16일 서울 평창동의 한 중국 음식점에서 만난 그는 그리스 민주주의에서 시작해 동학의 폐정개혁안을 거쳐 토마 피케티의 《21세기 자본》에 이르기까지 두루 살피며 민주주의와 공화주의 이야기를 이어갔다. '박근혜-최순실 게이트'가 불거진 후 그에게 추가로 들은 생각도 전한다.

민주공화국의 이름으로 박근혜의
대통령직 수행을 당장 정지시켜야

박근혜–최순실 게이트를 어떻게 보시는지요? 지난여름 '대한민국은 민주공화국인가' 취재 때 말씀하신 우려가 최악의 상태로 터져 나온 듯한데요.

돌이켜보면, 박근혜라는 인물이 정치 무대에 나온 게 그 자신에게나 우리 모두에게 재앙이었어요. 박정희의 딸이라는 것 말고 뭐가 있었나요? 정치가로서 아무런 자질도, 능력도 보여준 게 없죠. 공사 구별도 전혀 못하는 위인이었고요. 이걸 또 웬만한 사람들이 다 알고 있었다는 거 아닙니까. 정치판과 언론계도 박근혜가 공직자로서는 매우 부적격한 인물이라는 사실을 알았잖아요. 사태를 이 지경까지 방치하거나 방조해온 자들이 더 문제죠. 책임져야 할 자들에는 어용 언론과 여당 정치가들뿐만 아니라 소위 야당 정치가들도 포함돼 있고요.

이대로 두면 너무 위험해요. 빨리 대통령직 수행을 정지시켜야 합니다. 200만이 모여 퇴진을 촉구하는데도 박근혜는 고위 공직자들을 새로이 임명하기도 하고, 나아가서는 한·일 군사정보보호협정이라는 위험한 조약까지 맺었어요. 앞으로 무슨 짓을 더 저지를지 몰라요. 정치권이 하는 일에 너무 화가 납니다. 박근혜–최순실 게이트가 처음 폭로됐을 때 국회는 즉각 대통령의 직무 정지에 착수했어야 합니다. 민주주의가 무엇인지, 공화국이 무엇인지를 이해하는 정치가라면 시민들이 광장으로 쏟아져 나오기 전에 탄핵 절차를 서둘러야 했던 거죠. 최소한의 책무인데, 야당 의원들조차 꾸물거리다 뒤늦게 탄핵 절차에 합의했어요. 대체 무슨 궁리를 하고 있었나 싶습니다. 국회가 아무리 '공공심을 결여한 인간들'의 집합체라고 해도요. 야당이 우려하는 걸 모르는 건 아니지만, 대통령직 수행을 즉시 정지시키는 것보다 더 시급한 과제는 없어요. 우려는 나중에 대응하면 되죠. 국회가, 좀 더 좁혀 말하면 야당 정치인들이, 자신들이 떠맡아야 할 역사적 책무라는 것을 제대로 인식이나 하고 있는지 모르겠습니다.

'대한민국은 민주공화국인가'를 다시 물으려 합니다. 사드 배치 결정 과정에서도 주권과 정책 결정의 비민주성이라는 문제를 볼 수 있는 듯합니다.

박근혜는 사드 배치해서 어떻게 하겠다는 거지? 심각합니다. 박근혜에게 고도의 자문을 할 수 있는 사람이 있는지 의문이에요. 외교부 장관, 국방부 장관도 (배치를) 몰랐다는 거잖아요. 미국의 주 목표는 중국 견제입니다. 북한 레짐 체인지 말도 나오는데, 과잉 해석 같아요. 야당의 존재, 역할에 실망이 커요. 안철수가 국민투표 하자는 게 그중 제일 나은 말이잖아요. 국민이 결정해야 한다는 그 말이 민주공화국의 원칙에 제일 충실한 이야기죠(웃음). 맞는 소리입니다. 국민이 결정할 일이지 집권자가 결정할 게 아니라는 거죠. 입만 열면 '애국'을 말하고 미국의 '은혜'를 이야기하는

국방부는 2016년 9월 30일 사드를 경북 성주군 초전면 성주골프장에 배치하기로 최종 결정했다. 이날 저녁 시민들이 모여 촛불집회를 열고 정부의 사드배치 철회를 요구하고 있다. ⓒ경향신문

대한민국 기득권층 사람들의 한결같은 공통점이 있어요. 자신들의 사적 이익을 공익 내지 국익으로 끊임없이 위장, 은폐하면서 상습적인 거짓말을 한다는 점이죠. 사드 배치, 세월호 참사 진상 규명, 4대강 사업 추진 때도 다 그랬죠.

공화주의에 불가결한 시민적 덕성은 소박함과 검소함

선생님께선 '공화국'의 중요한 요소가 무엇이라고 보시는지요?

그리스 민주주의를 다시 공부하고 있어요. 그리스에서는 민중이 자기 통치를 하는, 바로 근원적 민주주의를 시행했죠. 그런

민주주의가 정착되려면 지도자가 필요해요. 민주주의 제도가 정착할 때까지는 탁월한 자질과 능력을 가진 지도자가 나타나야 했어요. 나는 플라톤과 같은 엘리트주의자들은 문제라고 보지만, 민주주의라는 시스템을 형성하고 확립하는 과정에서 지도자의 역할은 필수적이라고 생각합니다. 예를 들어 아테네 민주주의도 솔론(기원전 640~560 추정)이라는 위대한 인물에게 권력이 주어지고, 그가 보다 평등한 사회·정치적 질서를 견고하게 구축했기 때문에 가능해졌거든요. 솔론은 무엇보다 토지를 분배한 인물입니다. 재산을 고르게 나누는 것이 사회·정치 개혁의 출발점이라는 것을 명확히 했죠. 고대 이래 인간 역사는 근본적으로 토지를 어떻게 분배할지, 즉 현대식으로 말하면 재산을 어떻게 분배할지에 관한 것이라고 할 수 있습니다. 민주공화국이란 것도 그래요.

최근에 몽테스키외의 《법의 정신》을 읽어봤는데요, 《법의 정신》에서 강조하는 건 결국 공화국이란 사유물이 아니라는 겁니다. 국가는 공적인 것, 즉 공유재라는 거죠. 몽테스키외가 명백하게 이야기합니다. 공화주의자는 기본적으로 민주주의자가 될 수밖에 없다고요. 왜냐면, 공화주의는 공화국 구성원들의 평등한 관계를 전제하지 않으면 성립할 수 없기 때문이라는 거죠. 공통의 물건을 공통으로 소유하는 권리와 같은 게 공화국의 정신이니까. 결국 평등주의 원리죠. 그런데 정치적, 경제적 평등이란 곧 민주주의죠. 그리고 《법의 정신》을 읽다가 이 부분에서 너무 놀랐는데, 내 평생 지론이 고르게 가난하게 살자는 거 아닙니까? 그런데 몽테스키외가 공화주의에 불가결한 시민적 덕성을 꼽으면서 드는 게 바로 소박하게, 검소하게 살아야 한다는 것입니다. 그래야만 사람들이 평등하게 살 수 있다는 거죠. 18세기 상황에서 그런 말을 했다는 게 놀라웠죠. 그러나 몽테스키외는 자신의 시대 상황에서는 현실적으로 그게 어렵다고 봤어요. 이미 광범하게 세속화된 세상에서는 사치스럽게 살고 싶은 욕망이 분출하고 있기 때문에 남들과 더불어 소박한 생활을 하겠다는 정신이 약할 수밖에 없다고 봤으니까요. 그래서 그런 상황에서는 공화주의 정신이 살아 있는 것이 매우 어렵다고 본 겁니다.

전에 〈정치의 부재, 공화주의 결여〉라는 제목으로 쓰신 칼럼이 떠오릅니다. 지난해 3월 퇴임한 전 우루과이 대통령 호세 무히카가 재임 중 극히 소박하고 파격적인 생활 방식을 취했다는 구절이요.

흔히 무히카 대통령을 세상에서 가장 가난한 대통령이라고 언론이 상투적으로 이야기하는데, 실은 가장 가난한 대통령이 아니라 가장 욕심 없는 대통령이라고 해야 정확합니다. 그가 매우 검소하게 사는 것은 개인적인 체질 때문이기도 하겠지만, 동시에 그의 공화주의적 신념 때문이라는 점이 중요합니다. 그는 '나는 공화주의자다. 공화주의자란 자기 나라의 다수 가난한 국민들의 평균적 생활수준 정도로 생활하는 것에 만족해야 한다'라고 말했어요. 이 말을 듣고 깜짝 놀랐습니다. 현실의 정치가 중에서 이런 말을 하는 사람이 있다니!

무히카는 대통령 재임 중에도 아내와 함께 근무 시간 외에는 교외의 작은 농가에서 살았습니다. 대통령 관저는 자기 가족에게는 너무 크다고 노숙자들에게 내주고요. 봉급의 대부분을 시민단체에 기부하고, 출퇴근 시에는 오래된 폭스바겐 비틀스를 직접 운전했어요. 이런 모습은 '정치적 쇼'로 오해받을 수도 있지만, 실은 공화주의적 신념에 완전히 부합하는 행동이었죠. 우리는 정치가 타락할 대로 타락한 사회에서 늘 저차원적인 담론을 주고받으면서 살잖아요. 관념적인 얘기일지 모르지만, 한 번쯤은 무히카 대통령 같은 지도자의 모습을 통해서 우리 모두가 충격을 좀 받았으면 좋겠습니다.

한국의 공화주의 전통은
전봉준으로부터

한국에선 공화주의 전통, 공화주의 정신을 찾을 수 없나요? 보통 임시정부 헌법을 떠올리곤 하는데요.

임정 헌법 중요하죠. 나는 좀 더 거슬러 올라가고 싶어요. 지금 우리나라의 소위 엘리트들의 수준이라는 것은 옛날 조선 왕조가 망할 때의 엘리트들의 수준과 다르지 않아 보여요. 120년 전에 나라를 구하려고 궐기했다가 반동적인 지배층과 외국 군대에 무참하게 학살을 당했던 동학농민군이 생각납니다. 그들이 죽어가며 염원했던 '좋은 세상'이 지금과 같은 대한민국이었을까 하는 생각을 해봅니다. 동학농민전쟁 때, 전봉준이 1894년 4월 전주성을 함락하고서 10월 2차 봉기할 때까지 집강소를 설치해 자치를 했잖아요. 집강소를 설치하면서 동학 지도자들이 밝힌 개혁안 12조가 있어요. 노비 문서 불태우고, 탐관오리 불태우고 등등 여러 조항이 있는데, 그중 제일 중요한 게 토지를 고르게 분배하자는 겁니다. 가장 중요한 것은 역시 토지 문제였어요. 당시 시대 상황을 봐야 이 의미를 더 잘 알 수 있어요. 고종이 나중에 대한제국 만들고 근대화한다고 했지만, 이미 때는 늦었죠. 소위 힘깨나 쓰는 관리, 벼슬아치들이 백성들하고 나눈다는 의식이 없었어요. 나라가 망했으면 망했지 백성들과 함께한다는 생각은 티끌만큼도 없었던 것 같아요. 전봉준 선생은 원래 유생이었지만, 서울의 엘리트들과는 근본적으로 달랐죠. 당시 동아시아는 아직 유교가 지배하는 사회였지만, 중국의 지식인들 사이에서는 유학을 재해석함으로써 보다 민주적이고 평등한 세상을 지향하려는 움직임이 꽤 활발했습니다. 비록 실패했지만, 강유위, 양계초, 담사동 등등 젊은 지식인들이 시도했던 무술변법(1898) 운동은 그런 움직임을 대표하고 있었죠. 나는 전봉준 선생의 진취적인 혁명 사상은 동학뿐만 아니라 동아시아의 그런 새로운 사상적 기류에 암암리에 영향을 받았던 게 아닐까 생각합니다.

어쨌든 동학농민혁명이 실패로 돌아가고 전봉준 장군이 서울로 압송되어 재판을 받는데, 그 재판 기록이 지금 '전봉준공초'

압송되는 전봉준.

라는 이름으로 남아 있습니다. 굉장히 흥미로운 문서입니다. 그때 재판에는 조선의 사법 관리 외에 일본 영사도 신문관으로 참여합니다. 그런데 그 일본 영사가 신문 도중에 마음속으로 전봉준 장군을 굉장히 존경하게 됩니다. 조선에 이런 위대한 인물이 있다니! 그러면서 나중에 일본 정부에 청원서를 올려 이 사람 절대로 죽여서는 안 된다고 구명을 요청합니다. 그러나 일본의 지배층 입장에서는 동학 잔당을 살려놓을 수는 없고, 조선 정부 측에서는 국가에 맞서서 무기를 들었던 반란군의 수괴를 살려놓을 수는 없었죠. 그래서 전봉준 선생은 결국 처형을 당하죠. 그런데 신문관들이 전봉준 선생에게 동학군이 서울을 점령하게 되었다면 어떻게 할 생각이었느냐고 묻는 대목이 있습니다. 전봉준 선생의 답변은 바로 공화주의 사상에 입각한 것이었습니다. '조선이 이렇게 된 건 결국

1인 통치의 결과이다, 군주제에서는 늘 영민한 군주가 나오리란 보장이 없다, 어리석은 군주가 등장하면 나라가 망해가도 방법이 없다, 우리가 생각한 것은 현명한 사람들이 공동으로 통치하는 합의제 정치다'라고 대답했어요. 그러니까 조선의 역사에서 최초로 공화주의 사상이 천명된 거죠. 나는 전봉준 선생이 구상한 이 정치 모델은 지금도 유효하다고 봐요. 중앙의 정치는 합의제로 하고, 각 지역에서는 집강소 시스템, 즉 풀뿌리민중이 직접 자치를 한다는 구상 말입니다. 지금 생각해도 이상적인 모델입니다. 한데 120년이 지났음에도 우리는 전봉준 선생의 꿈의 절반도 이루지 못하고 있습니다. 생각하면 원통하죠. 지금은 별로 희망도 안 보이고요.

엘리트 지배 체제를 극복할
하나의 대안, 시민 의회

한국에서 공화주의를 실현하려면 어떤 게 필요하다고 보시나요?

요즘 나라를 다시 만들면 안 된다는 절박함을 박근혜 때문에 느끼고 있잖아요. 구체적으로는 제도를 만들어야 하죠. 결국은 비례대표제로 국회를 구성할 수 있어야 합니다. 시급합니다. 우선 독일식으로 지역구 절반, 정당 명부별 비례대표 절반 정도라도 가는 게 1차 목표라고 봐요. 최근에 남재희 선생이 어딘가 쓴 거 보니까, 개헌이니 뭐니 하는 허튼소리 하지 말라고 했더군요. 사실 지금 5년 단임제가 문제가 아니잖아요. 박근혜 같은 사람이 중임한다면 큰일 나죠. 이원집정부제도 대혼란을 가져와요. 대통령은 외치를 맡고 총리는 내치를 맡는다는 게 말이 안 되죠. 내치와 외치를 어떻게 분리할 수 있어요?

나는 개헌의 내용보다 더 중요한 건 개헌의 주체가 누구냐 하는 문제라고 생각합니다. 기성 정치가들에게 맡길 게 아니라 시민들이 개헌의 주체가 되어야 한다고 생각해요. 시민 의회Citizen Assembly를 만들면 됩니다. 지금 국회는 선거로 뽑힌 사람들로 구성하잖아요. 재산이나 명성 혹은 사회적 지위가 없으면 국회의원 못 되잖아요. 그러니까 국회란 결국 지배층, 엘리트들의 이익을 대변하는 기구가 될 수밖에 없죠. 그런 의미에서 추첨(제비뽑기)으로 대표자들을 뽑아 시민 의회를 구성하면 엘리트 지배 체제에 대한 대항체가 될 수 있어요. 법적 구속력은 없어도 국회가 결코 무시할 수는 없을 겁니다. 아무리 대중이 광화문 광장에 집결해서 데모를 열렬히 벌여도 이런 시민 의회로 대중의 의사를 수렴하지 못하면 아무것도 결실을 맺을 수가 없어요. 세월호 참사나 사드 배치 같은 문제가 발생하면 시민 의회를 열어서 전체 민중의 의사를 물어야죠.

그런데 시민 의회는 그냥 몇몇 시민 단체들만으로 기획해선 안 됩니다. 전국적으로 마을 단위에서부터 풀뿌리들이 일정한 수효의 대표자를 추천하고, 추천된 사람들이 전부 회의를 할 수는 없으니까 그들 중에서 제비뽑기로 몇백 명을 뽑아서 의회를 구성하는 거죠. 이런 방식이 현재의 선거로 구성하는 국회보다 훨씬 더민의를 제대로 대변할 수 있습니다. 시민 의회는 필요하면 전문가들을 초대하여 그들로부터 해당 사안에 대해 충분한 설명과 조언을 청취한 다음에 숙의와 토론을 거쳐 결정하면 됩니다. 이런 것을 숙의민주주의라고 하죠. 이 숙의민주주의는 고대 아테네 민주주의의 민중 자치의 원리를 살리면서 동시에 그 민주주의가 빠질 수 있는 심사숙고의 결여를 보완하는 형태라고 할 수 있습니다. 어떻든 지금 현재의 대의제 민주주의는 다수 민중의 뜻에 반응을 하지 못하고 기득권, 특권층의 이익에만 봉사한다는 비판을 받고 있잖아요. 이에 대한 가장 좋은 대안이 바로 숙의민주주의, 즉 시민 의회를 수립하는 거라고 나는 생각합니다. 그러나 현실적으로 이것은 아직 보통 시민들에게는 상당히 낯선 이야기가 되기 쉽죠. 그래서 우선은 선거법을 개정하여 비례대표제를 확대하는 게 당면한 가장 시급한 과제라는 생각이 듭니다.

공직자 선출은
선거보다는 제비뽑기로

선거법 개정은 정말 필요한 듯한데요.

그렇죠. 하승수(전 녹색당 공동운영위원장) 씨가 신생 정당이 정치권 들어가기 지난하다고, 녹색당 활동하면서 절감한 모양이더라고요. 첩첩이 장벽입니다. 공탁금 걸어야 하는 데가 우리나라밖에 없다고 해요. 일본은 그나마 공탁금이 우리보다 많이 싸다고 하고요. 녹색당은 굉장히 부담스러웠어요. 가난하니까. 후보 1인당 1,500만 원을 내고, 15퍼센트를 득표해야 돌려받는데, 실제로 신생 정당 후보자들은 다 날리거든요. 돈 없는 사람들은 아예 정치판에 끼어들지도 말라는 소리죠. 이건 선거법만 조금 고쳐도 되죠. 헌법재판소에 위헌 소송을 제기한 상태입니다. 우리나라 정치가 지금보다 조금이라도 더 합리적으로 돌아가려면 선거법 개정이 필요해요. 제비뽑기로 하면 제일 좋다고 나는 생각하지만, 아직은 낯선 아이디어니까요. 어느 자리에서 내가 검찰총장도 제비뽑기로 뽑아야 한다고 하니까 다들 웃더라고요. 전국의 상당한 경력을 가진 법대 교수, 검·판사, 변호사들이 검찰총장 후보를 3~4명 선거로 뽑은 다음 그 명단을 항아리에 넣어서 광화문 광장에서 대통령이 최종적으로 제비로 뽑으면 되잖아요. 그러면 형식적으로는 대통령이 임명하면서도 실질적으로는 대통령의 눈치를 볼 필요가 없는 검찰총장이 출현할 수 있지 않겠어요? 나로서는 꽤 합리적인 방법이라고 생각하는데 왜 다들 웃기만 하는지 모르겠어요.

사실 검찰만 권력의 눈치를 보지 않고 정치적 중립을 지키면서 제대로 역할을 해준다면 다른 제도를 고치지 않더라도 지금 당장에 우리나라가 보다 좋은 나라가 될 수 있다고 나는 봅니다. 진보적인 학자들은 검찰총장 직선제를 선호하는 경향이 있는데, 나는 모든 선거는 기본적으로 결함이 있다고 생각해요. 선거는 얼마 안 가서 대체로 타락하기 마련입니다. 부정이 개입할 가능성이 항상 존재하니까요. 선거를 하면 파벌이 생기고, 공동체가 분열되고, 분쟁이 그치지 않아요. 장기적으로는 공직자 전부를 선거가 아닌 제비뽑기로 뽑는 방안에 대해서 생각해봐야 할 겁니다. 민주공화국을 정말로 만들려면 말이에요.

공화국을 이루려면
경제적 평등이 보장돼야

경제 불평등 문제도 빼놓을 수 없을 듯합니다.

결국은 재산 문제죠. 공화국이 성립하려면 경제적 평등이 보장돼야 합니다. 그런데 인간 세상에 완전 평등은 있을 수 없어요. 사람마다 능력이 다른데 완전한 평등이라는 게 성립될 수 없죠. 하지만 기회는 동등하게 부여해야 합니다. 그리고 동등한 정치적 권리를 행사하는 게 공화주의인데, 경제적으로 어느 정도의 평등이 이루어지지 않으면 그 권리가 실현이 안 되죠. 지금 세계적으로 경제 불평등 현상은 날로 심화되고 있어요. 세계적 민간 기구인 '옥스팜'이 2015년 정초에 내놓은 보고서는 "전 지구적으로 갈수록 소수의 부유한 엘리트의 손에 부가 집중되고 있다"는 구절로 시작해요. 2014년도 세계 최상위 1퍼센트 부유층이 소유한 재산은 세계 전체 부의 절반에 육박하고, 상위 10퍼센트 부자들은 세계 전체 부의 90퍼센트를 차지했다죠. 이렇게 가서는 안 되는 겁니다.

이대로 가면 곧 세계의 부가 0.1퍼센트한테 집중될 거예요. 금융 상품 거래를 보세요. 주식 시장에 개미들이 들끓지만, 실제로 자본 투자(투기)를 해서 생기는 이득은 0.1퍼센트한테 집중되고 있어요. 그 0.1퍼센트가 현재 모든 '캐피탈게인'의 50퍼센트를 차지한다잖 아요. 그리고 10퍼센트의 개인이 전체 이득의 90퍼센트를 가져간 다고 하고요. 하위 90퍼센트 투자자들이 얼마 안 되는 나머지 이익 을 나눠 가지는 거예요. 이런 구조예요. 부자들은 그렇게 번 돈을 갖고 계속 금융 상품으로 장난을 하거나 기업 통폐합을 한다든지 해서 끊임없이 재산을 늘리고 결국 정치를 맘대로 주무르고 있잖 아요. 지금 세계 경제를 보면 생산 활동보다 금융 상품 거래 쪽에 훨씬 많은 돈이 돌아가고 있잖아요. 이런 금융자본주의화가 바로 1990년대 이후 세계 경제를 왜곡시켜온 장본인이죠. 그걸 규제하 라고 요구하면 자본이 외국으로 나간다는 이유를 내세워서 안 하 잖아요.

프랑스 경제학자 토마 피케티 같은 사람은 금융 자본에 대 해서 국제적인 과세를 해야 한다는 대안을 제시하고 있죠. 그러려 면 각국 정부가 공조해야 하는데, 현실적으로 그렇게 협력할 정부 가 있겠어요? 고소득자에게 최대 80퍼센트의 누진세와 상속세를 부과하고 부유층의 토지, 주택, 특허, 금융 자산 등 자산 전체에 매 년 최고 5~10퍼센트의 글로벌 총자산세를 물리자는 데 동의하겠 어요? UN을 통해서 그게 가능하겠어요? 피케티의《21세기 자본》 은 그런 딜레마를 남겨놓고 끝나요. 피케티가 세계적으로 심화되는 경제적 불평등 현상이 수백 년간 지속된 자본주의 체제의 내재적 특성 때문이라는 것을 방대한 통계 자료로 입증한 점은 높이 살 만합니다. 그러나 그의 해법은 실현성이 희박합니다. 그런데 주목할 점은 피케티가 1·2차 세계대전 이후 20세기 중반까지가 비교적 불평등이 완화된 시기였다고 말한 겁니다. 그리고 그것은 자본주의 역사에서 매우 예외적인 시기였다고 합니다. 나는 피케티의 이런 관찰은 그동안 근대적 정당 정치와 대의제 민주주의가 실질적인 민주주의를 위한 기본 조건, 즉 경제적 민주주의를 실현시키는 데 완전히 무력했다는 걸 암시하는 거라고 봐요. 종래의 민주주의가 오히려 불평등의 심화·확대를 촉진하거나 적어도 방조해왔다는 거죠. 피케티의 최종적 해법은 '민주주의의 강화'인데, 여기서 정말로 필요한 게 이제 진정한 민주주의란 무엇인가 하는 것을 깊이 생각하는 것입니다. 그런 점에서 경향신문의 민주공화국 기획은 시의적절하다고 봅니다. 어쨌든 구태의연한 방법으로는 민주공화국을 만들 수 없다는 것을 알아야 할 겁니다. 어떤 정권이 들어서도 무너뜨릴 수 없는 공명정대한 나라의 틀을 만들어야 합니다.

인터뷰 | 김종목 기자

시민이 개헌 주도한 아이슬란드…
이런 게 '주권자 권리'

김형규 기자

재벌, 정치 세력, 행정·사법 관료,
언론이라는 소수가 지배하는 과두제 사회.
주권재민의 원칙 실현을 위해
직접민주주의를 확대해야 한다.

시민 통치는 가능한가

대한민국은 민주공화국인가? 질문을 받은 하승수 변호사(비례민주주의연대 운영위원)는 "우리의 삶과 일상이 누구에 의해 어떻게 결정되고 있느냐"고 되물었다. 어떤 나라가 민주공화국인지를 분석하는 틀 중 하나는 '누가 지배하는가'이다. "민주공화국은 다수의 국민들이 참여해서 공동체의 문제를 결정하는 것인데 지금 과연 누가 결정하고 누가 지배하고 있죠?" 그에게 대한민국은 민주공화국이 아니다. 과두제이다. 재벌, 기득권 정치 세력, 행정·사법 관료, 기득권 언론이라는 소수가 다수의 시민을 지배하는 사회다.

'박근혜-최순실 게이트'는 최악의 소수 지배를 보여준다. 박근혜 대통령과 '비선 실세' 최순실 씨(60)는 청와대를 비롯한 국가 기관을 총동원해 사익을 추구했다. 재벌들은 800억 원이 넘는 돈을 갖다 바쳤고, 그 대가로 막대한 이익을 챙긴 혐의가 드러나고 있다. 정부는 이 모든 과정에서 꼭두각시 역할에 충실했다.

왜 주권자인 시민은 결정 못하나

민주공화국이라면 중요한 사회적 의제나 국가 정책 결정은 주권자의 뜻에 따라야 한다. 박 대통령 집권 기간 이뤄진 정부의 주요 정책 결정 과정은 대부분 비민주적이고 독점적이었다. 고고도미

사일방어체계(사드) 배치, 개성공단 폐쇄, 한·일 위안부 졸속 합의
가 그랬다. 노무현 정부 때 시작된 제주 강정마을 해군 기지 건설,
이명박 정부 때 불거진 밀양 송전탑 건설도 강행했다. 박명림 연세
대 교수는 이렇게 말한다.

"위안부 합의는 3년 정도 비교적 잘 지켜오다가 국민이나 이해
당사자들의 의사를 듣지 않고 마치 군주의 의사 결정처럼 급전환
했죠. 사드 배치도 한·중 관계와 남북 관계를 고려해 잘 지켜오다
가 밀실 결정으로 급변침하는 식이었고요. 개성공단 역시 전쟁이
난 것도 아닌데 입주 기업들의 권리나 이익을 전혀 고려하지 않고
하루아침에 전면 폐쇄 방침을 발표했습니다. 결정 과정은 전혀 민

2016년 11월 1일 '11.12 박근혜 퇴진촉구 시민대행진 추진위원회' 소속 회원들이 서울 광화문
광장에서 박근혜 대통령을 국정농단의 책임자로 지목하고 자진사퇴를 요구하고 있다. ⓒ경향신문

주적 절차를 따르지 않았고, 국민의 이익을 국가가 보장하는 공화주의도 찾아볼 수 없었죠."

자신의 생명과 재산이 걸린 문제에서조차 직접적인 이해 당사자인 주민들은 들러리 신세였다. 정부가 일방적으로 밀어붙이는 정책을 반대하면 집단 이기주의로 매도됐다. 소수 지배 권력은 정책에 반대하는 이들을 나머지 국민과 분리시킨 뒤 '외부 세력', '불순 세력'으로 몰아 공격했다. 새누리당 정진석 원내대표가 2016년 10월 광화문 광장에서 세월호 참사와 고 백남기 농민 관련 농성을 하는 사람들을 향해 "국가 공권력 추락이 빚어낸 부끄러운 자화상"이라고 공격한 것이 대표적 사례다.

이택광 경희대 교수는 "경북 성주에 사드를 배치하자는 결정이 누가 어떻게 논의해 이뤄진 것인지 시민들은 알 방법이 없다"며 "이런 식의 밀실 합의와 일방적 통보에 대해 시민들이 항의하면 경찰력을 투입해 찍어 누르고 공안 정국을 조성해 돌파하는 것이 정부의 반복된 행태였는데, 이런 권위적 통치는 공화주의와 거리가 멀다"고 말했다.

생명·재산 보호 못하는 국가

박근혜 정부는 시민의 생명과 재산 보호라는 국가의 기본 책무에서부터 무능하고 소홀했다. 304명의 생명이 죽어가는 걸 온 나라가 눈 뜨고 지켜봐야만 했던 세월호 참사가 불과 2년 전이다. "민주공화국이 아니라 그냥 국가의 부재를 보여주는 사건"(한상희 건국대 교수)이었다. 해경을 해체하고 국민안전처를 신설했지만 2016년 9월 경주 강진 때도 '정부의 부재'가 드러났다. 재난 대응 컨트롤타워가 없고 각 부처가 따로 노는 난맥상은 되풀이됐다. 시민들은 국민안전처 홈페이지나 공영 방송의 재난특별방송보다 사회관계망서비스SNS에서 지진 관련 정보를 더 많이 얻었다.

원자력 발전소 사고를 우려하는 여론이 비등할 때도 원전 사업자인 한국수력원자력과 기상청은 "안전하다", "그럴 일 없다"는 말만 반복했다. 며칠 지나지 않아 진앙에서 반경 50킬로미터 안의 고리·월성 원전 인근에 활성 단층이 존재하고, 이 단층에서 최대 규모 8.3의 지진이 발생할 수 있다는 비공개 정부 보고서 내용이 경향신문 보도로 공개됐다. 시민들에겐 '위험에 대한 자기 결정권'이 없는 것이나 마찬가지다. 저마다 SNS에서 '생존 배낭' 꾸리는 방법을 검색해가며 각자도생을 꾀할 수밖에 없다.

2016년 2월의 개성공단 전면 폐쇄는 헌법의 '재산 보호' 의무(제23조)를 저버린 사건이기도 했다. 북한 핵 도발 제재를 명분으로 공단을 폐쇄하면서 입주 기업들은 하루아침에 사업 근거를 잃었다. 이들은 정부의 갑작스러운 공단 폐쇄가 적법 절차를 위반하고 재산권을 침해한 위헌 행위라며 2016년 5월 헌법소원을 청구했다.

이들이 추산하는 손해액은 1조 5,000억 원이 넘는다. 그러나 북한은 이후 잠수함발사탄도미사일SLBM을 포함해 20발이 넘는 미사일을 발사했고 5차 핵 실험도 강행했다. 안보 대치가 격화되는 속에서 개성공단만 희생양이 된 꼴이다.

지배와 통치의 도구 '안보 상업주의'도 다시 봐야 한다. 1972년은 "정치적으로는 유신, 경제적으로는 중화학 공업 정책, 조세 및 복지 정책에서는 소득세와 기업 부담을 줄이고 간접세에 의존하는 저부담·저복지 체제가 도입된"(장덕진 서울대 교수) 해였다. 독재 체제를 옹호할 때도, 노동자들의 단체 행동을 제한할 때도 '72년 체제'가 내세운 핵심 가치가 안 보였다.

정권의 안보는 '민주공화국'의 그것과는 다르다. '안전 보장'의 줄임말인 안보는 사전을 보면 '외부의 위협이나 침략으로부터 국가와 국민의 안전을 지킨다'는 뜻이다. 혁명사를 전공한 최갑수 서울대 교수는 근대 이후 모든 국가의 최우선 목표는 구성원의 안전 보장이었다고 설명한다.

"국가의 존재 이유는 인간의 기본권을 지키는 것이다. 기본권은 결국 사람의 생명을 말하는 것이고 그와 관련된 자유와 안전을 포괄한다. 프랑스대혁명 이래 모든 혁명의 인권 선언과 근대 국가의 헌법에 안전에 대한 내용이 포함된 것은 이런 이유 때문이다. 국민의 안전을 보장하지 못한다면 국가로서 존재 가치가 없는 것이다."

최 교수는 "헌법 전문에 '우리들과 우리들 자손의 안전과 자유와 행복을 영원히 확보할 것을 다짐'한다고 돼 있다"며 "한국은 헌법 선언과는 달리 내부로부터 국가의 기본 가치를 허물고 있는 것"이라고 지적했다.

'박근혜-최순실 게이트'는 한국이 근대 국가로서 최소한의 공적 시스템도 갖추지 못했다는 걸 드러냈다. 통치와 지배 문제에다 대

의민주주의 제도의 한계를 보여준다. 시민의 지배와 통치는 불가
능한가. 주권자인 시민은 거리로 나가 촛불을 드는 것 외에 할 수
있는 일이 없는 것일까.

권력 분산과 직접민주주의 확대로 가야

김종철 녹색평론 발행인은 직접민주주의 요소를 강화해야 한다고
말한다. 그는 "관에 맞서는 민의 대항체로 전국적 차원의 시민 의
회를 구성하는 것도 고려해볼 만하다"며 아이슬란드의 예를 들었
다. 아이슬란드는 2010년 무작위로 선발한 시민 1,000여 명이 헌
법 개정을 주도한 경험이 있다. 2008년 글로벌 금융 위기 책임을
규명하고 대안을 마련하라는 요구가 커질 때였다. 이 실험은 기성
정치 세력에 대항하는 '해적당'의 약진으로 이어졌다.

　국민투표 활성화와 국민발의제, 사법부 수장 직선제, 검찰총장
직선제 같은 대안도 나왔다. 박경신 고려대 교수는 "이명박 정부
의 4대강 사업만 해도 국민이 직접 투표 등으로 결정에 참여할 수
있었다면 결과에 관계없이 민주주의 학습의 기회가 됐을 것"이라
며 "대법원장과 검찰총장 등 사법부 고위직도 평판사·평검사들이
투표로 뽑은 '최고사법위원'들이 임명하는 식으로 바꾼다면 사법
부 불신이 지금보다는 많이 줄어들 것"이라고 했다.

　김상봉 전남대 교수는 지방 자치의 급진적 강화를 대안으로 내
놨다. 김 교수는 "중앙 정부가 독점한 국가 권력과 예산을 인구 비
례에 따라 다 나눠야 한다"며 "지방 자치 단체들이 무상 급식, 반

값 등록금, 기본 소득 등 다양한 복지·사회 정책을 두고 선의의 경쟁을 하게 만들면 자연스럽게 권력이 시민을 위해 봉사하는 민주공화국의 정신이 구현될 것"이라고 설명했다.

여러 지식인들은 주권재민을 현실화할 방안으로 한결같이 기존 권력의 분산을 꼽았다. 문자 그대로 공화국을 '모두의 것'으로 만들기 위한 방안이다. 시민의 자기 통치가 가능하려면 정치·경제 권력을 보다 평등하게 나눠야 한다는 것이다.

박명림 교수는 "헌법에서 가장 중요한 게 주권재민 원칙"이라며 "이걸 실현하려면 대통령 권력과 행정부 권한이 입법부를 압도하는 지금의 권력 구조부터 바꿔야 한다"고 했다. 주권자인 국민의 뜻을 위임받은 의회가 우위에 서서 대통령 권력을 견제할 수 있어야 한다는 것이다. 박 교수는 "의회 강화를 위해선 의원 숫자를 지금보다 배 이상 늘리고, 현재 행정부가 독점한 인사·예산·정책·감사권 중 최소한 절반 이상은 의회가 가져와야 한다"고 말했다. 그는 권력의 구성과 감독·감시와 관련된 업무를 행정부로부터 독립시켜 입법-사법-행정부에 이은 제4부로서 '감독부'를 설치하자는 제안도 했다.

대한민국 하면?
"야근이 떠올라요"

장은교 기자

대한민국의 하루하루를 정확하게,
꼼꼼하게 기록하고 있는 아이들…
아이들이 말하는 대한민국의 현실과 꿈을
칠판에 옮겨 적어보다.

"대한민국 하면 무엇이 떠오르죠?"

서울 강북구 삼양초등학교 6학년 5반은 스물두 명이다. 2016년 9월 20일 아이들의 눈이 칠판에 쓰인 네 글자에 모아졌다. '대. 한. 민. 국.' 사회 수업 중 헌법과 민주주의를 배우는 날이다. "우리나라, 대한민국 하면 어떤 것이 주로 떠오르죠?" 담임 배성호 교사가 한 번 더 물었다. 키득거리던 아이들이 하나둘씩 손을 들었다. 여기저기서 놀라운 낱말이 튀어나왔다. 배 교사는 아이들 입에서 나온 단어들을 칠판에 적다 뒤돌아보며 누가 말했는지, 왜 그런지 확인했다. 아이들이 말하는 대한민국이 칠판에 옮겨지고 있었다.

1919년 상해 임시정부에서 시작된 민주공화국의 꿈은 얼마나 이뤄졌을까. 그간 "대한민국은 민주공화국인가?"라는 물음을 던졌을 때 현장에서 만난 많은 '어른들'은 "질문에 답이 들어 있네요"라고 했다. 민주공화국이 아니라서, 민주공화국이 과연 맞느냐는 질문을 하게 된다는 것이다. 정의가 바로 서는 날을 기다리며 장기 농성장을 지키는 시민들, 아무리 노력해도 타고난 '신분' 차이를 이기기 어렵다고 호소한 시민들, 법에 기댔으나 약자에게 한없이 군림하는 법의 폭력성만 확인한 시민들, 이중 삼중의 편견과 트라우마 속에서 살아가는 소수자들……. 우리가 만난 대한민국의 시민들은 민주주의도 공화주의도 느끼기 어렵다고 증언했다.

아이들이 느끼는 대한민국은 어떤 나라인가. 경향신문 창간 70주년 기획 '대한민국은 민주공화국인가' 시리즈팀은 마지막으로 삼양초를 찾았다. 9월과 11월, 두 차례 삼양초를 방문해 세 시간 동안 수업을 참관했다. 삼양초는 1959년 개교한 공립학교다. 두 번이나 찾아간 것은 그사이 나라가 많이 달라졌기 때문이다. '박근혜-최순실 게이트'를 보며 아이들은 어떤 생각을 하고 있을지 궁금했다.

9월, 아이들의 눈에 찍힌 대한민국은?

"경주에서 안 좋은 일이 있었죠. 그래서 우리 수학여행이 안타깝게 취소됐어요. 선생님도 허탈했지만 여러분들은 실망이 더 클 것 같아요." 배 교사가 아이들을 위로하며 수업을 시작했다. 9월 예정한 수학여행은 경주 지진으로 취소됐다. 2014년 세월호 참사 이후 학교에서 안전은 가장 중요한 이슈다.

"지난 시간에 우리 같이 헌법을 읽어봤죠? 오늘은 민주주의를 얘기해볼 거예요. 민주. 지난해 선생님 반에 강민주라는 학생이 있었어요. 재작년엔 이민주도 있었어요(웃음). 아주 친숙한 단어죠. 우리가 공부한 헌법과 사회 교과서에도 민주주의라는 말이 많이 나와요. 왜 나와 있을까요?"

"중요하니까요!"

"맞아요. 왜 중요한지 생각해보면 좋을 거 같아요. 여름에 '대한민국'이라는 말을 참 많이 들었을 거예요. 왜 그랬죠?"

"올림픽 때문이에요!"

"그렇죠. 올림픽 때 우리는 응원하면서 우리가 사는 나라의 이름을 많이 불러요. 오늘은 이렇게 해볼까요. 대한민국 하면 무엇이 떠오르는지 얘기해볼까요?"

김치, 비빔밥, 민주주의, 야근.

야…근? 칠판에 단어를 적던 배 교사가 놀라 뒤를 돌아봤다. "야근? 누가 말했어요? 선생님은 야식을 얘기하는 줄 알았어요(웃음)." 농담을 던졌지만 당황한 표정이었다.

회식, 노동, 대리운전, 최저임금.

아이들이 본 대한민국

아이들에게 생소할 듯한 단어들이 계속 나왔다.

투표, 법, 정치, 삼권 분립, DMZ(비무장지대), GMO(유전자 조
작 식품).

선생님이 아이들을 돌아봤다. "우리 반 친구들이 대한민국 하면
떠오르는 것을 써보니까 시작은 김치였는데 놀랍네요. 부모님이
집에 늦게 오는 사람?" 아이들 대부분이 손을 들었다. "음……'저
녁이 있는 삶'이라고 들어봤죠? 가족이랑 같이 저녁 먹은 지 오래
된 사람?" 방금 전 질문만큼은 아니었지만 꽤 많은 아이들이 다시
손을 들었다. 한 아이가 말했다. "어제도 혼자 김밥천국에서 먹었
어요."

"자……부모님들은 회식을 누구랑 하죠?"

"사장님이랑……친분을 쌓으려고 해요."

저녁 회식이나 주말 약속을 줄였다는 김영란법이 필요한 나라
에 살고 있다는 걸 아이들도 누구보다 절실히 느낄 수 있다는 생각
이 들었다.

"최저임금은 왜 얘기한 거예요?"

"편의점에서 알바하면서 열심히 사는 대학생 형, 누나들이 생각
났어요."

쉬는 시간. 촬영 장비를 올려둔 책상 앞으로 아이들이 우르르 몰
려들었다. 아이들에게 왜 그런 답을 했는지 물었다.

"대리운전이요? 아빠가 회식에서 술 마시고 엄청 취했을 때 아빠를 안전하게 집까지 데려오는 게 대리운전이잖아요. 많은 사람들이 회사에서 일하고 늦게까지 술을 마시니까요."

"아빠가 거의 매일 야근을 해요. 야근을 안 해도 밤 12시에 오세요. 빨리 통일이 되면 좋겠어요. 통일되면 노동력이 높아져서 아빠가 늦게까지 야근을 안 해도 될 것 같아요."

"우리 아빠 회사는 자녀가 만 9세 이하면 아침에 빨리 출근하고 오후 6시 전에 퇴근하는 제도가 있어서 집에 빨리 오실 때가 많아요. 그런데 그런 집은 저희밖에 없어요."

"대한민국 하면 노동이 떠올라요. 엄마 아빠가 노동을 하니까요."

6학년 5반 헌법 만들기

"우리나라는 국민이 주인이 되는 나라인데 2016년 서울 삼양초 6학년 5반 친구들이 살펴본 대한민국의 모습은 이렇습니다. 좋다 나쁘다가 아니라 선생님도 공감되는 부분이 많았어요. 저기 칠판 오른쪽에 보면 포스터가 보이죠? 선생님이 세종문화회관에서 열린 대한민국임시정부 기념사업회 주최 전시회에 다녀왔어요. '제국에서 민국으로'라는 주제였어요. 제국과 민국의 차이가 뭐죠?"

"제국은 왕이 주인이고 민국은 국민이 주인이에요."

문득 교육이 얼마나 중요한가 하는 생각이 스쳤다. 정부는 1919년이 아니라 1948년을 '대한민국 수립'으로 표기한 국정 교과서를 만들어 내년부터 학교에 배포하려 하고 있다.

"저 포스터에 나온 분들이 오늘날의 대한민국을 만드신 분들이에요. 놀라운 것은, 임시정부에서 오늘 여러분들이 배운 것과 비슷한 헌법을 만드셨어요. 그분들이 꿈꿨던 나라를 한번 볼까요. 임시정부에서 나고 자란 김자동 선생님(대한민국임시정부 기념사업회 회장)이에요. 영상을 볼까요."

배 교사가 김자동 회장의 인터뷰 영상을 틀었다. 김 회장이 몇 해 전 배 교사 담당 학급을 찾아 특강하던 모습이다. 한 여학생이 질문했다. "왜 역사를 알아야 하나요?" 그가 답했다. "우리가 우리 뿌리를 알아야지, 왜 우리가 이렇게 됐느냐를……. 앞으로 무얼 할지 알기 위해선 역사를 아는 게 아주 중요해요."

김 회장은 조금 어두운 표정으로 다음 말을 이었다. "나이 든 사람이 이렇게 여러분같이 어린 친구들을 보면 사실은 참 부끄럽다고. 왜냐면 좀 더 좋은 나라로 만들었어야 할 책임이 우리에게 있는데 그걸 제대로 못해서……. 평화스러운 나라가 되기를 바랍니다. 여러분을 위해서……." 노인의 진심 어린 이야기에 화면 속 아이들과 화면 밖에 있는 아이들이 동시에 박수를 쳤다.

"자, 이제 우리 반 헌법 만들기를 시작할 거예요. 각자 중요하다고 생각하는 헌법 조항 그려왔죠?"

아이들은 '6학년 5반 헌법' 만들기를 시작했다. 아이들은 지난 시간까지 선생님과 함께 헌법 조문을 하나하나 읽으면서 공부했고, 가장 마음에 드는 조항을 하나만 골라서 그림으로 그려 오는

2016년 9월 20일 서울 강북구 삼양초등학교 6학년 5반 학생들이 각자 '제일 마음에 드는 헌법 조항'을 주제로 그린 그림을 들고 있다. ⓒ경향신문

숙제를 했다.

　이예진 양이 손을 들었다. "헌법 15조. '모든 국민은 직업 선택의 자유를 가진다.' 직업을 선택할 때 남녀 차별이 없었으면 좋겠어요. 기상 캐스터랑 간호사는 여자만 하는 직업이라고 생각하는 게 이상해요." 모영재 군이 말했다. "헌법 11조 1항. '모든 국민은 법 앞에서 평등하다. 누구든지 성별·종교 또는 사회적 신분에 의하여 정치적·경제적·사회적·문화적 생활의 모든 영역에 있어서 차별을 받지 아니한다.' 실제로는 그렇지 않은 것 같아요. 가난한 사람들도 여가 생활이나 문화생활을 할 수 있는 곳이 있으면 좋겠어요. 돈 때문에 자유를 누릴 수 없는 사람들이 많아요."

　조민규 군은 헌법 17조, '모든 국민은 사생활의 비밀과 자유를 침해받지 아니한다'를 골랐다. "요즘 SNS(사회관계망서비스)에 사생활이 다 공개되잖아요. 지켜줘야 한다고 생각해요." 박종범 군은 헌법 20조, 종교의 자유를 말했다. "아무 곳(교회도 성당도 절도)에도 안 가고 싶어요." 직업 선택의 자유가 있는데 부모님은 검사·의사·경찰·공무원이 되라고 한다는 답변도 나왔다.

김노은 양의 답은 어른들을 숙연하게 만들었다. "제34조. '① 모든 국민은 인간다운 생활을 할 권리를 가진다.' 법은 나쁜 일을 하면 처벌하는 것인 줄만 알았는데 우리를 지켜주는 내용도 있어서 놀랐어요." 그렇다. 법은 우리를 억압하기 위해서가 아니라 우리를 행복하게 하기 위해서 만들어졌다.

노은 양이 짚은 헌법 조항을 따라가며 읽어봤다. "제34조 ② 국가는 사회보장·사회복지의 증진에 노력할 의무를 진다. ③ 국가는 여자의 복지와 권익의 향상을 위하여 노력하여야 한다. ④ 국가는 노인과 청소년의 복지향상을 위한 정책을 실시할 의무를 진다. ⑤ 신체장애자 및 질병·노령 기타의 사유로 생활능력이 없는 국민은 법률이 정하는 바에 의하여 국가의 보호를 받는다. ⑥ 국가는 재해를 예방하고 그 위험으로부터 국민을 보호하기 위하여 노력하여야 한다. 제35조 ① 모든 국민은 건강하고 쾌적한 환경에서 생활할 권리를 가지며, 국가와 국민은 환경보전을 위하여 노력하여야 한다." 이 중에서 국가는 과연 몇 가지나 알고 지키는 것일까.

배 교사가 말했다. "오늘 이야기를 들어보니 여러분에게도 투표권이 있으면 좋겠네요." 아이들의 다음 말이 어른들을 더 부끄럽게 했다. "더 공부 많이 하고 더 성숙해져야죠!" '성숙한' 어른들은 지금 이 아이들에게 어떤 선택과 결과를 물려주고 있는가.

"여러분, 헌법은 다 외우려고 할 필요는 없어요. 잘 읽어보고 알고 있으면 돼요. 앞으로 2주 동안 토론하면서 우리 반 헌법을 만들어봅시다."

11월, 대한민국 연관 단어는 최순실, 정유라, 경쟁 사회

삼양초 아이들을 다시 만난 건 11월 11일이다. 그사이 국가는 더 낯설고 해괴한 모습을 드러내며 모두를 경악시켰다. 아이들은 여전히 밝아 보였다. 칠판에는 "우리가 역사를 만들어나가고 있다"고 씌어 있다. 바로 전 수업 시간에 배운 주제인 모양이다.

"자, 우리가 민주주의 수업을 처음 할 때 대한민국 하면 떠오르는 것을 말했죠. 여러분이 그동안 헌법도 만들었고 민주주의 공부를 더 열심히 했는데 지금은 어떤 게 떠오르는지 다시 말해볼까요? 대한민국 하면 무엇이 떠오르죠?"

"최순실." 어느 정도 예상은 했지만 첫 답변으로 나올 줄 몰랐다.

"트럼프."

"트럼프는 미국 대통령인데 왜죠?"

"엄마가 트럼프가 대통령이 되면 우리나라 수출이 막힌다고 했어요."

"박근혜." "경쟁 사회." "총기 살인."

며칠 전 사제 총을 만들어 경찰을 쏜 사건은 삼양초 인근에서 벌어졌다. 아이들은 충격을 받은 듯했다.

두 달 만에 만난 아이들의 입에서 대한민국을 연상시키는 단어 중 긍정적인 단어는 하나도 없었다. 수업 다음 날(12일)은 박근혜 대통령 퇴진을 요구하는 대규모 촛불 시위가 열린다는 것도 아이들은 알고 있었다.

"촛불 시위는 어떻게 생각해요?"

"위험해요. 다칠 수도 있고, 불이 날 수도 있고……. 그런데 우리 누나도 대학 가면 꼭 할 거래요."

배 교사가 말했다. "위험할 수도 있지만 우리나라는 헌법에서는 집회와 결사의 권리를 보장하고 있어요." 배 교사는 다음 말을 듣곤 또 잠깐 말을 잇지 못했다. "차벽이 다 막아요."

아이들이 바라는 것은 평화로운 나라, 누구나 행복을 꿈꿀 수 있는 나라

아이들이 과제로 그린 '대한민국의 오늘'에는 최순실과 정유라의 이름이 여러 번 등장했다. '최순실과 정유라의 나라'는 이제 더 이상 없다고 말해주고 싶었지만 용기가 나지 않았다. 이대로라면 제2·제3의 최순실, 정유라가 나오지 않을 거라고 장담할 용기가 없었다.

수업 마지막은 '나의 소원' 발표였다. 배 교사는 김구 선생의 〈나의 소원〉을 읽어준 뒤 아이들에게 '우리가 살고 싶은 나라'를 발표해보라고 했다. 아이들이 가장 많이 한 대답은 '남북통일'이다.

허윤서 양은 "전쟁이 일어나지 않는 나라가 됐으면 좋겠다"고

했다. 그다음 많이 나온 단어는 '평등'이다. 이도현 군은 "모두가 평등하고 행복했으면 좋겠다"고 했고, 조민규 군은 "못사는 사람들도 포기하지 않고 도전할 수 있는 나라였으면 좋겠다"고 했다. 부유한 나라도, 자유를 만끽하는 나라도 아니었다. 아이들이 가장 원하는 것은 평화로운 나라, 누구나 행복을 꿈꿀 수 있는 나라였다.

아이들이 직접 만든 6학년 5반 헌법을 소개한다. 원래 2주 동안 토론해 만들 계획이었지만 생각보다 논의가 길어져 한 달이 걸렸다고 했다.

제1조, 6학년 5반은 선생님과 함께 만들어가는 학급이다. 제2조, 6학년 5반은 남학생 여학생 모두 평등하다. 제3조, 6학년 5반에서는 자기 의사를 표현할 수 있다. 제4조, 우리는 문제가 있을 때 평화로운 해결 방법을 지향한다. 제5조, ① 6학년 5반 학생은 교육의 권리와 의무를 가진다. ② 6학년 5반 선생님은 학생들을 가르칠 권리를 가진다. 제6조, 6학년 5반은 행복을 추구하고 폭력 없는 교실을 만들려고 노력한다. 제7조, 6학년 5반 선생님은 학생들의 의견을 반영하도록 노력한다. 제8조, 우리 6학년 5반은 바르고 고운 말을 사용한다. 제9조, 우리 반은 건강하고 쾌적한 환경에서 공부할 권리를 가진다.

"경제 민주화
조항을 다시 쓰자"

김상조
한성대 경제학과 교수

김상조는 한국의 대표적인 진보 성향 경제학자다. 시민 단체 경제개혁연대를 이끌며 투명한 시장경제질서 확립과 기업지배구조 개선 같은 문제를 천착해왔다. 2016년 7월 20일 서울 성북구 한성대 연구실에서 김상조를 만났다. 그는 한국 사회가 잃어버린 민주주의와 공화주의의 가치를 경제적 관점에서 분석했다. '대한민국은 민주공화국'이라고 선언한 헌법 제1조의 의미를 오늘의 정치·경제 현실에 맞게 재해석해야 한다는 주장도 했다. 그는 진영 논리에 포획되지 않은 새로운 시각으로 공동체의 미래를 위한 교집합을 찾아가는 연습을 해야 한다고 강조했다.

'87년 체제'를 넘어

'주권재민' 원칙을 선언한 헌법 제1조가 현실성이 없다고 자조하는 목소리가 높습니다. 대한민국은 민주공화국이 맞는다고 생각하십니까?

민주공화국이란 건 분명 우리 사회가 지향해야 할 목표지만 현실은 굉장히 거리가 멀죠. 정치적·사회적·경제적 의사 결정이 민주적으로 이뤄지지 않고 있고, 또 공동체의 가치를 지향하려는 노력도 없고요. 그런 의미에서 여전히 민주공화국은 우리 사회가 지향해야 할 목표라고 할 수 있습니다. 그런데 민주공화국의 함의가 뭐냐, 그걸 어떻게 달성할 거냐, 이 문제에 대해서는 고민이 더 많이 필요할 거 같습니다. 우리가 1987년 헌법을 만들던 때의 사회적 맥락하고 30년이 지난 지금의 사회적 맥락이 다름을 생각한다면, 민주공화국의 내용도 많이 달라져야 하지 않을까 생각합니다. 제가 한국 사회가 경제적으로도 '87년 체제'의 질곡에 빠져 있다고 표현한 것은 바로 그런 의미였습니다.

말씀하신 '87년 체제'의 문제를 좀 더 구체적으로 설명해주실 수 있을까요?

정치는 일단 논외로 하고 경제만 얘기하겠습니다. 왜 제가 87년 체제의 질곡이라 표현하느냐면……1980년대, 그리고 지금까지도 사람들이 바람직한 경제 질서의 상으로 2차 세계대전 이후의 이른바 포디즘 체제를 생각하는 경우가 많습니다. 현실 사회주의가 몰락했으니까 결국 우리가 생각할 수 있는 유일한 어떤 대안을 포디즘 내지는 사민주의로 생각하는 겁니다. 그런데 사민주의라는 건 2차대전 이후 일국 체제 내에서의 계급 타협의 모델입니다. 지금은 세계화가 상당히 진전됐고 ICT 4차 산업혁명이 진행되는 상황입니다. 이런 환경에서 일국적 계급 타협 모델이 과연 얼마나 유효할까요? 심각한 고민을 해야 될 때입니다.

신자유주의가 답이 아니라는 건 대부분 공감합니다. 그럼 1980년대의 신자유주의가 아니라고 해서 다시 시계를 거꾸로 돌려 1960년대의 포디즘으로 돌아갈 거냐, 그것도 답은 아니라는 겁니다. 그렇다면 2008년 글로벌 금융 위기 이후 세계사적 전환 속에서, 또 G2 체제의 치킨 게임 구도 하에서 경제적·사회적으로 우리가 어떻게 생존을 유지하고 평화로운 공존과 번영을 추구할 것인가? 그 목표와 접근법에 대해 우리는 지금 아는 게 별로 없습니다. 분명히 미래는 과거와 같지 않을 테니까요. 정답을 알지 못하는 미래를 향해서 우리가 나아가고 있는데 이 과정에서 우리 사회 구성원들의 에너지를 분열시키지 않는 것이 중요합니다. 뭐가 정답이라고 주장하는 것이 아니라 우리 사회 전체의 에너지를 모을 수 있는 그런 메커니즘이 과연 무엇일까를 생각해봐야 합니다. 사회 구성원들이 받아들이고 그 안에서 행동하게 만드는 그런 모델을 지금 국면에서 21세기의 민주공화국으로 생각해야 하는 게 아닐까요?

경제 민주화에 대한 합의를 이끌어내는
메커니즘으로서의 '민주공화국'

민주공화국의 내용이 시대에 따라 달라져야 한다는 뜻인가요?

1987년 헌법을 만들 땐 반민주라고 하는 너무나 분명한 적이 있었습니다. 물론 지금도 그리로 회귀하려는 세력이 없는 것은 아닙니다만, 어쨌든 당시는 반민주에 대한 안티테제로서 민주공화국이란 게 자명하게 우리에게 다가오는 시절이었습니다. 반면에 지금은 우리가 누구를 상대로 해서 주장을 하고 운동을 하고 그 결과 무엇을 건설해야 하는가 하는 목표가 30년 전에 비해 매우 애매해진 것이 아닌가 합니다.

경제 문제도 마찬가지입니다. 장하성 교수 이래로 경제민주화위원회, 경제개혁연대에 이르기까지 저희가 활동한 지 이제 딱 20년이 됩니다. 그 20년 전, 10년 전만 해도 경제 민주화 내지는 재벌 개혁, 경제 개혁의 의미가 굉장히 분명했거든요. 그런데 지금은 '경제 민주화가 도대체 뭐지?', 나 자신부터 그런 의문이 듭니다. 경제 민주화의 내용과 방법 자체가 결코 자명하지 않은 그런 시대에 들어온 게 아닌가 생각합니다. 이건 한편으론 한국 사회의 변화이기도 하지만, 2008년 위기 이후 세계사적 전환기 속에서 우리가 과거에 당연시했던 걸 모두 다 의심해야 하는 쪽으로 상황이 변한 것이기도 합니다. 그런 의미에서, 우리가 자명하지 않은 목표와 수단을 놓고 다수의 사회 구성원들의 의견을 모아가는 그런 메

박근혜 대통령이 대선 후보 시절이던 2012년 11월 서울 여의도 새누리당 당사에서 경제민주화 공약을 발표하고 있다. ⓒ경향신문

커니즘으로서 민주 또는 공화국이란 것을 생각해야 할 때가 아닌가 합니다. 이제는 민주 대 반민주의 이분법적 구도가 아닙니다. 적이 분명한 상황도 아닙니다. 우리가 처한 환경이 정확히 어떤 것이고, 우리가 뭘 어떻게 추구할 것인가에 대해 집합적 에너지를 모으는 사회적 구도 내지는 메커니즘, 그것을 민주공화국이라고 표현해야 하지 않을까 그런 생각이 듭니다.

개념이 정확히 잡히지는 않습니다.

아마 1세기 전에 1차대전과 대공황, 2차대전을 차례로 겪었던 당시 사람들이 가졌던 불안감이 지금 우리의 고민과 비슷하지 않았을까 합니다. 미래에 뭐가 있을지 모르잖아요. 요즘 강연할 때 이런 표현을 정말 많이 씁니다. 20세기 초가 바로 그런 상황이었거든요. 지금 우리가 보는 중후장대형 산업들의 기초가 만들어지는 시점이었고, 그게 이른바 노사 관계의 형성이라고 하는 사회관계의 변화를 만들어냈습니다. 이런 생산력과 생산 관계가 모든 나라에서 불균등하게 진행이 됐고 그런 불균형이 결국 두 차례의 세계 대전과 대공황으로 이어진 것이거든요. 지금은 국제적 정책 공조 체제가 그나마 버티고 있기 때문에 그 불균형이 전쟁이나 대공황이라는 형태로 발현되지는 않고 있지만, 정말 인류가 경험하지 못한 엄청난 생산력의 발전이 진행되면서 그게 또 사회관계를 근본적으로 변화시키고 있는 것이 작금의 현실입니다. 이런 과정에서 계속 누적돼온 긴장이 2008년 금융 위기로 표현됐고, 그 이후 이런 갈등이 조정되는 긴 과도기를 거치고 있습니다. 이러고 난 다음의 세계와 한국의 모습은 결코 과거와 같을 수 없는 거죠. 미래는 그렇게 달라질 것인데 우리 사회의 많은 구성원들은 여전히 30년 전의 인식을 가지고 계속 살아가고 있는 셈입니다.

민주공화국의 붕괴는
경제 상황의 악화로 이어져

경제적 측면에서 한국 사회의 민주성과 공화성을 판단해보면요?

민주공화국이라고 하는 정치적 표현을 경제적으로 번역하면⋯⋯저는 '죄수의 딜레마' 게임이라는 표현을 많이 씁니다. 다들 아시겠지만 죄수의 딜레마가 가져오는 조건은 딱 두 가지입니다.

누 명의 피의자를 분리 취조합니다. 서로 소통하면 둘 다 묵비권을 행사하는 게 최선책이라는 걸 믿을 수 있지만, 분리 취조가 되니 상대방이 자백을 할지 안 할지 알 수가 없는 상황이 됩니다. 즉 소통 부재의 상황이 첫째 조건이고요, 두 번째는……사람들이 초등학교 때부터 착하게 살아라 하는 도덕 교육을 받아왔지만 대부분의 사람은 그렇게 살지를 않잖아요. 자백이라고 하는 오히려 도덕적이지 않은 선택을 했을 때 걔는 풀어주고 묵비권을 행사한 놈은 감방에 들어가는 거잖아요. 우리가 도덕적으로 알고 있는 가치관과 다른 보상 체계가 주어진 거예요. 기회주의적 행동에 대해서 페널티를 주는 게 아니라 오히려 보상을 주는 잘못된 유인 체계. 그렇다 보니까 이 두 가지 조건이 만나면 어떤 결과가 나오느냐. 모든 사람들이 현재 상태가 불만족스럽다는 걸 다 알면서도 아무도 거기서 벗어나려고 하지 않습니다. 그러니 '나쁜 평형bad equilibrium' 상태가 되는 겁니다. 여기서 벗어나는 순간 나 혼자 손해니까요.

지금 한국 사회에서 민주공화국이 붕괴됐다고 하는 의미를 경제적으론 이렇게 해석할 수 있습니다. 분명히 현재가 불만족스럽고 그리고 앞으로 더 나빠질 거라는 걸 모든 경제 주체들이 다 알고 있거든요. 그런데 이 상태를 벗어나기 위해서는 모든 주체가 한꺼번에 움직여야 합니다. 너도나도 같이 움직여야 되는데, 모든 주체들이 서로 소통하고 올바른 보상 체계 속에서 움직일 수 있도록 제대로 잡아줄 수 있는 그런 메커니즘이 없는 겁니다. 그렇다 보니 점점 퇴보하고 악화degenerate하는 방향으로 바뀌고 있는 게 현재의 모습이라고 생각을 합니다. 현재 상태가 분명히 나쁜 평형 상태라는 걸 알고 있다면 어떻게 해야 할까요? 공생을 위한 목표를 설정하고 그걸 위해 모두가 소통하고, 그 과정에서 최선은 아니더라도 최소한 차선책을 찾아서 합의를 만들고, 거기서 벗어나는 사람한테는 페널티를 주고 거기에 헌신하는 사람한테는 이익을 주는, 이런 식의 사회적 메커니즘을 만들어내는 게 지금 단계에서 민주공화국이라고 할 수 있지 않을까요? 지금은 그게 전혀 안 되는 거죠. 보수와 진보, 노와 사, 경향신문과 조선일보, 전경련과 참여연대……대립하는 집단들이 전부 자기의 현재 위치를 고수하는 전략으로만 가고 있습니다. 결국 이런 민주공화국의 붕괴, 죄수의 딜레마 함정이 가져오는 결과는 무엇이겠습니까? 우리가 지금 보고 있는 것처럼 경제적으로는 불평등의 심화, 그리고 사회 공동체에 대한 불신 이런 것으로 귀결되는 겁니다. 우리 모두가 다 문제를 느끼면서도 이런 결과를 막지 못합니다. 이건 정치적으로는 물론 경제적으로도 우리의 다이내믹스를 상실시키고 있죠.

저는 이런 생각을 합니다. 경제 문제에 정답이 있을까요? 개인적으로는 저마다 생각하는 정답이 있을지 모르지만 사회적으로 보면 정답은……가능한 한 많은 구성원들이 이 시스템에 헌신하겠다고 하는 게 그게 정답입니다. 그런데 우린 그게 없습니다. 모두가 합의할 수 있는 지점이 과연 어디일까요? 내가 헌신해야 될 이익이 있느냐, 거기에 대해 모두가 다 다르게 생각을 하는 겁니다. 그게 결국 민주공화국의 붕괴입니다. 결과적으로 경제 상황은 더 나빠지고 불확실성은 심해지고, 저성장은 계속되고 불평등은 심화되고……그래서 저는 불평등이라는 것이 정치적으로는 민주공화국의 붕괴, 경제적으로는 죄수의 딜레마로 인한 다이내믹스의 상실, 이런 것들이 가져온 결과라고 생각합니다.

민주공화국의 붕괴를 상징적으로 드러낸 최근의 사건을 하나만 꼽는다면 어떤 게 있을까요?

가장 상징적인 사건은 구의역 사고라고 생각합니다. 열아홉 살 김군의 죽음. 고등학교를 갓 졸업한 아이한테 그런 일자리밖에 제공하지 못했다는 우리 사회의 책임을 무겁게 느낍니다. 특히 그 사건에서 제 가슴에 남은 게……포스트잇에 '너의 잘못이 아냐'라고 적었잖아요. 영화 〈굿 윌 헌팅〉을 보면 천재 소년이 비뚤게 나갈 때 주인공 로빈 윌리엄스가 그에게 일고여덟 번을 반복해서 '너의 잘못이 아냐It's not your fault'라고 말합니다. 그 두 장면이 겹치는 거죠. 열아홉 살 비정규직 소년의 죽음과 그에 대한 사회의 반응. 너의 잘못이 아니라 사회의 구조적 문제라는 걸 우리가 다 느끼고 있는 겁니다. 그럼에도 우리는 문제를 정확하게 다 알고 있으면서도 그걸 해결할 어떤 대안도 찾지 못하고 있는 상황입니다. 이게 바로 경제적 측면에서 민주공화국의 붕괴를 보여주는 가장 상징적인 사건이라고 생각합니다. 우리 사회가 안고 있는 경제의 구조적 문제를 가장 상징적으로 보여준 게 아닌가……밥 먹을 시간도 없을 정도로 열악한 노동 환경에 열아홉 살짜리 애를 몰아넣으면서도, 또 모든 사람들이 그건 개의 잘못이 아니란 걸 알면서도 여기를 탈출할 수 없는 그런 상황……

보수 정권의 '낙수 효과' 모델 집착은 한국 사회 후퇴의 중요한 요인

이명박·박근혜 정부를 거치며 민주주의와 공화주의가 형해화됐다는 평가에 동의하십니까?

저는 어찌 됐든 민주 정부 10년을 거치고 보수 정권으로 옮겨 갔을 때 이렇게 10년 단위로 정권이 교체되면 양 진영의 간극을 좀 좁혀가지 않겠느냐 기대를 했습니다. 10년 후 또 정권이 바뀔 수 있다는 생각을 한다면 아무래도 극단적으로 가기보다는 그래도 내가 야당이 됐을 때의 상황을 고려해 정책을 펼 거라고, 솔직히 이런 기대를 했습니다. 근데 그게 아니더군요. 이명박·박근혜 정부 9년을 보면 결국 정권이 다시 교체돼서 입장이 바뀔 수 있다는 그런 장기적인 합리적 전망을 하는 게 아니라 오히려 자기 임기 내에 자기가 원하는 것만 하려고 하는 지극히 단기적이고 근시안적인 시각을 보여줬습니다. 그러니까 상대가 저렇게 움직이면 나는 반대 방향으로 움직일 수밖에 없는 거 아니겠습니까? 진보 진영 역시 그런 정권의 퇴행적 움직임에 똑같은 정도의 퇴행적인 전략으로 대응하다 보니까 이런 상호 작용 속에서 그나마 최초의

2016년 5월 31일 서울 지하철 2호선 구의역 스크린도어 사고 현장에서 한 시민이 숨진 김군 (19)의 명복을 빌고 있다. ⓒ경향신문

정권 교체를 통해 민주 정부 10년 동안 이룬 성과마저도 지극히 후퇴하는 방향으로 가게 됐다고 봅니다. 그래서 보수 정부 10년은 우리 사회의 시계를 거꾸로 돌리는 퇴화의 10년이었고, 그게 보수만 망한 게 아니라 여기에 대응하는 가운데 진보도 함께 망해가는 총체적인 실패로 이어졌다고 생각합니다.

　　경제 문제에서 보면 낙수 효과 모델에 대한 어이없는 집착이라고 할까, 그런 것을 지적하지 않을 수 없습니다. 2007년 대통령 선거 치를 때 이명박 후보의 정책 자료집 서문에 딱 이 표현이 나옵니다. "대기업의 선도적 성장의 과실이 중소기업과 서민으로까지 흘러넘치게 한다." 이 표현을 제가 정확하게 외우고 있습니다. 이명박 정부는 정확히 이 기조로 5년을 보냈습니다. 그런데 세계는 2008년 위기로 이미 변하기 시작했죠. 이명박 정부는 30년 전의 낙수 효과 모델을 공공연하게 내세웠고, 박근혜 정부는 정말 어이없게도 대선 캠페인 동안에는 경제 민주화와 복지 국가를 공약하더니 6개월 후에는 딱 접고 낙수 효과 모델로 회귀해버렸죠. 보수 정권 10년이 결국 스스로를 퇴화시키고 한국 사회 전체를 후퇴시킨 가장 중요한 요인은 박정희 식 낙수 효과 모델에 대한 집착을 못 버린 데 있다고 생각합니다.

보수 정권 10년과 민주 정권 10년의 경제 정책 기조가 완전히 다르다고 할 수 있을까요? 김대중 정부의 금융 시장 개방, 노무현 정부의 한·미 FTA에 대한 비판이 여전한데요.

저는 노무현 정부의 FTA 정책을 놓고 '신자유주의로 투항했다' 또는 '세계화에 무기력하게 굴복했다' 이렇게 평가하는 진보 진영의 주장에는 별로 동의하지 않습니다. 예컨대 문재인 후보가 2012년에 이른바 소득 주도 성장론의 맹아를 보여줬습니다. 지금 중국 시진핑 주석이 주창하는 것도 바로 소득 주도 성장론입니다. 중국도 30년 동안 투자와 수출을 통해서 두 자릿수 성장을 이어오다가 그것의 결과로서 그 과거의 모델이 더 이상 지속 가능성이 없다는 걸 알게 된 거잖아요. 그래서 수출과 투자가 아니라 내수와 소비를 통해서 6~7퍼센트의 중성장 전략으로 변화한다, 이게 시진핑의 차이나드림의 핵심 내용입니다. 그걸 위해서 구조 개혁을 해야 되는 것이고요. 그런데 가만 보면 G2의 일각을 형성하고 있는 중국도, 그리고 내부에서 아무런 도전도 받지 않고 뭐든지 할수 있다고 하는 중국 공산당도 지금의 세계 경제 환경 하에서 자기네들이 구상하는 것을 안정적으로 끌고 가지 못하는 게 현실입니다. 중국도 굉장히 흔들리고 있잖아요. 작년 6월 상하이에서 주가가 폭락하고 올해 들어와선 위안화까지 공격을 받으면서 중국 정부가 그 구조 개혁을 후퇴시키는 움직임이 있습니다. 실제로 3~4월부터는 인민은행이 거의 양적 완화로 표현할 만큼 돈을 많이 뿌렸습니다. 당연히 버블과 부실을 더 키우고 있는 것이죠. 한마디로 구조 개혁이 쉽지 않다는 것입니다. G2에 속하는 나라도, 도전 세력이 없는 중국 공산당도 소득 주도 성장론이라는 걸 안정되게 끌고 가기가 얼마나 어려운가를 실증해주고 있는 겁니다.

그러니 우리나라가 그렇게 하기는 더 어렵죠. 우리는 경제환경이 거의 외생 변수로 주어지는 나라입니다. 대통령 임기는 5년밖에 안 되고, 게다가 대통령이 52 대 48의 선거 결과로 뽑히는 나라입니다. 이런 나라에서 과거의 수출 중심적 경제 구조를 짧은 기간 내에 내수 위주의 경제 구조로 바꾼다든지, 세계화 환경으로부터 떨어져 국민 경제에 상대적 자율성을 주는 방향으로 나아간다든지 하는 것은 거의 불가능에 가까운 일이죠. 가능하다 해도 굉장히 오랜 기간에 걸쳐 서서히 이뤄질 수밖에 없습니다. 그런 면에서 노무현 정부의 FTA 전략은 그 발상 자체가 틀렸다고는 생각하지 않습니다. 사회적 대화 노력이 부족했다는 차원에서 절차의 문제

가 있다고 생각하지 목표 자체가 잘못 설정됐다거나 노무현 정부
가 신자유주의에 투항했다고 비난하는 건 그야말로 30년 전의 질
곡에서 벗어나지 못한 발상이라고 생각합니다.

공존을 위한 인내와 관용의
톨레랑스가 필요하다

지금 민주공화국 논의가 필요하다고 보시는지요?

정말로 필요합니다. 지금 민주공화국을 다시 논의해야 하
는 가장 중요한 이유는 우리가 잃어버린, 혹은 지금 보수 정권이
퇴화시켜버린 1987년의 뭔가를 되찾으려는 데 있는 것이 아니라
그때와는 너무나 달라진 민주공화국의 내용과 형식을 새로 만들
려는 데 있습니다. 쉽게 표현하면, 30년 전엔 적이 분명했습니다.
한국 경제는 빠르게 성장하고 기업들은 돈을 벌었습니다. 그런 상
황에서는 답이 분명합니다. 경제 문제에 대한 우려도 크지 않습니
다. 내가 어떤 요구를 해도 그것 때문에 기업이 망할 거라는 생각
은 안 합니다. 노조나 시민 단체들은 정당한 요구를 반민주 정권을
향해 쏟아낼 수 있었습니다. 그때는 진보 진영의 운동이 별다른 고
민을 할 필요가 없었다고 할까요. 물론 힘들기는 힘들었지만 적어
도 그런 고민은 할 필요가 없었습니다. 반면 지금은 누가 무슨 얘
기를 해도 감방 갈 걱정은 없지만, 그때보다 훨씬 치열한 고민이

필요합니다. 우리가 잃어버린 뭔가를 되찾는 것이 아니라 뭔가 새로운 것을 만들어야 할 상황이기 때문입니다. 그래서 더욱 민주공화국에 대한 논의가 필요합니다. 이 논의의 핵심은, 다시 한 번 강조하지만, 1987년 헌법을 만들 때와 완전히 달라진 지금 상황에서 새로운 논의를 전개해야 한다는 것입니다.

한국 사회에 필요한 공화국의 핵심 요건은 무엇이라고 생각하십니까?

어려운 질문입니다. 요즘 브렉시트나 이슬람국가IS 테러, 미국 경찰의 저격 사건 등을 보면 한국뿐 아니라 전 세계가 새롭게 만들어가야 할 민주공화국의 핵심 가치는, 아마 이건 공화의 가치에 더 가까울 거 같은데요, 톨레랑스라고 생각합니다. 공존을 위해 우리가 무엇을 인내해야 하는가? 지금 민주공화국이 실종됐다는 가장 중요한 징후 중 하나가 일종의 분노 조절 장애 상태라고 봅니다. 여기에 관해선 전 세계가 마찬가집니다. 물론 경제 문제를 포함해 그럴 수밖에 없는 이유들은 많지요. 그런 분노 조절 장애 상태에서 트럼프나 샌더스 같은 양 극단의 주장이 나오는데, 그것으로 세상을 바꿀 수는 없다고 저는 생각합니다. 이럴 때일수록 코즈모폴리턴의 입장에서 톨레랑스를 견지해야 한다고 보고 저는 이게 진보의 핵심이라 생각합니다. 진보는 원래 세계주의적이어야 하잖아요. 세계 시민. 나와 다른 사람에 대해 인내하고 그 사람과 공존해야 하는데 점점 세계가 이런 톨레랑스를 상실해가고 있습니다. 1960년대 포드주의 전성기 때나 우리나라 1970~80년대 고도성장기처럼 일국적 타협 모델이 성공할 수 있으려면 조건이 필요합니다. 그땐 전 세계가 호황이고 경제는 성장하고 기업은 돈을 버는 상황이니까 타협을 위한 물질적 여유가 존재했지요. 지금은 전 세계가 그 여유를 다 잃어버린 상황입니다. 이런 상황에서 보수든 진보든 최대 강령을 내세우는 식의 전략은 자멸과 공멸의 길을 초래할 수밖에 없습니다. 이런 불확실성의 과도기, 장기적인 과도기에선 최소 강령 쪽에 에너지를 모으고 다수가 공감하고 헌신할 수 있는 틀을 만들어야 합니다. 저는 그게 21세기 전반기의 민주공화국의 내용이 되어야 한다고 생각합니다.

개인의 삶에서도 민주공화국의 부재나 위기를 느끼신 적이 있습니까?

많지요. 저는 평소 토론회에 자주 다닙니다. 최근에도 우리은행 민영화, 국책 은행 자본 확충 펀드, 조선·해운업 구조 조정 등 여러 이슈와 관련된 토론회에 나갔는데요, 거기 나오는 분들은 사실 서로 빤히 아는 사람들입니다. 10~20년 동안 반대편에 앉아서 토론하던 사람들이고 또 대부분은 학교 선후배거나 여러 가지로 인연이 얽혀 있습니다. 사적으로 얘기해보면 의견도 거의 비슷합니다. 한국 경제 현실 진단, 구조 조정의 원칙, 그를 위한 정부의 정책 방향 등 거의 차이가 나지 않습니다. 많은 경우 공감대를 형성하는데요, 특히 요즘은 진보·보수를 막론하고 경제학자들이 모이면 다 똑같은 얘기를 합니다. '한국 경제 이미 망했다' 이건 정말 다 똑같습니다. 그런 문제의식을 서로 공유하는데, 신기하게도 딱 토론회장에 들어가면 얘기가 달라집니다. 서로 다양성을 존중하면서도 그 안에서 공통분모를 찾는 메커니즘이 붕괴되어서 그런지 공개 토론회에 가면 항상 자기가 속한 진영의 공식 의견을 대변하는 대변자로 표변해버립니다. 너무 자주 그런 모습을 보다 보니 저분들은 도대체 왜 저럴까 가끔은 의문이 듭니다. 결국 우리가 개인의 다양성을 존중하고 그 속에서도 뭔가 소통을 통해 최선은 아니라도 합의된 결론을 만들어내는, 그런 틀 자체가 붕괴된 사회에서 살았고 그 경험이 너무나 오래 축적되다 보니 모든 사람이 그냥 진영 논리의 대변자로 안전하게 살아가는 데 만족하는 게 아닌가 그런 생각이 들기도 합니다.

개헌은 문제를
수정할 수 있는 기회

개헌에 대해선 어떻게 생각하십니까?

어떤 형태의 개헌이냐가 중요할 텐데요, 사실 권력 구조에 대해선 경제학자로서 별로 의견이 있을 수 없습니다. 그럼에도 개헌 논의는 필요하다고 생각하는 이유는, 일단 변화를 시작하면 수정의 기회가 주어지기 때문입니다. 이 상태에 그대로 머무르게 되면 지금의 문제를 고칠 기회도 없으니까요. 어떤 의미에서든 5년 단임제의 권력 구조는 최악이라고 생각합니다. 그게 30년 전에는 정답이었을지라도 지금은 최악의 구조를 만들고 있다고 봅니다. 내각제든 이원집정부제든 4년 중임제든 그 어떤 방향이라도 현재에서 탈출하는 논의를 시작해야지만 지금의 문제를 고칠 기회를 가질 수 있기 때문에 개헌 논의는 반드시 필요하다 생각합니다.

헌법 119조 경제 민주화 조항도 개비해야 된다는 의견이 있습니다.

저도 119조 2항의 경제 민주화 조항에 손을 댈 때가 됐다고 생각합니다. 1987년 헌법의 119조 2항은 그때 우리가 거둔 반민주 투쟁의 정치적 성과를 경제적으로 확산한다는 단순한 문제의식 하에서 만들어졌습니다. 그 당시는 경제적으로 여전히 한국 사회가 고도성장을 하던 때입니다. 그 성장의 과실이 일부에게만 귀속되어선 안 된다는 문제의식에서 만들어진 게 경제 민주화 조항인데요, 지금의 변화된 국내외 경제 환경 하에서 경제 민주화의 의미와 수단이 무엇인가에 대한 고민이 반영된 내용으로 119조 2항도 변화돼야 한다고 생각합니다. 우리 사회가 공감하는 경제 민주화의 목표와 수단에 대해 다시 한 번 논의하는 기회를 만든다는 점에서도 수정이 필요하다고 생각합니다. 4년 전에는 경제 민주화라고 하다가 지금은 불평등 해소라고 표현이 조금 바뀌었는데요, 지금 같은 뉴노멀 시대에 불평등을 해소하기 위해서는 어떤 정책이 필요한지 그런 고민을 담는 그릇으로 119조는 중요한 의미가 있다고 봅니다.

노동자의 경영 참여보다 중요한 건
노동자 외부의 연대와 비정규직 처우 개선

노동자 경영 참여를 경제 민주화의 대안으로 강조하는 목소리도 높습니다.

경제개혁연대가 20년 동안 활동하면서 사외이사 제도 개선을 위해 엄청나게 노력했지만 아마 가장 실패한 것이 사외이사 제도였던 것 같습니다. 여러 이유가 있지만 결국 성과를 내지 못했습니다. 그렇게 보면 노동자 경영 참여가 하나의 대안이 될 수도 있습니다. 단순히 지배 구조 차원을 넘어 산업 민주주의라는 측면에서도 노동자 경영 참여에 대한 고민이 필요하다고 원칙적으로 생각합니다. 다만 지금 우리가 그걸 할 수 있느냐는 별개의 문제입니다. 노동자 경영 참여는, 특히 독일식 노사 공동 결정 제도는 포디즘 전성시대의 일국적 계급 타협 모델입니다. 그게 일반화되기는 어려운 환경에 이미 들어섰습니다. 독일에서 그게 가능한 건 이원적 이사회 제도가 있기 때문입니다. 독일의 경우 경영 이사회는 전문가인 집행 임원들이 담당하지만 그걸 컨트롤하고 모니터링하는 역할을 감독 이사회가 합니다. 그 감독 이사회에 노동자 대표가 3분의 1 내지 2분의 1 들어가는 겁니다.

우리나라는 지금 일원적 이사회 제도를 택하고 있습니다. 독일에서 노동자 대표가 감독 이사회에 3분의 1 들어가는 것과 우리가 일원적 이사회에 한 명 들어가는 것은 굉장히 의미가 다릅니다. 이런 상황에서는 노동자 경영 참여가 꼭 이사회 참가로 이뤄져야 하는가에 대해 의문의 여지가 있습니다. 정책 역량의 문제도 있고, 산별 노조가 형해화된 상황에서 노동자 경영 참여를 꼭 이사회 참여로 한정해야 하는가도 의문입니다. 오히려 많은 코스트를 치를 수도 있습니다. 지금 중요한 것이 노동자 외부의 연대, 그리고 비정규직 처우 개선이라고 본다면 이사회 참여보다는 유럽식의 직장평의회나 노사협의회를 강화해 노사 협력과 노동자 경영 참여를 모색하는 게 더 현실적이지 않을까 생각합니다. 노동자 대표가 일원적 이사회에 들어가 다른 이사들과 똑같이 집행에 대한 책임을 지기엔 아직도 미성숙한 부분이 있고 노조 입장에서도 위험한 측면이 있다고 봅니다. 임단협 효력과 노사협의회 영향력을 산별 수준으로 높이는 쪽으로 방향을 트는 게 맞지 않나 생각합니다.

기업 임원의 보수를 제한하자고 한 '살찐 고양이법'에 대해선 어떻게 생각하십니까?

정치인으로선 할 수 있는 얘기지만 경제학자로선 찬성하고 싶지 않습니다. 왜냐하면 한 조직, 한 기업 내에서 최저와 최고 임금의 격차를 어느 정도로 해야 되는가 하는 것은 아무도 정답을 모르는 문제이기 때문입니다. 저는 우리 사회의 문제점 중 하나가 아직도 메리토크러시가 정착되지 않은 것이라고 봅니다. 능력주의라는 건데요, 능력에 상응하는 보상을 받는다는 건 경제적으로 굉장히 중요한 문제입니다. 성과에 걸맞은 보상, 잘 조율된 인센티브

시스템이 정말 중요한데요, 우리 사회는 CEO의 보수가 많아서 문제라기보다는 CEO의 성과를 제대로 측정하지 못하고 성과와 보수를 연동시키는 데 실패한 것이 더 문제라고 봅니다. 경제개혁연대가 10년 가까이 주장해서 자본시장법에 개별 임원 연봉이 5억 원이 넘으면 공개하도록 바꿔놨는데, 이것도 누가 얼마나 돈을 많이 받는지 알고 싶어서 만든 게 아닙니다. 결국 성과 측정과 보상의 연계성을 확보하려는 차원에서 한 겁니다. 아직까지 우리 사회는 특정 소수의 보수가 너무 많아서 불평등이 생겼다 하긴 좀 어려운 측면이 있습니다. 제가 관련 보고서도 썼지만 연말 정산 데이터만 가지고 보면 연봉 1억 원 이상 받는 사람이 2014년 근로 소득 기준으로는 49만 명이고, 전체 임금 근로자의 딱 3퍼센트 수준입니다. 거기서 10억 원 이상 받는 사람 숫자를 따지면 몇천 명밖에 안 됩니다. 그 사람들 때문에 한국 사회에 불평등이 생겼다고 하긴 어렵다는 얘기입니다.

인터뷰 | 김형규 기자

"우리가 말하는 '공화국'은 젠더 중립적이지 않아"

권명아

동아대 국문과 교수

권명아는 공화국의 개념부터 다시 살펴야 한다고 말했다. 공
화국이라는 규정이 젠더 중립적이지 않기에 그것부터 논의
해야 한다는 얘기다. 2016년 8월 학술대회 참가차 서울을 방
문한 그를 만났다. 권명아는 박근혜 대통령의 '여왕' 표상을
문제 삼았다. 이후 박근혜-최순실 게이트가 터졌고, 더 이상
박근혜를 여왕이라 부르는 사람은 없다. 그러나 12월에 이어
진 이메일 인터뷰에서 권명아는 '여왕' 표상이 '꼭두각시' 표
상으로 변했을 뿐 기저의 문제는 그대로라고 지적했다. 그는
경향신문이 만난 이들 가운데 유일하게 지방에서 연구하는
이다. 공화국의 젠더 문제와 더불어 지방에서 바라본 공화국
의 문제를 함께 물었다.

'형제애'의 공화국에서는 여성과 아이가
시민권을 갖지 못해

대한민국은 민주공화국이다, 한국 현실과 얼마나 부합한다고 보시나요?

원론적인 얘기도 필요하겠지만 공화국과 젠더라는 맥락에서 얘기하고 싶습니다. 우리가 말하는 '공화국'이라는 규정이 젠더 중립적이지 않기에 '다른 공화국'을 말하기 전에 공화국의 이념과 젠더 문제를 논할 필요가 있습니다.

일례로 박근혜 대통령의 통치성을 비판하는 많은 사람들이 대통령을 여왕으로 만들면서 조롱하고 풍자해요. 일반화된 일이죠. 그렇게 비판하는 이들조차도 여왕 담론을 그대로 이어받고 있습니다. 여왕의 만찬, 여왕의 패션, 공주님 수첩, 공주와 무수리 이런 식으로. 이것은 박 대통령이 '제왕적 통치' 스타일을 보여줘서 그런 점도 있지만, 우리가 흔히 말하는 공화국과 그 정치성이 남성적 가치를 중심으로 의미화된 것과도 무관하지 않습니다.

프랑스 혁명으로 상징되는 근대 혁명으로 구성된 공화국의 이념이 자유, 평등, 박애라고 할 때 박애fraternity란 '인류애'라고 풀이되기도 하지만, 실은 어원적으로나 실제적으로 '형제애'를 의미합니다. 즉 근대 공화국의 시민성은 기본적으로 형제애라는 시민적 연대를 바탕으로 했고, 이 형제애의 공화국에서 여성과 아이가 시민권(선거권)을 갖지 못한 것은 필연적입니다.

박근혜가 비판받아야 하는 것은 여왕 아닌 대통령으로서의 무능과 부패 때문

대통령을 여왕에 비유하는 건 어떤 측면에서 문제가 되는지요?

박근혜 대통령에 대한 표상과 그 변화 방식은 공화국과 젠더 문제를 이야기하는 데 매우 중요하다고 생각합니다. 먼저 박근혜 대통령을 여왕이나 공주로 표상하는 방식은 애초에 보수 매체나 일베를 포함한 지지층에서 나왔습니다. 조실부모한 소녀이자 강한 카리스마를 지닌 여왕, 즉 소녀/퀸이라는 이중적 신체성으로 박근혜를 표상하면서 이른바 박근혜 팬심을 만들어낸 것은 보수 매체를 중심으로 한 보수 세력이었습니다. 제가 〈소녀의 죽음과 퀸의 미로〉라는 글에서도 이미 지적했듯이 '박근혜'라는 표상은 대통령의 딸이자 대통령이며, 대통령이면서 퍼스트레이디라는 다중 역할적인 성격을 지닙니다. 이러한 다중 역할적 성격은 이 표상에 열광하는 팬들을, 수동적 소비자로서의 팬과 대리 부모를 자임하는 능동적 보호자를 오가는 다중 역할을 수행하도록 만듭니다. 이런 점에서 소녀/퀸에 대한 '팬심'은 스타/지도자에 대한 열망과 선망을 내포하면서 동시에 '대리 부모 됨'이라는 소녀/여성에 대한 가부장적 보살핌의 열망 또한 내포하죠. 이는 여성의 '힘'을 선망하면서도 동시에 부정하고, 그 힘의 상실에 대한 근심과 염려에 의해 열정이 가속화되는 형식을 지닙니다. 즉 선망과 부정, 상실에 대한 공포에 의해서 추동되는 열정의 복합체인 것입니다. 그런 점에서 '소녀/퀸'에 대한 팬심은 '상실과 훼손'의 가능성이 높아질수록 더욱 열광적으로 타오르게 됩니다.

지금 박근혜 대통령은 더 이상 여왕으로 비치지 않는 것 같은데요.

이른바 박근혜-최순실 게이트를 거치면서 소녀/여왕이라는 표상은 흥미롭게도 꼭두각시/타락한 무당이라는 구조로 변화됐죠. 게이트가 언론을 통해 '폭로'됐던 초기에 이런 표상이 매우 강하게 작동했다는 점에 주목할 필요가 있습니다. 초기에도 저를 비롯한 페미니스트들은 이런 표상을 비판했어요. 지금은 이런 표상 구조와 단절적인 방식으로 비판 패러다임이 구성되었습니다. 그러나 초기에는 꼭두각시/타락한 무당이라는 표상이 강력한 스펙터클을 만들었습니다. 즉 이 스펙터클은 사실상 보수 매체, 특히 종편이 만들었던 소녀/퀸 표상의 전도된 형식일 뿐이어서, 근본적으로 박근혜 정부가 갖고 있던 문제를 비판할 수 있는 패러다임이 아닙니다. 이는 단지 이런 표상이 여성 혐오적 성격을 갖고 있다는 점에 국한되지 않습니다.

예를 들어서 꼭두각시/타락한 무당이라는 표상은 박 대통령을 무능한 존재로 희화화하고 최순실이라는 불합리한 총체(타락한 무당)에 사람들의 이목을 집중시키는 기능을 했습니다. 그래서 충격 효과가 강했고 엄청난 주목 효과를 발휘했어요. 또한 이런 전략은 어떤 점에서는 보수 집단에 박근혜 비판에 대해 정치적이거나 사상적인 문제가 아닌 차원에서 '동의할 수 있도록' 하는 효

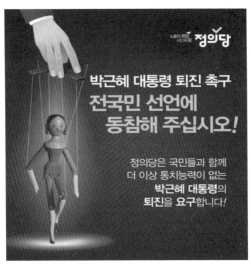

박근혜 대통령의 퇴진을 촉구하는 정의당 포스터. 박 대통령에 대한 '여왕/공주' 표상은 박근혜-
최순실 게이트 초기에 '꼭두각시/타락한 무당'이라는 구조로 변화했다.

과를 발휘했다고도 보입니다. 즉 박근혜-최순실 게이트를 보수 집
단의 문제가 아니라 예외적인 불합리한 집단의 문제로 몰아가는
효과가 있었던 것이죠.

그러나 이 표상이나 패러다임이 이른바 박근혜 정부의 통
치성을 비판하는 패러다임으로 동일하게 전유되었을 때는 문제가
다릅니다. 그리고 이런 패러다임이 진보 매체나 논객들에게도 널
리 공유되면서 사실 문제가 발생했습니다.

여성 혐오적, 남근 숭배적 공화국 이념은 극복되어야

어떤 문제인지요?

2016년 11월 17일 웹진 아이즈는 박근혜-최순실 게이트 관련 해외 언론 보도를 소개했는데, 이 기사들은 거의 전부 기이한 주술에 사로잡힌 한국 대통령에 대한 조롱과 풍자를 담고 있었습니다(윤지만, 〈박근혜-최순실 게이트, 왜 부끄러움은 나의 몫인가〉). 이외에도 이 시기 '사이비 종교에 빠진 대통령'과 한국의 위기를 다룬 글이 해외 매체에 대거 실린 것을 소개하면서 부끄러움을 토로하는 기사가 국내에서도 이어졌습니다.

그러나 사실 해외 언론은 국내 언론의 기사 논조를 그대로 소개한 것이었습니다. 즉 이 시기 국내 언론은 국가 차원의 위기, 구조적 병폐를 '무당'과 '꼭두각시' 그리고 '저급한 무리'의 야만적 행태로 그려내기 바빴던 거죠. 이런 담론을 이어받은 남성 정치인과 지식인은 '강남 아줌마', '정치도 모르는 아줌마'라고 조롱하면서 이 문제에 대한 책임의 외부로 자신을 분리시켰습니다.

이렇게 국가적 차원의 위기, 구조적 병폐로서 대항하고 비판해야 할 일을 한갓 '주술 정치', '무당꼭두각시 놀음'으로 전도시켜버린 일은 사실상 '공동체(국가)' 자체를 '병리적', '야만적', '비합리적', '주술적' 상태로 전도한 것입니다. 이 사태에서 작동한 여성 혐오는 결과적으로 공동체의 야만화, 비합리화, 주술화로 귀결되었고요. 이 과정은 서구의 오리엔탈리즘적 시선을 자기화함으로써 스스로를 '옐로 니그로'로 전도시킨 피식민자의 왜곡된 식민자적 시선(자기의 오리엔탈리즘화)의 전형이라 할 수 있어요. 국가 권력 비판을 무당/꼭두각시라는 표상으로 환원하면서 이른바 자기의 오리엔탈리즘화로 귀결되었고, 이는 공동체 주민들을 자기모멸로 이끌었습니다. 공동체 구성원은 이제 오래도록 이 자기모멸을 감내해야만 합니다. 이 시기, 이런 자기 오리엔탈리즘화의 경향은 강한 남성 주체를 불러내거나 정당화했고, 담론장에서는 일시적이지만 '남근적인 강한 공화국'으로 회귀하는 경향이 나타났습니다.

남근적인 강한 공화국은 어떤 의미인가요?

2016년 11월 7일자 프레시안에 젊은 정치학자 세 명에게 공화국의 미래를 물은 인터뷰가 실렸습니다. 이 젊은 정치학자들은 박근혜 정부를 '무속 정권', '샤머니즘 정권'으로 규정하면서 박정희 독재가 차라리 합리적이라는 평가를 내리기도 했습니다.

정한울 유신보수주의는 '오래된 패러다임이나 사고방식'을 뜻할 텐데, 이번 사태는 훨씬 더 충격적이다. 유신 독재는 나름의 이데올로기가 있었다. 박근혜 대통령이 유신의 가치관을 가진, 혹은 비선이라도 경험이 있는 이들과 국정을 협의했다면 이 정도는 아니었을 것이다. 박 대통령이 퇴임한 김기춘 전 비서실장과 국정을 논의했다면 납득이 된다. 그런데 국정 경험도 없고 자격이 없는, 특히 사이비 종교(샤머니즘)와 연관성이 있는 개인과 의견을 나눴다는 사실에 충격을 받았다.

김윤철 유신 독재만도 못한 '사이비 유신보수주의'다. 유신은 경제 발전을 최상의 가치로 한 '개발 독재 이데올로기'라도 있었지만, 지금 이 사이비 유신보수주의는 약탈 국가적인 측면을 가지고 있다. 시대에 맞지 않는 낡은 권력이 국가를 통치하면서 사익 추구 성향만 추종하거나 샤머니즘에 의존한 결과다. 현재 박근혜 정권을 '무속 정권', '샤머니즘 정권'이라고 하는 이유다.

물론 이들이 본래부터 박정희 독재 정권을 '나름의 합리성'을 가진 것으로 평가하지는 않았겠죠. 담론 패러다임이란 그래서 매우 중요해요. 이 시기 박근혜-최순실 게이트를 담론화하는 꼭두각시/무당 표상 구조가 워낙 강하게 작동하면서, 비판적이고 진보적인 담론조차 이 표상이 만든 스펙터클에 사로잡혀버렸어요. 그 결과, 의도하지 않았는데도 '유신 독재는 나름의 이데올로기가 있었다'라는 식으로 강한 남근적 독재를 회고적으로 불러들이는 역효과를 낳은 거죠.

이런 방식은 새로운 공화국의 이념을 묻고 답하는 다른 정치학자의 글에서도 나타나요. 박명림 선생은 11월 11일 한겨레 연속 릴레이 기고에서 공화국의 이념을 다음처럼 주장했습니다.

공화국의 최후 골간인 공공성은 애초 군인과 음부를 뜻했다. 그

것이 없다면 인간과 국가 생명은 죽기 때문이다. 공공성이 공화국의 최후 생명선인 까닭이다. 군인은 가장 춥고 먼 변방을 지키지만 그들이 무너지면 '나라'는 즉각 위험해진다. 음부는 우리 몸의 가장 깊고 어두운 곳이지만, 거기에 중대 질병이 돋으면 '온몸'이 아프고 끝내 생명 생산과 세계 지속이 불가능하다. 음부가 '핵'이라는 뜻을 갖는 연유다. 음부는 아무도 못 보는 가장 사적인 곳이지만 가장 깨끗하지 않으면 공공성의 최고 표상인 세계도 멸망한다. 건강한 음부가 중요한 이유다.

국가의 핵인 권부도 마찬가지다. 권부가 썩으면 나라는 결코 유지되지 못한다. 권부는 군대처럼 희생적이고 음부처럼 청결해야 한다. 그래야 국가는 건강하며 지속될 수 있다. 그곳이 썩으면 국가는 죽는다. 지금 민주공화국 대한민국은 대통령 때문에 죽어가고 있다. 지금의 국민 항쟁이 나라 다시 살리기인 이유다. 지금 대한민국 권부는 악취로 코를 댈 수조차 없다. 국가가 살려면 깔끔히 도려내야 한다. 권부에서 악취가 진동하는데 국민과 군인과 공무원들에게 청렴하라고 할 수 있는가? 권부가 헌법을 파괴하고 국법을 능멸했는데 군인과 관료와 교사와 국민에게 법을 지키라고 할 수 있는가? 말도 안 된다.

다들 고민하는 문제지만, 민중 총궐기의 해방적 감격은 또한 그 이후 어떤 정치, 어떤 사회를 만들 것인가 하는 고민을 남겨두고 있습니다. 언론에서도 이를 위해 이런 연재를 하는 것이고,

기획 취지나 의도에는 100퍼센트 동의합니다. 통계에 따르면 현재 국민의 96퍼센트가 대통령을 비판하고 있습니다. 따라서 지금 비판 그 자체는 별다른 차별성도 없는 동어 반복이라고 할 것입니다. 그러니까 문제는 대안, 혹은 대안적 상상력입니다. 이 글에 나오는 '비판'은 그런 점에서 국민 96퍼센트가 하는 비판의 동어 반복에 가깝고, 더 큰 문제는 바로 대안에 대한 상상력, 이른바 '공화국'을 말하는 상상력과 이념적 기반이라 할 것입니다.

백만 보를 양보해서 '그저 비유' 혹은 '오래된 비유라서 그렇다'고 해도, 이런 공화국의 상상은 정말 문제입니다. 페미니즘 젠더 연구가 수십 년 동안 공화국의 이념과 젠더 표상에 대해 문제를 제기해왔는데, 이 시점에서 그 역사를 전혀 개의치 않고 공화국은 '청결한 음부'라고 하거나, 공공성에서 '청결한 음부가 중요하다'라고 하거나, 현재의 문제를 '악취 나는 음부'에 비유하는 것은 정말 문제입니다.

이는 먼저, 그리스 이래 여성의 신체를 '악취의 장소'로 상상한 미소지니의 원천이 오늘 여기서, 내일의 공화국을 상상하는 이념과 상징의 장소로 당당하게 호출되고 있다는 점에서 문제입니다. 공화국에 대한 정치사적 논의의 역사 또한 풍부한데, 왜 이 시점에서 '군인과 음부'의 두 상징을 근간으로 한 공공성과 공화국의 이념이 다시 불러들여져야 하는 건가요?

공화국의 공공성을 죽음을 불사하는 군인(남성성)과 청결한 음부로 표상하는 것은 신체를 국가에 '헌납'하고 남성과 여성을 청결한 국가/공동체의 생산과 재생산을 위한 신체로 동원하는 이념적 기반이 되었습니다. 그래서 이런 '국가 상상'이야말로 오늘날까지 이어지는 무수한 국가 폭력과 파시즘, 전체주의의 상상력이었습니다. 국가의 근간에 대한 이러한 이념은 전쟁론이나 노예제, 파시즘 사상으로 이어지는 계보를 갖고 있죠. 전쟁에서 승전국이 적을 처분할 때 연령을 불문하고 남자는 예비 병사로 간주해 살해하고 여성은 강간합니다. 강간해서 살해하거나 영원히 강간하기 위해 성노예로 삼거나 하는데, 이렇게 하는 게 적국의 국가성 자체를 파괴하는 것이라고 여겨 이를 승전의 쾌락으로 삼고 국가성을 강화하는 방식으로 삼는 거죠. 이른바 근대 민주주의는 이런 방식과 달리 포로 제도, 민간인 보호를 통해 '민주적-전쟁'(?)을 한다는 차이를 보이지요. 전쟁과 학살을 어찌 되었든 구별하겠다는 거죠. 그러나 학살과 전쟁의 경계를 무화시킨 파시즘과 전체주의는 그런 의미에서 근대에 내재한 노예제, 노예화의 사상을 전면화·지배화한 것이라 할 수 있어요. 그리고 이는 일본의 천황제와 이를 계승한 박정희 파시즘으로 이어지는 사상의 계보이기도 하고요.

위 글에서 공화국을 위해 악취 나는 음부를 도려내야 한다는 비유가 이어지는 건 그런 점에서 하나의 일관된 사상이죠. 자궁 적출이나 음부에 대한 잔인한 공격, 여성의 성기를 잔인하게 도려내는 학살 형식은 파시즘 연구자나 학살 연구자들도 그것을 사상의 문제로 비판하기를 주저할 정도로 끔찍하고 대면하기 두려운 어두운 심연인데, 그것이 일관된 사상, 그것도 다수가 동의하는 일관된 사상이란 걸 확인하게 되는 오늘입니다.

주요 모순과 부차 모순을 가르는 방식으로는 새로운 사회를 꿈꿀 수 없다

그런 국면에서 페미니즘의 역할을 평가하신다면요?

앞서 간단히 살펴보았지만, 박근혜 정부의 집권에서 박근혜-최순실 게이트 국면에 이르는 시기에 소녀/퀸, 꼭두각시/무당으로 이어지는 여성 표상과 정치적인 것, 공화국 이념의 상관성은 매우 복잡하고 역동적입니다. 최근의 정국에서 꼭두각시/무당의 패러다임이나 여성 혐오적 표현으로 이 사태를 표상하는 방식이 급격하게 힘을 발휘했다가, 지금은 그 힘이 약해졌습니다. 그리고 이렇게 표상을 전환시킨 것은 페미니즘과 소수자 정치 진영의 지속적인 비판 작업이었어요. 앞서 보았듯이 꼭두각시 정국과 같은 패러다임은 자칫 사회를 탈정치화된 반동적 복고로 이끌 위험을 갖고 있었어요. 페미니즘과 소수자 정치가 이에 대해 지속적으로 문제 제기를 하면서, 새로운 방향의 민주주의와 시민성, 시민적 주권성의 표현과 구성에 대한 논의가 가닥을 잡아가고 있습니다. 그런 점에서 민중 총궐기나 온라인을 비롯한 여러 공간에서 최순실-박근혜 게이트를 둘러싼 혐오 발화와 차별적 표현을 문제시하고 다른 형태의 민주주의적 소통을 요청하는 페미니즘과 소수자 정치야말로 우리가 만들어낼 새로운 민주주의와 시민성, 시민적 주권성을 발명해가고 있다고 할 것입니다.

선생님께선 어떤 사회를 상상하시나요?

너무 어려운 질문이네요. 사실 막연한 그림보다는……지금 일어나고 있는 여러 흐름들, 새로운 주권과 새로운 정치적 주체성을 위한 흐름들이 존재하고 있잖아요. 그런 흐름들을 새로운 사회에 대한 상상과 결합하기 위해 가장 중요한 부분 중 하나는 사유 방식을 바꾸는 것이라고 생각해요. 일례로 저는 새로운 사회를 구성하는 원리로서, 사회적 연대보다는 다른 형식의 결속 원리를 구성하는 작업을 하고 있습니다. 제가 하고 있는 아프콤affcom이라는 대안 공동체도 그런 실험입니다. 이 작업을 통해서 제가 하고 있는 것 중 하나는 새로운 어소시에이션을 만드는 거예요. 결속 방식을 바꾸자는 거죠.

어떤 결속인가요?

보통 연대라고 하면 하나의 견고한 중심이 있고, 이를테면 '주요 모순', '부차 모순', '부문 운동' 같은 것들이 있고……이게 연대의 개념이잖아요. 핵심에 민주노총이 있고, 여성은 뭐고 전철연(전국철거민연합)은 뭐고 이런 식으로 결합하는 게 지금 연대의 원리예요. 같은 진보라고 하는데 중심과 부문이 있고, 주요 모순-부차 모순이 있고. 좌파 진영에서도 늘 비판하잖아요. 페미니즘 잘못

됐다고, 주요 모순은 계급 모순인데 부차 모순인 성차만 얘기한다
고. 이런 사유 방식 속에서는 새로운 흐름을 대안적 사회를 상상하
는 기반으로 구체화할 수가 없지요.

학교 다닐 때 많이 들은 얘기 같네요.

기존의 공화국적인 민주주의 개념을 이루는 모든 주요-부
차 모순, 모든 개념들이 이런 연쇄를 가지고 있다는 건데, 이렇게
해서는 할당제를 벗어날 수가 없어요. 그래서 다른 방식의 결합을
만들어야 한다는 것이고요. 페미니즘뿐 아니라 생태주의라든가
새로운 형태의 코뮌주의라든가, 근대적인 민주주의를 이뤘던 원
리로서의 연대 말고 다른 형식의 결합과 결속을 발명하는 게 새로
운 사회를 만드는 데 중요합니다.

왜냐하면 연대라는 개념이 기존의 자본주의적 원리에 의해
구축된 사회가 아니라 새로운 사회를 만들기 위한 대안적인 원리
였으니까요. 그리고 연대라는 개념이 대안 사회의 이념으로서 실
효성을 가졌던 시대도 있었습니다. 그러나 이 역사적 과정을 거치
면서 주요한 것과 부차적인 것의 위계를 견고하게 재생산하는 연
대 개념은 어떤 점에서 이제 그 시효를 다한 것이지요. 그런데 시
효가 끝난 개념이 현실을 해석하는 방법으로 여전히 작동하기 때
문에 새로운 현실의 흐름을 계속 부차화하는 것입니다.

단지 '연대' 개념을 문제시하려는 것만은 아닙니다. 예를 들
어 혐오 발언 문제도 최근에야 개념이 형성되었지요. 개념이 형성

여성 단체들의 집회 포스터.

되기 전에는 이런 문제가 현실에 존재했음에도 이를 '사유의 대상'
으로 삼지 못하거나 삼지 않아서 그게 왜 문제인지를 공론화할 수
가 없는 것이지요. 혐오 발언 비판이 새로운 시민성이나 그 근간이
되는 의사소통, 타자성, 상호적 윤리에서 매우 중요함에도 불구하
고, 한국 사회에서는 여전히 이 문제가 '부차적인 것', '사소한 것',
혹은 '시위의 매뉴얼' 같은 형식적 문제로 간주되고 있어요. 그런
점에서 기존의 오래된 혹은 현실 해석력을 갖지 못하는 사유 방식
을 비판하고 이와 단절하는 사유를 들여오는 것이 새로운, 대안적
사회를 상상하고 구성하는 데 매우 중요한 문제라는 것을 현재 한
국 사회는 총체적으로 보여주고 있습니다.

남성 지식인도, 서울도
대표성을 띨 수 없다

'다른 문제'들이 무시되고 억압받는다는 문제를 지적하고 싶으신 것 같습니다.

지금 상황은 그 수준을 넘어서 총체적인 무능력 상황이죠. 정부뿐 아니라 총체적으로. 진보 진영은 연대라는 상상, 개념으로 대표되는 사회적인 것의 구성 방식을 여전히 대안적인 것으로 여겨요. 그들이 제시할 수 있는 대안 세계는 그거밖에 없어요. 완강해요. 해보지 않았다고 해요. 과연 그럴까요? 알리바이예요. 제대로 된 민주화를 해본 적이 없고 제대로 된 공화국을 만든 적이 없고 제대로 된 근대를 해본 적이 없다고 해요. 그런데 뭐가 끝났다는 거냐고 하죠. 하지만 지금 스스로 끝났다는 걸 보여주고 있어요.

새로운 걸 시도하려 하는 흐름들이 제일 먼저 부딪치는 게 기존의 오래된 이른바 사유의 패러다임이에요. 오히려 보수 집단을 비판하는 것이 상대적으로 쉽고, 낡은 사유 체제를 완강하게 견지하면서도 스스로 '진보적'이라고 생각하는 집단이나 그룹을 비판하고 그들로 하여금 새로운 의제와 개념, 새로운 현실을 중요한 문제로 받아들이도록 하는 일이 더욱 어려운 것 같습니다. 그런 점에서 저는 이번 박근혜 대통령 탄핵을 비롯한 국면에서 이른바 한국 사회의 '진보적 사유'가 그 근원에서 완전히 새롭게 거듭날 필요가 있다고 생각합니다. 또 오히려 이 사태가 기존의 낡은 사유나 낡은 잔재를 박근혜 비판의 이름으로 복권시켜서도 안 된다고 생각합니다. 최근 박근혜 비판이라는 이름으로 낡은 '원로'들이 다시 담론장에 복귀하는 것도 매우 위험한 징후라고 생각합니다. 마찬가지로 박근혜 비판이라는 하나의 대의에 대한 총력전으로 이 과정에서 나타나는 대안적인 시민권을 위한 투쟁과 문제 제기를 사소한 것으로 치부하고 다시 억압한다면, 한국 사회는 그간의 총체적인 문제를 갱신하고 진정 다른 사회를 만들 동력을 스스로 상실할 수도 있다고 생각합니다.

이런 식으로 '빅 이슈'나 '중요 문제'를 중심으로 여타의 문제를 억압하고 부차화하는 일은 그간 이른바 진보 진영이나 사회단체의 고질적인 병폐들에서도 전형적으로 나타났던 일들입니다.

예를 들어서 한국 사회에서 기존의 운동 단체들이 문을 닫고 있다고 해요. 가장 큰 이유는 새로운 활동가가 없다는 거죠. 왜 없나요? '요즘 젊은 것'들이 이런 일 하기를 싫어해서인가요? 아니에요. 이번 박근혜-최순실 게이트 초반에 한홍구 선생님이 사회 원로로서 긴 글을 기고하셨던데요, 저는 좀 생각이 복잡하더군요. 사실 평화박물관 사태가 아직 끝나지도 않았는데, 이번 사태에서 '흙수저의 비애'를 논하면서 한국 사회의 나아갈 바를 제시하시는 건 좀 문제가 아닌가 생각했어요. 물론 한홍구 선생이 발언권을 가지면 안 된다 이런 차원은 아니에요. 해결되지 못한 문제들이 박근혜-최순실 게이트를 통해서 그저 없던 일로 무화되어버려서도 안 된다는 것이고, 그것을 해결하는 것이 어쩌면 한국 사회가 만들어

갈 대안적 미래에서 더 중요한 일이 아닐까 하는 아쉬운 생각이 들었습니다.

평화박물관 사태는 어떤 점에서는 한국 사회에서 이미 시효가 끝난 오래된 방식의 '연대'나 '대안 시스템'이 어떤 문제를 만들고 있는가를 잘 보여주는 사태라고 생각합니다. 한홍구 선생님도 어쩌면 이런 오래된 시스템이 만든 문제에 '피해'를 보고 있는 것이라고도 생각해요. 즉 오래된 원리로 지탱되는 대안 시스템(사회단체)에서 너무도 많은 젊은 세대 활동가들이 그곳을 자기 재생산의 기반으로 생각하지 못해요. 억압당하고 착취당하니까요.

한홍구 선생은 굉장히 억울하다고 생각할 겁니다. 오래된 방식의 대안 시스템은 누군가 저명한 인사의 지명도와 대표성, 열정과 헌신을 통해서만 가능하도록 이뤄져 있으니까요. 그래서 긴 세월 한홍구 선생도 여기 헌신해왔는데, 그렇게 헌신하고 그렇게 노력했는데 이제 와서 민주적이지 못했다니 무슨 소리냐고 억장이 무너지는 심정일 것입니다. 하지만 활동가들은, 당신이 시킨 일을 해서 소모되고 그렇게 열심히 해도 남는 건 한홍구라는 대표 상징밖에 없지 않느냐고 생각해요.

이 사례를 든 것은 평화박물관 사태가 '악질적'이라거나 하는 이유 때문이 아니라, 어쩌면 대안을 고민하는 집단에서 흔하게 일어날 수 있는 문제를 보여주기 때문입니다. 즉 이런 방식은 특정한 대표성으로 모든 것이 환원되고 그런 대표성은 주로 남성 지식인이 갖게 됩니다. 이건 개인의 욕심 때문이 아니라 한국 사회 전체가 편향되게 남성 지식인을 대표성으로 인정하는 젠더 불평등 구조를 갖고 있기 때문이죠. 대안을 시도하는 결속체조차 이런 한국 사회의 고질적 젠더 불평등 구조에서 자유롭지 못합니다. 게다가 연령과 계약 형태에 따라 단체에서의 발언권이 차별화되고 지속성의 차이에 따라 권한이 자연스럽게 차별화되기 때문에 젊은 세대나 다른 문제의식을 가진 새로운 활동가들이 이 낡은 체제를 바꿀 수 있는 기회는 원천적으로 차단됩니다.

이 사례는 마치 박근혜-최순실 게이트로 열린 엄청난 새로운 성토 공간에서 주로 '원로 남성 지식인'이 대표성과 발언권을 독점하고 여성, 미성년, 장애인, 이른바 명문대 그룹에 들어가지 않는 지방대 학생들, 성 소수자 등등 그 외 많은 사람들의 발언권이 제한되는 사태와도 참 닮아 있지요. 우리가 더 이상 젠더 편향적인 대표성, 그리고 그 대표성이 만드는 사회적인 것의 이념과 이상에 안주해서는 안 되는 이유입니다.

마지막으로, 지방 얘기를 하고 싶어요. 선생님께서는 저희 인터뷰 대상자 중에서도 정말 몇 안 되는, 지방에 터전을 둔 분이신데요.

사실 제가 지방을 대표해서 말할 위치에 있지도 않고 그럴 수도 없다고 생각합니다. 다만 저의 특이성은 이른바 지방 대학에 취직해서 서울로 유턴하지 않고 지방에 삶의 터전을 만들려고 한다는 점과, 또 지방 출신이 아닌데 한국 사회에서 지역 차별에 대한 의제를 계속 말하고 있다는 점이라고 생각합니다. 그런데 생각해보면 이런 사례가 그간 별로 없었다는 게 더 이상한 일이지요. 대부분의 사람들이 지방이 아닌 서울로 가는 것이 개인적으로 더 좋은 삶의 조건을 위한 선택이라고 말합니다. 이런 선택을 비판하거나 매도할 수 없다는 것은 맞습니다. 그러나 바로 이런 식의 선택이 '나와 내 가족은 더 좋은 조건에서 살겠다'는 개인적 선택을 통해 사회 전체의 차별적 구조를 바꾸지 않은 채 개인의 능력으로 이를 대체하는 방식을 정당화했다고 생각합니다. 진보적이라고 하는 사람들조차 자기 자식은 지방이 아닌 서울 아니 외국에서 공부시키는 게 현실이지요. 이런 분들이 주로 한국의 교육 현실이 지옥이라고 하는데요, 그러면 누군가는 지옥에 남아서 이 지옥을 맛보고 고쳐야 하는 게 아닐까요? 적어도 그 분야에서나 사회적으로 책임 있는 역할을 하는 사람들은 그런 점에서 '지옥에 남아야 하는 의무'도 있다고 생각합니다. 자신은 사회가 부여한 지위로 획득한 가치를 지옥을 탈출하는 방법으로 사용하면서 지옥 바깥에서 지옥을 비판하는 것은 참으로 무책임하지 않을까요?

이런 문제의식과 질문은 이미 오래전부터 지방 차별을 비판하고 지방의 삶의 조건을 변화시키고자 노력한 지방의 활동가들과 주민들이 제기해온 것이지요. 저는 다만 그분들이 해온 작업을 배우면서 이를 사유와 지식의 형태로 매개하는 역할을 한다고 생각합니다.

예를 들어 경남에서 무상급식 폐지에 반대하는 운동을 해오신 분들이 이런 이야기를 했어요. 이 운동을 통해 "꼬리로 몸통을 움직일 수 있다"는 것을 알게 되었다고요. 이렇게 경험에 기초한 이야기를 이론적으로 풀어보면 새로운 대안적 해방의 이론에 아주 근접해 있다는 것을 알 수 있습니다. 예를 들어 진보의 오래된 사유 방식인 '지도하는 전위 엘리트'와 '따라가는 수동적 민중'이라는 구별을 문제시한 자크 랑시에르나 장 뤼크 낭시 같은 사상가의 사유가 무상급식 폐지 반대 운동을 해온 여성 활동가의 경험담에 녹아 있는 것이지요. 장 뤼크 낭시는 이처럼 꼬리와 머리, 중요한 것과 부차적인 것을 나누는 오래된 사유와 결별한 대표적 사례로 68혁명 시기의 무두인 공동체를 들기도 했습니다. 즉 '머리를 자른 것'이고 혹은 머리를 자름으로써 머리=지식인/꼬리=민중, 머리=중요 부분/꼬리=부차 부분, 이런 식으로 분할하고 할당해온 오래된 '진보'의 사유와 결별한 것이지요. 한국 사회는 이런 획기적인 혁명적 전환을 수행하는 중입니다. 이름도 서명도 없는 기록의 공동체를 만든 강남역 포스트잇 추도 공간도 이런 사례에 해당합니다. 현실은 변하고 있는데 지식이나 사유가 이를 따라가지 못하고 있는 것이지요.

강남역 포스트잇이 왜 다른지는 이 포스트잇이 이른바 지식인 시국 선언과 어떻게 다른지를 보면 알 수 있습니다. 지식인 시국 선언은 무엇보다 이름을 밝히고 소속을 밝히고 그런 이름과 서명을 통해서 '선언'을 하는 것입니다. 선언은 그 이름과 서명으로 귀속되고 환원되지요. 결코 모두의 것이 아닙니다. 그러나 강남역 포스트잇 선언은 이런 서명과 이름을 거부했습니다. 그들은 이 선언이 하나의 이름으로, 하나의 대표성으로 환원되고 귀속되어서는 안 된다고 선언한 것이기도 하지요. 그렇게 해서 선언은 모두의 것이 되었어요. 누구도 그 선언에 대해 소유권을 주장하지 않고, 당연히 '저작권'도 없지요. 그렇게 이 선언은 모두를 위한 정치의 새로운 장을 열었습니다.

지식인은 여전히 서명을 하고 이름을 남깁니다. 제가 남긴 이 글 역시 마찬가지이지요. 제 자리는 그런 낡은 것과 새로운 것 사이에 있기도 합니다. 그래서 저는 가능한 한 제 이름으로 모두의 말을 '소유'하는 일은 피하려고 하고 있어요. 시국 선언을 하지 않는 것도 제 나름의 작은 원칙이기도 하고, 강남역 포스트잇 사건을 제 서명을 통해서 전유하려고 하지 말아야 한다는 것 같은 원칙도 그런 것이라고 생각해요. 지방에 대해서든, 소수자 정치에 대해서든, 저는 현실의 흐름을 듣고 읽고 혹은 그에 대해 말할 자리를 갖지 못한 이들의 말을 연결해주는 역할을 하는 것뿐이라고 생각합니다. 현실은 이미 변하고 있어요. 저와 같은 지식인에 의해서가 아니라, 저 무수한 무명의 말과 선언과 행동을 통해서요.

인터뷰 | 심진용 기자

대한민국은 민주공화국인가

펴낸날 초판 1쇄 2017년 1월 20일

지은이 경향신문 창간 70주년 특별취재팀
펴낸이 김현태

펴낸곳 책세상
주소 서울시 종로구 경희궁길 33 내자빌딩 3층(우편번호 03176)

전화 02-704-1251(영업부), 02-3273-1333(편집부)
팩스 02-719-1258
이메일 bkworld11@gmail.com
홈페이지 www.bkworld.co.kr
등록 1975. 5. 21. 제1-517호

ISBN 979-11-5931-098-0 03300

이 도서의 국립중앙도서관 출판시도서목록(CIP)은 서지정보유통지원시스템 홈페이지
(http://seoji.nl.go.kr)와 국가자료공동목록시스템(http://www.nl.go.kr/kolisnet)에서
이용하실 수 있습니다.(CIP제어번호 : CIP2016031611)